Colección VIDAS Y SEMBLANZAS 28

EL SANTO CURA DE ARS

El hombre que se hizo misericordia

Jorge López Teulón

Segunda edición

Índice

Introducción

I

Tal vez, para quien desconozca al Santo Cura de Ars, la pluma del poeta y dramaturgo francés Henri Ghéon[1] puede ayudar a través de este resumen absolutamente original, a la par que conmovedor y único.

"Érase una vez en Francia, en la provincia de Lyon, un pequeño campesino cristiano que, desde su más tierna edad, amaba la soledad tanto como al buen Dios. Y, puesto que esos señores de París que habían hecho la Revolución impedían que la gente rezara, el niño y sus padres iban a oír Misa en el fondo de un granero.

*En esa época los sacerdotes se escondían, y si los encontraban se les cortaba la cabeza. Fue por esto por lo que **Juan María Vianney** soñaba con ser sacerdote. Pero, aunque sabía rezar, le faltaba la educación, ya que cuidaba las ovejas y trabajaba los campos.*

---

1 Pseudónimo del francés **Henri León Vangeon** (1875-1944), dramaturgo, crítico y hagiógrafo. A los quince años había roto por completo con su pasado católico. Mientras estudiaba medicina se dedicó con pasión a la pintura, la música y la literatura. Fue miembro fundador de la famosa *Nouvelle Revue Française* (1909). Tras perder a su madre en un trágico accidente, en el funeral blasfemó interiormente durante la consagración: "Oh Dios, Tú no existes, no puedes existir porque me has robado a mi madre". La Primera Guerra Mundial y su profesión médica le llevaron al frente, donde, en la Pascua de 1915, comenzó un camino de regreso hacia la fe católica que culminó el día de Navidad, y que narra de forma autobiográfica en "El hombre nacido de la guerra". Desde entonces el artista convertido acarició la idea de suscitar un arte popular cristiano en la línea de los «misterios» de la Edad Media. Fundó los "Compañeros de Nuestra Señora", una especie de compañía de teatro de aficionados con objetivos netamente apostólicos. En 1934 escribió **Le Curé d'Ars.**

*Entró demasiado tarde en el seminario y tropezó en todos los exámenes; pero las vocaciones eran tan raras en esa época, que lo aceptaron de todas formas. Fue nombrado cura de Ars y allí permaneció hasta su muerte: **el último cura de Francia en el último pueblo de Francia.** Pero fue cura por completo; y esto no es algo que suceda a menudo. Hasta tal punto lo fue por completo, que **el último pueblo de Francia tuvo al primer cura de Francia**, y toda Francia fue a verle.*

Él, entonces, convertía a todos los que acudían en su busca. Y, de no haber muerto, habría convertido a toda Francia. Sanaba las almas y los cuerpos; leía en los corazones como en un libro. La Santa Virgen le visitaba y el demonio le importunaba, aunque no lograba impedirle que fuera un hombre santo.

Fue elevado a la dignidad de canónigo; después fue nombrado caballero de la Legión de Honor; por último, fue considerado santo. Pero mientras vivió nunca entendió por qué, y ésta constituía la prueba más hermosa de que merecía justamente esa gloria".

*Todo esto sucedía en el siglo XIX, que en el Paraíso, donde se conoce el justo valor de la gente, es conocido como **el siglo del Cura de Ars**. Pero Francia ni siquiera se lo imaginaba.*

Ghéon escribió una de las muchas hagiografías que existen sobre san Juan María Bautista Vianney. Sin duda, la más completa es la de Francis Trochu; pero junto a la suya, las de Marc Joulin, Jean de Fabrégues, Bernard Nodet, Alfred Monnin, Michel de Grosourdy, junto a las de Jesús Iribarren. En la vida del Cura de Ars se refleja la propia historia de la Iglesia, la realización puntual de la Palabra revelada por Jesús: *"Te doy gracias, Padre, Señor del cielo y de la tierra, porque has escondido estas cosas a los sabios y a los entendidos, y se las has revelado a la gente sencilla"* (Lc 10, 17-24).

Y así Nuestro Señor Jesucristo confía su gran misión evangelizadora a los apóstoles. Los manda a predicar y les encarga que lleven un bastón, pero nada más: ni pan, ni alforja, ni dinero (*Mt* 10,10). Les dice que lleven sandalias, pero no una túnica de repuesto. Los quiere desprovistos de todo. Sin nada. Sólo les permite lo mínimo indispensable para poder caminar: o sea, los manda como peregrinos, casi como aventureros. Por eso, al que desconoce la historia del cristianismo, sus protagonistas le asombran todavía más: **los apóstoles** elegidos por el Señor para esta grandísima misión no eran sino unos pobres pescadores, iletrados e ignorantes. Y podemos preguntarnos: ¿por qué actúa así el Señor? Y la respuesta es siempre la misma: Nuestro Señor quiere que pongamos **toda nuestra confianza no en nosotros mismos, sino sólo en Él**; no en nuestras seguridades humanas, sino en el poder de su gracia. Obviamente, los instrumentos humanos son necesarios, pero son solamente eso: ¡medios, no fines! Y el Señor se puede valer de cualquier medio, incluso de los más viles y despreciables, para hacer su obra. Como también puede prescindir totalmente de esos instrumentos humanos, si Él así lo prefiere. De esta manera, brillará en toda su pureza **la maravilla del poder de Dios**. Es Él quien actúa y hace sus obras como quiere. Nosotros sólo somos unos pobres instrumentos en sus manos. Y lo único que hace falta es que no le estorbemos y pongamos nuestro microscópico granito de arena.

Son las maneras de Dios. Desde el principio la Iglesia es fundada por medio de unos pobres pescadores, que penetraron en el Imperio romano y conquistaron para Dios el mundo entero. Y sin el poder de las armas, ni riquezas, sin ruidos ni violencias. **Y desde entonces la historia se viene repitiendo: multitudes de santos, de mártires y de vírgenes han vencido al mundo con su pequeñez y su pobreza; pero también con la grandeza indomable de su fe y de su amor ardiente**. En la historia de todas las fundaciones de congregaciones religiosas se repite el mismo fenómeno: han nacido sin nada, sin medios, y los hombres más ricos y poderosos las han visto crecer y florecer apenas sin recursos materiales.

II

Las aportaciones de este sencillo trabajo las marca **la primera parte**, en ella se trata de resaltar en primer lugar que el crecimiento de nuestro Juan María quedó marcado por esta situación: entre los cinco y los trece años **tuvo que aprender a ser cristiano en la clandestinidad**. La Francia de la infancia del cura de Ars fue la Francia que en plena Revolución quiso acabar con la Iglesia Católica, asesinando a más de dos mil personas entre obispos, sacerdotes, religiosas, religiosos y seglares. No en vano el nombre de Terror, con el que se califica a parte de esta historia, lo dice todo.

Pretendemos enfocar esta biografía desde la vinculación que nuestro protagonista tuvo durante su vida con numerosos personajes de la historia de la Iglesia en Francia, algunos de los cuales ya están en los altares, como san Marcelino Champagnat, o en proceso de canonización. Va a ser otra forma de contar la vida de san Juan María Vianney.

La argumentación para este planteamiento la encontramos en la obra *"Enrique V"*, del genial William Shakespeare. Podemos retrotraernos unos cuantos siglos en la historia de la Francia del Santo Cura de Ars, para asistir al discurso del rey inglés, antes de la batalla de Agincourt[2]. El punto culminante del drama tiene lugar en la escena tercera del acto cuarto.

---

2 La famosa batalla de Agincourt sucedió durante la *guerra de los Cien Años*. Se desarrolló cerca de la villa de Agincourt (departamento de Paso de Calais), en Francia, el 25 de octubre de 1415, entre un ejército inglés bajo el mando del rey *Enrique V* y otro francés bajo las órdenes de Carlos D'Albret, Condestable de Francia. La batalla fue un triunfo de los *arqueros* ingleses (con los *longbows*, o arcos largos) sobre la *caballería* francesa. La investigación histórica moderna pudo probar que estos arcos poseían suficiente fuerza para matar a una distancia de 200 metros a caballeros con armadura pesada. Ciertamente, los *ballesteros* franceses eran aún más efectivos, pero tenían la gran desventaja de lo lento que era recargar el arma, calculándose que en lo que un ballestero disparaba una saeta, un arquero había disparado diez flechas.

El noble Westmoreland, primo del rey, manifiesta su preocupación frente a la superioridad numérica de los franceses, y poco antes de la batalla exclama angustiado:

"¡Oh, si tuviésemos aquí tan solo diez mil ingleses de los que están en Inglaterra y que no trabajan hoy!".

El Rey Enrique contesta inmediatamente y propone una alianza entre nobles y súbditos, en un discurso que ha quedado registrado en la literatura universal como uno de los más bellos y poderosos de la historia del teatro:

"¿Quién es el que tal desea? ¿Mi primo Westmoreland? No, mi querido primo; si estamos señalados para morir, somos suficientes para pérdida de nuestro país; y si vivimos, cuantos menos sean los hombres, más grande será el honor... ¡Por Dios, os ruego, que no deseéis ni un hombre más! No, más bien proclamadlo, Westmoreland, a través de mi ejército: aquel que no tenga estómago para esta batalla, dejadlo marchar, se le hará pasaporte y se le pondrá en la bolsa una corona para el viaje; nos no moriremos en compañía de aquel hombre que tema que su hermandad muera con nosotros.

¡Este es el día de la fiesta de San Crispín! Quien sobreviva a este día y vuelva sano a casa, se levantará sobre las puntas de los pies a la mención de la fecha, y se crecerá al nombre de Crispín. Quien vea este día y llegue a viejo, cada año, de víspera, invitará a sus vecinos y dirá: "*¡Mañana es San Crispín!*". Entonces se subirá la manga y mostrará sus cicatrices, y dirá: "*¡Estas heridas las recibí el día de San Crispín!*". Los ancianos olvidan; todo será olvidado, pero él recordará con ventajas qué proeza realizó aquel día y nuestros nombres serán tan familiares en sus bocas como los de sus parientes... y serán en sus rebosantes copas fielmente recordados. Esta historia contará el buen hombre a su hijo, y San Crispín nunca pasará desde este día hasta que el mundo acabe, sino que nos en él seremos recordados: **nos pocos, nos felices pocos, nos banda de hermanos**; porque aquel que hoy vierta su sangre conmigo será mi hermano; porque por muy vil que sea, este día ennoblece su condición y los caballeros ahora en sus lechos de Inglaterra se considerarán malditos por no estar aquí, y tendrán su hombría en baja estima cuando oigan hablar a aquel que luchara con nos el día de San Crispín".

Tras el discurso, Westmoreland, conmovido, replica:

"¡Sea la voluntad de Dios! ¡Mi soberano, quisiera que vos y yo solos, sin más fuerzas, pudiéramos luchar en esta batalla!".

Al igual que casi todos los dramaturgos clásicos occidentales, Shakespeare inspiraba algunas de sus escenas en temas bíblicos. Este discurso se asemeja al relato del Libro de los Jueces donde Dios ordena a Gedeón decir a los israelitas que se retiren sin combatir si es que tienen miedo (*Jc* 7). O tal vez al discurso de Judas Macabeo a los israelitas, cuando le reclaman que son muy pocos frente a la superioridad numérica del ejército sirio (*1Mac* 3,18).

Bien, pues esta es la intención: conocer la aventura de esta suerte de hermandad, de unos pocos, de unos felices pocos frente al mundo. Desde san Marcelino Champagnat, la venerable Paulina Jaricot, el venerable Gabriel Taborin junto a sus Hermanos de la Sagrada Familia, el venerable Julio Chevalier hasta Luis Chaffangeon, el hombre de las adoraciones silenciosas, o Catalina Lassagne. Ellos entrelazan sus vidas como los hilos se entremezclan en el telar para mostrar al mundo el más bello de los tapices. Su título: **la santidad en la Iglesia y de cómo Dios engrandece a los humildes de generación en generación**.

III

En la segunda parte, queremos hacer un recorrido de la mano de los Papas para acercarnos con sus palabras a la meditación del sacerdocio católico cuyo paradigma es san Juan María Vianney. Desde León XIII hasta el Papa Francisco. Ofrecemos el retiro que san Juan Pablo II dio en 1986 en Ars y que no estaba publicado en español y anécdotas de los propios Papas en relación con el Cura de Ars.

Lo cierto es que si hay un tipo de cura con pocas cualidades humanas, con una personalidad marcada por una humildad y una sencillez sin límites, por una pobreza profundamente vivida y por una fecundidad apostólica increíble, es él. Su arma fue el sacramento de la Penitencia, donde se unen, por un lado, la gracia y el don del sacramento, que es misericordia del Señor, y por otro, la miseria del hombre. De ahí el título elegido para este trabajo: "***El hombre que se hizo misericordia***".

Así termino.

Para nosotros, sacerdotes, estas palabras de san Juan María Vianney: "*Lo que nos impide ser santos, a nosotros los sacerdotes, es la falta de reflexión. No profundizamos en nosotros mismos; no sabemos lo que hacemos. ¡Es la reflexión, la oración, la unión con Dios lo que necesitamos!*".

Para vosotros, queridos amigos que os acercáis a estas páginas, esta oración para que pidáis por todos los sacerdotes del mundo. Para que pidáis por mí. La compuso el cardenal Richard Cushing[3] y dice así:

Dios Todopoderoso y Eterno, mira con amor el rostro de tu Hijo. Y por amor a Él, que es el Sumo y Eterno Sacerdote, ten misericordia de tus sacerdotes.

---

3   El cardenal **Richard James Cushing** (1895-1970) fue tercer arzobispo de Boston (EEUU). En el Concilio Vaticano II desempeñó un papel fundamental en la redacción del documento ***Nostra Aetate***, que repudió la acusación de deicidio contra los judíos, reafirmó las raíces judías de la cristiandad y rechazó el antisemitismo.

Acuérdate, oh compasivo Señor, de que ellos no son sino frágiles y débiles seres humanos. Remueve en ellos el don de la vocación que de modo admirable se consolidó por la imposición de las manos de tus obispos.

Mantenlos siempre cerca de ti. No permitas que el enemigo les venza, para que nunca se hagan partícipes de la más mínima falta contra el honor de tan sublime vocación.

Señor Jesús, te pido por tus fieles y fervorosos sacerdotes, así como por los sacerdotes infieles y tibios.

Por los sacerdotes que trabajan en su propia tierra o los que te sirven lejos, en lugares o misiones distantes.

Por tus sacerdotes tentados; por los que sienten la soledad, el tedio o el cansancio; por los sacerdotes jóvenes o por los que estén a punto de morir, así como por las almas de sacerdotes en el purgatorio.

Pero, sobre todo, te encomiendo a los sacerdotes que más aprecio: el sacerdote que me bautizó o me ha absuelto de mis pecados; los sacerdotes a cuyas misas he asistido y me han dado tu Cuerpo y Sangre en la Comunión; los sacerdotes que me han aconsejado, me han consolado o animado y aquellos a quienes de alguna forma les estoy más en deuda.

Oh Jesús, mantenlos a todos cerca de tu Corazón y bendícelos abundantemente en el tiempo y en la eternidad. Amén.

22 de octubre de 2016,
Fiesta de San Juan Pablo II

Nota del editor

La primera edición de este libro apareció en 2009, en el contexto del Año Sacerdotal (2010), en la colección Grandes Firmas Edibesa; esta segunda edición se hace en el Año de la Misericordia. Sacerdocio y Misericordia son el marco en el que encaja perfectamente la figura de san Juan María Bautista Vianney, santo cura de Ars. Revisado y actualizado el texto, lo editamos de nuevo en la colección Vidas y Semblanzas.

PRIMERA PARTE

BIOGRAFÍA DE SAN JUAN MARÍA BAUTISTA VIANNEY, SANTO CURA DE ARS

1

MÁRTIRES EN EL TERROR FRANCÉS

Hace unos doscientos años que Francia dejó de reconocerse a sí misma como *La fille aînée de l'Eglise* (la hija primogénita de la Iglesia). No era injusto ese título, ni mucho menos, porque la nación más extensa, más moderna y la más culta del continente europeo tenía una sociedad católica. De los 26 millones de franceses, sólo 40.000 eran judíos y 500.000, protestantes. Sí, se sabían parte de la Iglesia universal, pero conscientes de su peso específico: **139 diócesis** y **40.000 parroquias**, en 1789; **135 obispos**, alrededor de **70.000 sacerdotes seculares** –uno por cada 364 feligreses–, unos **30.000 religiosos** y **40.000 religiosas**. Con razón escribió François Furet que Francia, en vísperas de la Revolución Francesa, tenía un paisaje católico, pues iglesias, ermitas, santuarios y monasterios integraban y, no pocas veces, modelaban pueblos y ciudades[4].

En el conjunto de reformas que se hicieron con gran entusiasmo durante los años 1789-1791, nadie pensó que la Iglesia pudiera ser una excepción o pudiera ser separada del Estado. Y por ello, no puede disociarse la persecución religiosa que sufrió la Iglesia católica en el periodo de la Revolución Francesa. Además, cada vez son más los historiadores que hablan del acontecimiento de la Revolución Francesa como del "**Primer Genocidio de la Historia Moderna**".

Afirma José Orlandis[5]: "*es bien sabido -aunque suene a paradoja- que la Revolución Francesa comenzó con una solemne*

---

4   Gustavo Carrère es licenciado en Ciencias de la Educación, profesor de Historia e investigador sobre temas específicos de la historia de las persecuciones religiosas en la Francia del siglo XVIII. La cita corresponde a un artículo publicado en el nº 70 de la revista Arbil, titulado *"La Vendée campesina y católica, levantada en armas contra los sin Dios jacobinos"*.

5   José Orlandis, **Historia de la Iglesia** (Madrid 2001), cuando en la quinta parte dedica su primer capítulo a la Iglesia en la Edad Contemporánea.

procesión; la presidió el rey Luis XVI, y los representantes de los tres estados, cirio en mano, acompañaron devotamente al Santísimo Sacramento". Esto sucedía el 4 de mayo de 1789, al abrirse los Estados Generales; pero, a las pocas semanas, el decorado cambiaría radicalmente y el proceso revolucionario avanzó incontenible, tanto en el orden político como en el religioso.

El *14 de julio* el pueblo de París respaldó en las calles a sus representantes y, ante el temor de que las tropas reales los detuvieran, asaltaron la *fortaleza de la Bastilla*, símbolo del absolutismo monárquico, pero también punto estratégico del plan de represión de Luis XVI, pues sus cañones apuntaban a los barrios obreros. Tras cuatro horas de combate, los insurgentes tomaron la prisión, matando a su gobernador, el marqués *Bernard de Launay*. Si bien sólo cuatro presos fueron liberados, la Bastilla se convirtió en un potente símbolo de todo lo que resultaba despreciable en el Antiguo Régimen. Retornando al *Ayuntamiento*, la multitud acusó de traición al alcalde *Jacques de Flesselles*, quien recibió un balazo que lo mató. Su cabeza fue cortada y paseada por la ciudad clavada en una *pica*, naciendo desde entonces la costumbre de pasear en una pica las cabezas de los decapitados, lo que se volvió muy común durante la Revolución.

Esta se fue extendiendo por ciudades y pueblos, creándose nuevos *ayuntamientos* que no reconocían otra autoridad que la de la *Asamblea Nacional Constituyente*.

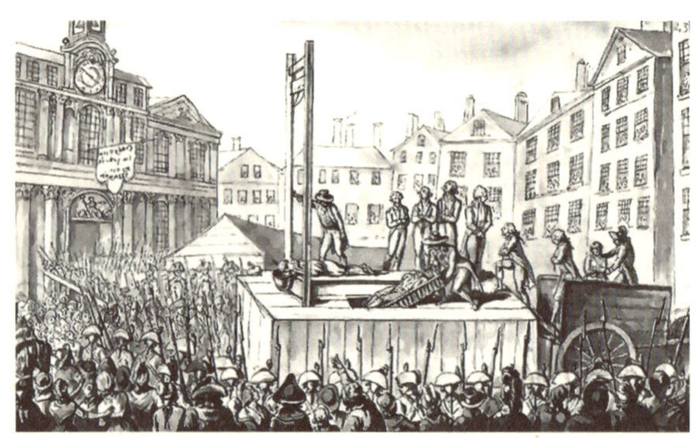

Desde 1790, el proceso revolucionario se radicalizó, adoptando una actitud cada vez más agresiva hacia la Iglesia. El 13 de febrero se decidió la supresión de los votos monásticos, y el 12 de julio la Asamblea aprobó la «Constitución Civil del Clero», que subvertía de raíz la organización eclesiástica. **Surgía una Iglesia galicana**, al margen de la autoridad pontificia, de estructura episcopalista y presbiteriana, donde los obispos y los párrocos eran elegidos por el pueblo y los nombramientos episcopales serían solamente notificados a Roma. La Asamblea **exigió a los sacerdotes juramento de fidelidad a la Constitución Política**, dentro de la cual estaba incluida la mencionada «Constitución Civil». El papa **Pío VI prohibió el juramento** y excomulgó a los sacerdotes que lo prestaron (12 de marzo de 1791). Un cisma se abrió así entre **curas «juramentados»** y **curas «no juramentados»**, que se convirtieron legalmente en individuos sospechosos. La Asamblea Legislativa, que sucedió a la Constituyente, decretó el 27 de mayo de 1792 **la deportación de los sacerdotes «no juramentados»**; en septiembre, la Convención sustituyó a la Asamblea Legislativa y **comenzaron las matanzas de sacerdotes**. Abolida la Monarquía, se proclamó la República y Luis XVI fue ajusticiado en la guillotina el 21 de enero de 1793.

Decimos que hay martirio cuando el perseguidor, movido de hecho por su odio a la fe, inflige la muerte, aunque se vanaglorie de hacerlo por otra causa. La llamada «*humanista, gloriosa y liberadora Revolución Francesa*» costó a la Iglesia Católica en este país más de dos mil sacerdotes asesinados, una multitud de profanaciones, religiosas violadas y torturadas hasta la muerte, pueblos enteros destruidos y miles de mártires fusilados, guillotinados, descuartizados, ahogados, incendiados vivos, torturados, por fidelidad a la Iglesia, y, en definitiva, por oponerse a la Revolución Francesa.

Los años **1793-1794** representaron **la fase más trágica del período revolucionario**. Un solo año de Revolución Francesa, el 1793 del Gran Terror, causó muchas más víctimas que todos los siglos de todas las inquisiciones unidas. El calendario civil fue sustituido por un calendario «republicano». La entronización, el

10 de noviembre de 1793, de la «*Diosa Razón*» en la catedral de Notre-Dame, de París, y la institución por Robespierre del culto al «*Ser Supremo*» fueron otros tantos episodios de la obra descristianizadora, que tuvo una de sus expresiones en el furor iconoclasta, que dejó una huella, bien visible todavía hoy, en tantas viejas iglesias y catedrales de Francia. Por todos los medios se intentó borrar de la vida francesa cualquier huella cristiana.

No pretendemos que este capítulo se convierta en la tesis de un libro que no está dedicado a ello. Pero es cierto que para muchos de los lectores este es un episodio totalmente desconocido. Todos hemos oído hablar de la Revolución Francesa. Todos conocemos la fecha del 14 de julio de 1789 y el famoso episodio de la Toma de la Bastilla parisina. Aunque no podemos hacer un estudio exhaustivo de los mártires ya proclamados por la Iglesia, sí que deseamos presentar un pequeño recordatorio de los sucesos extremadamente graves que azotaron toda Francia.

Las matanzas de septiembre de 1792

Se conoce en este periodo como "**Masacres de septiembre**" a una serie de juicios sumarísimos y ejecuciones en masa que se desarrollaron del 2 al 7 de septiembre de 1792. Es uno de los episodios más sombríos de la *Revolución Francesa*. Los historiadores no se ponen de acuerdo acerca de los motivos que indujeron a cometer unos actos tan irracionales y en circunstancias tan particularmente terribles para los prisioneros. Estas ejecuciones no sólo se llevaron a cabo en *París*; las sufrieron también otras ciudades del país, como *Orleans*, *Meaux*, o *Reims*, aunque no fuera en número tan elevado como en la capital francesa.

Las masacres empezaron con el degüello de 23 sacerdotes encarcelados en la *prisión* de la *Abadía* por parte de unos federados marselleses y bretones. Un grupo de los 150 sacerdotes que estaban encarcelados en el convento de los Carmelitas se rindió. Cuando llegó el grupo ejecutor al convento, los sacerdotes se dirigieron a la capilla en la que fueron asesinados a golpes de pico, de hacha y bastón. En este lugar fueron "juzgadas" y "ejecutadas" más de 300 personas. *Stanislas-Marie Maillart*, ejecutor de las órdenes del Comité de vigilancia, condenó, uno a uno, a todos aquellos que se presentaron ante él "a la fuerza". Cuando se abrieron las puertas del convento y salieron, los condenados cayeron todos bajo las picas o las bayonetas. La masacre duró toda la noche. Ese mismo día, cuatro sacerdotes fueron asesinados en la iglesia de *Saint-Paul et Saint Louis*.

Las matanzas también se llevaron a cabo durante cinco días en las demás cárceles: en la Conserjería, en la Prisión du Grand Châtelet, en la Force en Salpêtriére, Bicêtre y en la Prisión des Carmes. Más de mil monárquicos –aproximadamente unos doscientos cincuenta sacerdotes– y presuntos traidores, apresados en diversos lugares de Francia, fueron sometidos a juicio y ejecutados; **es el primer asesinato colectivo**.

El 17 de octubre de 1926 el papa Pío XI beatificó en la Basílica de San Pedro a **191 mártires del septiembre francés de 1792**. Este numeroso grupo lo encabezaban tres obispos que fueron guillotinados: los beatos **Juan María de Lau**, arzobispo de Arles, **François-Joseph de la Rochefoucald-Maumont**, obispo de Beauvais, y **Pierre-Louis de la Rochefoucauld-Bayers**, hermano del anterior y obispo de Saintes.

La Epopeya de La Vendée

La política religiosa del nuevo régimen y las medidas de excepción contra los sacerdotes no juramentados trajeron una consecuencia cuya trascendencia iba a ser considerable: **la sublevación del oeste de Francia;** no solamente La Vendée, sino más o menos todo el país que se extiende desde el norte del Poitu hasta la Bretaña y a los confines de Normandía, en los territorios actuales de los obispados de Poitiers, Angers, Lucon y Nantes. Si bien la adhesión a la causa realista intervendría también en su estallido, la fidelidad a la fe católica y a la Iglesia Católica, Apostólica y Romana constituyó, sin duda, el móvil mayor de aquella epopeya.

La "*Epopeya de La Vendée*" se refiere a la **gesta católica6** emprendida por los campesinos y sus familias –acompañados por nobles y sacerdotes–, que llevaban prendidas escarapelas del Sagrado Corazón y se autodenominaban como **ejército católico y real**; se resistían a que la presencia social de Cristo Rey fuera desterrada de sus pueblos, de gran mayoría cristiana.

Esta región, evangelizada un siglo atrás por **san Luis María Grignion de Montfort**, terciario dominico que insistía en la devoción filial a Nuestra Señora, fue tan inmunizada contra el virus de la Revolución, que se levantó en armas contra el gobierno republicano y anticatólico de París. Con sus misiones el santo aproximaba al pueblo a los sacramentos y lo enfervorizaba en la devoción al rosario. También la sagrada insignia difundida por él –el Sagrado Corazón en tela roja, encuadrado por las iniciales de Jesús y María– fue colocada por los combatientes sobre sus chalecos y blusas, o dispuesta como escarapela en los sombreros de amplias alas.

El clima de los ejércitos vandeanos, que iban al asalto detrás de los estandartes con el Sagrado Corazón y encima la cruz y el lema "*Dieu et le Roy*", fue profundamente religioso: las columnas avanzaban rezando el santo rosario; no podían pasar frente a una cruz sin arrodillarse y rezar, aunque muy rápidamente, un *Pater Noster*; se lanzaban al asalto cantando el *Vexilla Regis*; los capellanes impartían la absolución antes de que se trabara el combate.

---

6   Desconocida para el público español y, sin embargo, editada una y otra vez en Francia recomendamos la obra del jesuita P. Jean Charruau: ***Una familia de bandidos en 1793***, que nos transporta al genocidio de La Vendée durante la época del Terror jacobino. La obra es la autobiografía de Marie de Saint-Hermine y su familia (los Serant, que la acogieron junto con su hermana durante su niñez). La historia no pierde un ápice de interés conforme avanza por las aguas procelosas de la Revolución, intensificada en la locura del radicalismo jacobino hasta extremos delirantes. Los más humildes resultaron a menudo las víctimas propiciatorias del holocausto burgués, que pretendió sustituir la religión católica por un grotesco culto a la Razón que invadió las iglesias galas. El libro ha sido editado en España por *Producciones Gaudete*, de Larraya (Navarra), a finales de 2008.

Gustavo Carrére afirma: *"las cifras más conservadoras –en relación con el programa de exterminio establecido en París y realizado por los oficiales revolucionarios– llevan a los siguientes resultados: en dieciocho meses, en un territorio de sólo 10.000 km², fueron eliminadas 120.000 personas; por lo menos, el 15% de la población total; diez mil edificios fueron completamente destruidos, el 20% de los de La Vendée".*

Jean Meyer, historiador francés, observa: *"La cuestión de fondo de aquel enfrentamiento no estuvo en la disyuntiva entre monarquía o república, ni fue un conflicto entre estamentos, sino que consistió más bien en la decidida intención de extirpar esas creencias sin reparar en medios".*

El padre Noël Pinot

Destaca también el proceso abierto el 21 de febrero de 1794 contra el sacerdote **Noël Pinot**. Las acusaciones fueron: presunta colaboración con los insurrectos, negación de juramento a la Constitución Civil, presunta cooperación para la reposición de la Monarquía y, sobre todo, el prohibido ejercicio de la profesión de sacerdote. Lo último, junto con el hecho de haber celebrado la Santa Misa, era suficiente para dictar sobre el padre Pinot la pena de muerte y ejecutarlo el mismo día. El candidato a muerte fue irónicamente preguntado si quería morir con el alba puesta, proposición que aceptó con entusiasmo porque así pudo vivir todavía la más bella satisfacción: **hasta el último momento ser sacerdote**. El suplicio sería como la celebración de su última Misa, su ofrenda final. Así subió el padre Pinot al patíbulo[7], vestido con alba y casulla. Momentos antes de su decapitación tuvo que quitarse la casulla, pero los fieles le pusieron más tarde el ornamento después de la consumación del sacrificio.

---

7   El 21 de octubre de 1926 el papa Pío XI beatificó a este valiente sacerdote diciendo: *"Noël Pinot atestiguó, llevando hasta el momento de su ejecución la casulla, que la tarea primordial, más importante y más sagrada del sacerdote, es la celebración de la Santa Eucaristía según el encargo del Señor: **Haced esto en memoria mía**".*

Los mártires de "pontons de Rochefort"

Extremadamente graves fueron los sucesos de la **primavera del año 1794**, cuando 829 sacerdotes y religiosos fueron embarcados en dos viejos barcos negreros, que permanecieron en la desembocadura del río Charente, frente a la isla de Aix. Tendrían que haber sido deportados a la Guayana, pero los veleros ingleses, que cruzaban las costas francesas, impidieron este viaje. Estos sacerdotes, entre los que se hallaban algunos de ochenta años y enfermos, hacinados de noche en estrechísimas entrecubiertas, vivieron un verdadero infierno, con el calor y el hedor más tremendos.

Sin duda, el peor tormento tenía lugar en las horas nocturnas. Un silbido anunciaba la hora del reposo. Aquella masa humana era constreñida a amontonarse bajo cubierta, en la bodega, como sardinas en lata; y la noche era un infierno, con una última refinada crueldad, que anticipaba la de las cámaras de gas. Aquellos galeotes, revolviendo con palas ardientes un barril de alquitrán, esparcían vapores de acre sabor: un método para purificar el aire, pero que provocaba en los prisioneros un tremendo sudor y toses, hasta morir de sofoco los más débiles. Y en aquellas condiciones los mandaban bruscamente al aire libre, sobre el puente de la barcaza. Todos tenían que arrastrarse como gusanos, y el terrible contraste les hacía castañear los dientes por los espasmos de frío.

Con todo, la pena más grande era la de no poder tener ni breviario, ni otros libros de piedad y ni siquiera poder rezar juntos. No obstante, alguno había podido esconder un breviario o un Evangelio o los santos óleos; incluso, hostias consagradas. Y, en aquella cloaca infecta, los mártires se repartían los sacramentos, que les fortificaban para afrontar la muerte con alegría.

Ante la prohibición absoluta de toda plegaria, se sirvieron de muchos subterfugios para conservar una auténtica vida espiritual. Compusieron un cuaderno de resoluciones en el que se advierte un maravilloso espíritu de abandono en las manos de Dios y en el empeño de perdonar todo a todos. En ese cuaderno se halla esta frase que, antes de convertirse en lema común, dijo uno de ellos: "***Aunque somos los más desgraciados de los hombres, somos al mismo tiempo los más felices de los cristianos***".

Después de diez meses, a consecuencia de esta situación, habían fallecido 547 personas, entre ellas **Juan Bautista Souzy**, sacerdote de la diócesis de La Rochelle, a quien el obispo había dado poderes de vicario general para la deportación. El martirio de los tristemente célebres "pontons de Rochefort" fue reconocido en la beatificación del 1 de octubre de 1995, que presidió san Juan Pablo II[8], para Souzy y 63 mártires más, que pertenecían a 13 diócesis de Francia y a 12 institutos religiosos.

Los mártires de Angers

Una década antes, el mismo Juan Pablo II[9] beatificó a **Guillaume Repin** y a **98 mártires** (11 sacerdotes, 3 religiosas y 84 seglares –4 varones y 80 mujeres–) que murieron en Angers en el bienio de 1793-94. El Papa dijo en aquella ocasión:

> "...*Recordamos en primer lugar a los numerosos mártires que,* ***en la diócesis de Angers****, aceptaron la muerte, porque, como dijo Guillaume Repin, quisieron «****conservar su fe y su religión****», con firme adhesión a la Iglesia católica y romana;* ***sacerdotes que se negaron a prestar un juramento que consideraban cismático****, y que no quisieron abandonar su cargo pastoral;* ***laicos que permanecieron fieles a estos sacerdotes, a la Misa celebrada por ellos y a las manifestaciones de culto a María y a los santos****. Sin duda, en un contexto de fuertes tensiones ideológicas, políticas y militares, se pudo hacer pesar sobre ellos* ***sospechas de infidelidad a la patria****; se les acusó, en las actas de las sentencias, de compromiso con las «fuerzas antirrevolucionarias».*

---

8   *L´Osservatore Romano*, edición castellana, nº 1396, 29 de septiembre de 1995.

9   *L´Osservatore Romano*, edición castellana, nº 791, 26 de febrero de 1984.

*Así sucede en casi todas las persecuciones, de ayer y de hoy... Nos admiran sus respuestas decididas, tranquilas, breves, francas, humildes, que no tienen nada de provocación; y que son tajantes y firmes en lo esencial: **la fidelidad a la Iglesia**".*

Las mártires de Compiègne, 17 de julio de 1794

Al estallar la Revolución Francesa, casi todas las religiosas de la nación se vieron obligadas a abandonar sus hábitos religiosos. Pero las 16 que formaban la fervorosa comunidad de Carmelitas en Compiègne[10], de común acuerdo, decidieron seguir vestidas con aquel signo de consagración a Dios y de testimonio a los hombres.

La Madre Priora era la **Madre Teresa de San Agustín**[11]. Cuando en 1792 los disturbios por las calles aumentaban y amenazaba una hecatombe, todas las religiosas carmelitas de la comunidad, por inspiración de la Madre Priora, se ofrecieron al Señor en holocausto *"para aplacar la cólera de Dios y para que la paz divina, traída al mundo por su amado Hijo, fuese devuelta a la Iglesia y al Estado"*. Cada día repetían este generoso y heroico acto de consagración al martirio. El gozo les inundaba por dentro y por fuera. Redoblaron su vida de oración y mortificación.

El 14 de septiembre de 1792 fueron arrojadas de su monasterio y se dividieron en cuatro grupos por distintas casas de Compiègne, pero siempre unidas en la fraternidad y en el género de vida que procuraban llevar como en el convento y bajo la vigilancia solícita y maternal de la Madre Priora, Teresa de San Agustín.

El Comité Revolucionario dio con su paradero, las apresó y encerró el día 24 de junio de 1794 en lo que fuera Monasterio

---

10 El monasterio de Compiègne fue fundado en *1641*. Hacía treinta y siete años que había llegado a Francia para iniciar la reforma la **Beata Ana de San Bartolomé**, con *Ana de Jesús* y otras cuatro monjas españolas.

11 La obra **Diálogo de carmelitas,** de Georges Bernanos, hizo más conocido el episodio del martirio de las dieciséis monjas carmelitas del monasterio de Compiègne. La obra está basada en la novela *"La última en el cadalso"* (*Die letzte am Schafott*), de Gertrud von Le Fort.

de la Visitación, Sainte-Marie, convertido en cárcel. Desde Compiègne, las dieciséis carmelitas fueron conducidas a París, adonde llegaron el día 13 de julio. Fueron encerradas en la cárcel de Conciergerie, que estaba abarrotada de sacerdotes, religiosos y religiosas, condenados a muerte.

La llegada de las carmelitas fue como un maravilloso bálsamo de paz y alegría, ya que ellas, con su ejemplo y serenidad ponían ánimos en aquellos amedrentados espíritus. Sería largo detallar las maravillas que aquellas valientes carmelitas realizaron durante aquel tiempo en la cárcel: cantaban, rezaban, ayudaban, vivían alegres y animaban a los más pusilánimes a confiar en el Señor y a prepararse para el holocausto.

Por fin, el 17 de julio, en un juicio en el que demostraron cuánta era su fe y su heroísmo, fueron condenadas a muerte, a la guillotina, por su *"fanatismo"*, por su amor a Dios y a la Virgen... Mientras eran conducidas a la guillotina iban cantando el *Miserere*, la *Salve*, el *Te Deum*. Y al llegar al pie de la guillotina, una por una fueron renovando su profesión ante la M. Priora. Y cantando el *Veni Creator*, subían a ser decapitadas... La última fue la misma Madre Priora, quien tan bien había infundido el amor a Dios y el valor cristiano a todas sus hijas. Era el 17 de julio de 1794.

La Iglesia declaró que el sacrificio de aquellas nobles mujeres no había sido en vano, puesto que *"apenas habían transcurrido diez días de su suplicio cesaba la tormenta que durante dos años había cubierto el suelo de Francia de sangre de sus hijos"* (Decreto de declaración de martirio, 24 de junio de 1905). El cardenal Richard, arzobispo de París, inició el proceso de su beatificación el 23 de febrero de 1896. El 16 de diciembre de 1902, el papa León XIII declaraba venerables a las dieciséis carmelitas. Se sucedieron los milagros, como una garantía de su santidad, y, el 13 de mayo de 1906, san Pío X declaró beatas a aquellas *"que, después de su expulsión, continuaron viviendo como religiosas y honrando devotamente al Sagrado Corazón"*.

¡440 mártires beatificados a lo largo del siglo XX!

La llegada del siglo xx traería los frutos renovados de aquellos cientos de mártires que serían elevados a los altares: las primeras en ser beatificadas fueron las 16 carmelitas de Compiègne. Luego siguieron las 11 hermanas ursulinas de Valenciennes; 4 Hijas de la Caridad de Cambrai; 32 religiosas adoratrices y ursulinas, conocidas como Mártires de Orange, que fueron guillotinadas. Tras la beatificación del sacerdote Noël Pinot, llegó el grupo más numeroso de los hasta ahora elevados a los altares; se trataba de los tres obispos diocesanos Juan María de Lau, François-Joseph de la Rochefoucald-Maumont y Pierre-Louis de la Rochefoucald-Bayers y, junto a ellos, 188 compañeros de las matanzas de septiembre.

Tras este grupo, tres padres de la Congregación de la Misión: Luis José François, Juan Enrique Gruyer y Pedro Renato Rogue. Pío XII beatificaría al sacerdote Juan Bautista Turpín de Cormier y a 18 compañeros, a los que conocemos como los mártires de Laval. Decenios después, como recordábamos antes, Juan Pablo II beatificaría a dos grupos numerosos: los 64 mártires de los "pontons de Rochefort", en 1984; y los 99 mártires que murieron en Angers en el bienio 1793-94[12].

---

12 Jean de VIGUERIE en su obra *"Cristianismo y revolución"* (Madrid 1991) nos recuerda que hay otras "causas" en vías de estudio que seguramente desembocarán en nuevas beatificaciones. Se trata de:

– **Jean Poulin**, sacerdote, nacido en Arras, ejecutado el 22 de agosto de 1793, y otras **157 víctimas** de la misma ciudad ejecutadas entre 1793 y 1798.

– **André Ignace Joseph Gousseau**, sacerdote, nacido en Valenciennes, ejecutado el 19 de octubre de 1794, y otros **46 sacerdotes y religiosos** ejecutados en la misma ciudad entre 1792 y 1799.

– **Thomas Merle de Castillon**, nacido en Aiguillon, ejecutado en Lyon en 1793, y otras **71 personas ejecutadas en Lyon** entre 1792 y 1794.

– Cinco capuchinos ejecutados en Nîmes el 14 de junio de 1790.

– 39 sacerdotes y religiosos ejecutados en L'Île-Madame entre 1793 y 1795.

– 110 niños menores de siete años masacrados en Lucs-sur-Boulogne en La Vendée por los soldados de la "columna infernal" del general Cordellier.

"La lista en sí ya es impresionante, pero el historiador, sin esperar la decisión de la Iglesia, puede añadir a ella innumerables víctimas que perdieron la vida en defensa de su fe. Aparecen en todas las regiones de Francia: en Nantes, los cientos cuarenta y tres sacerdotes ahogados en Loire a finales de 1793... ¿Cuántos en total? **Quizá dos mil; probablemente, más**" (pág. 287ss).

En el siglo XXI: ¡una nueva beatificación!

Durante el pontificado de Benedicto XVI se celebró la beatificación de otra Hija de la Caridad: sor Margarita Rutan.

Había nació el 23 de abril de 1736 en la ciudad de Metz (Francia). Muy joven, descubrió su vocación al servicio a las obras de caridad. Ingresó en la Compañía de las Hijas de la Caridad (1756) y, con lo años, asumió la dirección de una comunidad y un hospital en la ciudad francesa de Dax.

Llegada la Revolución el odio antirreligioso y anticatólico se desarrolló con mayor crueldad en la ciudad de Dax y se centró en las Hijas de la Caridad debido a su viva presencia en la Iglesia y de entre ellas, especialmente en Sor Margarita. Con el afán de continuar al servicio de los enfermos Sor Margarita y sus compañeras sustituyeron el hábito oficial por otro más sencillo. Sor Rutan fue acusada, en diciembre de 1793, de "fanatismo" de "incivismo" y de otros falsos delitos. El 24 de diciembre fue encarcelada. El único motivo de acusación verdaderamente fundado era que Sor Margarita, a pesar de las presiones y las amenazas, permanecía fiel a su fe católica, dando auténtico testimonio de ella.

Cuatro meses después de su encarcelamiento le fue leído a Sor Margarita el documento donde se expresaban las acusaciones por las que se le condenaba a morir. Ante la imposibilidad de defenderse Sor Margarita expresó el perdón a los que le hacían ese daño. También fue condenado a muerte, en ese mismo momento, el anciano párroco de Gaube. Atados espalda con espalda los dos fueron conducidos, a través de las calles de la ciudad, entre la incredulidad y disgusto de la mayoría de las personas, hasta la plaza principal de Dax donde se encontraba la guillotina. Al ver el dolor de dos militares que los acompañaban Sor Margarita regaló a uno su reloj y a otro su pañuelo.

Al despojarse de su cofia para prepararse a recibir la cuchilla de la guillotina un soldado intentó despojarla de un pañuelo que le cubría el cuello y Sor Margarita se lo impidió. Al caer la cabeza el soldado se ensañó contra ella golpeándola. Era la tarde del 9 de abril de 1794. La fama del martirio rodeó a Sor Margarita desde el día de su muerte. Ella, como otros muchos, fue sacrificada por haber permanecido fiel y obediente a la Iglesia y al Papa.

La beatificación de Sor Margarita Rutan, presidida por el cardenal Angelo Amato, tuvo lugar en Dax, el 19 de junio de 2011.

2016, el primer santo. Salomón Leclercq

El 16 de octubre de 2016, el Papa Francisco **canonizó al primer santo de la Revolución Francesa: el beato Salomón Leclercq**.

El Hermano Salomón (Nicolás Luis Guillermo Leclercq en la vida civil) nació en Boulogne-sur-Mer (Francia), el 14 de noviembre de 1745. Su padre era comerciante en el barrio del puerto de esa ciudad. Nicolás fue alumno de la escuela comercial que los Hermanos de las Escuelas Cristianas dirigían en su ciudad natal.

Tras trabajar varios años en distintos comercios de Boulogne y París, Nicolás decidió entrar en el noviciado lasaliano de Ruan, donde recibió el nombre religioso de Salomón. Emitió sus primeros votos en 1769 y al año siguiente fue enviado de maestro a Mareville. Hizo su profesión perpetua en 1772.

El mismo año de su profesión perpetua fue enviado al noviciado de Mareville del que, al año siguiente, asumiría la dirección. En 1777 pasó a ser ecónomo de aquella gran casa, hasta que en 1780 se le envió a enseñar matemáticas al escolasticado en Melun. Participó en el Capítulo General del 1787, del que actuó como secretario. Terminado el Capítulo General fue llamado a desempeñar la función de Secretario General del Instituto.

Llegados los años turbulentos y violentos de la Revolución, en 1791 el Hermano Salomón quedó solo en lo que hoy llamaríamos Casa Generalicia del Instituto, en París, tratando de guardar la propiedad, una vez que el resto de los Hermanos se dispersó para protegerse de la persecución. Aunque vestía de civil, el Hermano Salomón no debió de pasar inadvertido a los guardias de la

Revolución, quizás porque acudía a iglesias en las que celebraban sacerdotes que no habían prestado juramento revolucionario, de modo que el 15 de agosto de 1792 fue arrestado y conducido al convento de los carmelitas.

El 2 de septiembre de ese mismo año sería martirizado en el jardín del convento los carmelitas, teatro de una de las más terribles matanzas de la Revolución Francesa: 166 sacerdotes y religiosos, encarcelados por haberse negado a jurar la Constitución Civil del clero, fueron masacrados allí sin ningún juicio y sus cuerpos echados a un pozo o sepultados en fosas comunes excavadas en el jardín.

Pocos días antes de morir, el Hermano Salomón escribía así a una de sus hermanas: "Suframos con alegría y agradecimiento por las cruces y las aflicciones que nos son enviadas. Por mi parte, no me considero digno de sufrir por Él, por cuanto hasta ahora no he experimentado nada malo, mientras hay tantos confesores de la fe que se hallan en dificultad".

La beatificación del Hermano Salomón tuvo lugar el 17 de octubre de 1926.

Regresemos a nuestra historia

Fueron demasiados cambios en solo quince años. En los años siguientes al Terror se registraron periodos de distensión y de nuevas represiones. La persecución religiosa se recrudeció bajo el *Directorio jacobino* (1797-1799), cuando los franceses ocuparon Roma y se proclamó la *República romana*. El papa Pío VI, anciano y enfermo, fue deportado a Siena, Florencia y, finalmente, a Francia. El 29 de agosto de 1799, en la ciudadela de Valence-sur-Rhóne, falleció Pío VI a los ochenta y un años de edad. Algunos revolucionarios exaltados proclamaron a los cuatro vientos que había muerto el último Papa de la Iglesia.

Cuando estalla la Revolución, el niño Juan María tiene tres años recién cumplidos. En este tiempo, se pasará de la monarquía absolutista de Luis XVI a la Revolución y al Terror de la mano de Robespierre. Quince años después, el 2 de diciembre de 1804, asistiremos sobrecogidos a la autocoronación de Napoleón Bonaparte como Emperador de la República Francesa.

Pero ya no nos entretengamos más.

Vayamos al hogar de los Vianney.

2
MATEO Y MARÍA VIANNEY

En el siglo XIX **Ars** era una pequeña villa francesa, pero fue además, durante muchos años, el hogar de la vida religiosa de todo el país. Entre 1818 y 1859, su nombre estuvo en los labios de miles de personas, y tan grande fue la afluencia de peregrinos, que la compañía de trenes que servía el distrito tuvo que abrir una oficina especial en la ciudad de Lyon, para hacerse con el tráfico entre esta gran ciudad y el pequeño pueblo de Ars. El causante de todo esto era un sencillo y, sin embargo, incomparable sacerdote: **San Juan María Bautista Vianney**. Nació y fue bautizado un 8 de mayo de 1786. Era el cuarto de ocho hermanos. Y como muchos otros santos, Juan María disfrutó de la preciosa ventaja de haber nacido de padres verdaderamente cristianos.

Mateo Vianney, el padre

Cuando el peregrino visita en Dardilly, pueblo cercano a Lyon, la casa natal[13] de Juan María, en la que vivió hasta los 20 años, debe dirigirse al número 2 de la calle *Cura de Ars*. Allí todo evoca la vida sencilla y los trabajos de una granja familiar en los albores del siglo XIX. Este pueblo, que hoy en día tiene aproximadamente 8.000 habitantes, contaba entonces con unos pocos cientos de almas. La mayoría de las familias eran campesinos y, sobre todo, trabajaban en sus viñedos. Mateo poseía una docena de hectáreas que explotaba junto a los suyos.

Y aunque analfabeto, era sin embargo un excelente campesino, hombre recto, cristiano sólido, que no faltaba a su Misa del domingo y no trabajaba el día del Señor. Cuando Juan María

---

13 La casa fue habilitada como museo en 1962. Las vitrinas instaladas en la sala de arriba recogen infinidad de objetos de la familia. En octubre de 1986, con motivo del bicentenario del nacimiento del Cura de Ars, Juan Pablo II peregrinó hasta este lugar.

–con 17 años, aprendiendo a leer y a escribir– expresó su deseo de ser sacerdote, Mateo intentó encontrar razones para disuadir a su hijo: no había hecho estudios, no conocía el latín y era buen trabajador; además, él estaba destinado a sustituirlo en la granja. Pero respetaba el fervor de su hijo. Alguien le dijo: *"Hay que hacer sacerdote a vuestro hijo; sabe decir las letanías"*. Y también respetó la decisión de su mujer, que propuso que Juan María fuese a casa de una hermana suya y luego a la del Rvdo. Balley, sacerdote de aquel lugar, para hacer la Primera Comunión.

Mateo inculcó en sus hijos, sobre todo, la atención a los menesterosos. En el momento de la gran miseria social engendrada por la Revolución Francesa, numerosos pobres, hasta 20 de una sola vez, buscaban abrigo y alimento. Los sentaba a la gran mesa familiar y después los acompañaba, como si fuesen sus invitados, al lugar destinado para pasar la noche; y, además, se preocupaba de abrigarlos. Era Juan María quien tenía la responsabilidad de limpiar sus vestidos plagados de piojos y de cargar el asno con madera para los pobres del pueblo... Pero Mateo no se contentaba con ofrecer hospitalidad a los pobres; les redescubría su dignidad, agrandando "la familia" para acogerlos.

El futuro Cura de Ars y sus hermanos aprendieron a amar a los pobres viendo actuar a su padre Mateo. Mateo y sus hermanos lo aprendieron de su padre Pedro y de su madre María Charavay. Los abuelos de Juan María vivían en Dardilly. Pedro era un agricultor acomodado y buen cristiano, acogía con amable hospitalidad a cuantos pobres llamaban a su puerta. Así fue cómo, en julio de 1770, la fama de su caridad atrajo hacia él a un mendigo que a la vez era un santo.

Lo cuenta Francis Trochu[14] en las primeras páginas de la más completa y popular biografía de san Juan María Vianney. El biógrafo recuerda el suceso vivido por **Mateo Vianney** cuando era un niño.

---

14 Francis Trochu, ***El Cura de Ars***, págs. 27-29 (Madrid 1996).

***Benito José Labre**[15], enfermo de escrúpulos, acababa de salir de la Trapa de Sept-Fons, donde había dado comienzo su noviciado con el nombre de Fray Urbano. Firme después en su vocación de perpetuo peregrino, emprendió el viaje a Roma. El primer punto donde se detuvo fue Paray-le-Monial y fueron muy largas sus visitas a la capilla donde la religiosa Margarita María de Alacoque tuvo las apariciones del Sagrado Corazón de Jesús. De Paray se dirigió a Lyon; mas, al sobrevenir la noche, antes de entrar en la ciudad, que estaba muy próxima, se paró en el pueblo de Dardilly. Varios pobres se encaminaban a casa de Pedro Vianney y a ellos se unió el santo mendigo.*

Benito José Labre observaba una extraña costumbre. Iba vestido con la túnica de los novicios trapenses, que le había sido entregada al salir del monasterio; unas alforjas pendían de sus espaldas; rodeaban su cuello unos rosarios y brillaba sobre su pecho un crucifijo de cobre. Por todo equipaje, un breviario, una Imitación de Cristo y unos Evangelios.

*Con tales atavíos penetró en el cercado que estaba delante de la casa de los Vianney. El dueño lo acogió como solía acoger a todos los pobres, y **los hijos miraban con compasión** a aquel desheredado de la fortu-*

---

15 **San Benito José Labre**, nacido en Amettes (Pas de Calais, Francia) en 1748, había dejado a su familia a los 20 años y había intentado ser admitido en varios conventos. Dedicó los últimos años de su vida a frecuentar numerosos santuarios europeos, en particular los dedicados a Nuestra Señora. Así fue como llegó a recorrer 30.000 kilómetros a pie. Su trayecto más largo fue el que hizo hasta Santiago de Compostela, pasando por Manresa para visitar la cueva de San Ignacio y por Zaragoza para rezar a la Virgen del Pilar. No podemos decir que fuera vagabundo, ni siquiera un mendigo, aunque lo pareciera. En Roma, Benito había elegido el Coliseo como morada y dormía bajo el arco 43, en la V estación del vía crucis, la de Simón de Cirene que ayuda a Jesús a llevar la cruz. Su jornada la marcaban la oración y las calles de Roma, que le llevaban día tras día a los lugares más vinculados a la fe del pueblo. Murió en la Ciudad Eterna el 16 de abril de 1783, a los 35 años.

*na, en cuya persona sus padres les habían enseñado a ver al mismo Jesucristo. **Mateo**, uno de los cincos hijos, se hallaba presente. **Sin sospechar que había de ser padre de otro santo**, contemplaba al joven mendigo tan pálido y tan suavemente expresivo, cuyos dedos no dejaban ni un momento las cuentas del rosario.*

En la espaciosa cocina, no lejos de la elevada chimenea donde dieciséis años más tarde el niño predestinado calentaría sus pies, Benito José Labre y sus compañeros de pobreza, mezclados con los Vianney, tomaron asiento alrededor de la olla en que hervía la sopa. Se sirvió después tocino con legumbres. Y dichas las gracias y las oraciones de la noche, subieron los trashumantes a una habitación situada sobre el horno del pan, para dormir en un buen jergón de paja. Al día siguiente, al partir, se mostraron todos agradecidos; más uno de ellos, el joven de veinte años, de facciones delicadas y maneras cultas, manifestó su gratitud en términos que dejaban entrever una instrucción esmerada y una piedad profunda.

Poco después, ¡cuál no fue la sorpresa de Pedro Vianney cuando recibió una carta del pobre peregrino! Benito era muy parco en escribir; hubo de serle, por tanto, muy grata la hospitalidad del de Dardilly; o, tal vez, iluminado por Dios presintió también al hijo de bendición que para siempre había de hacer ilustre aquella morada. Su nieto, el famoso Cura de Ars, hablaría con frecuencia de aquella carta.

María Béluze, la madre

Había nacido en Ecully, población situada a 5 km al noroeste de Lyon. María fue una mujer bastante excepcional para el momento: sabía leer y escribir. Singular preocupación de su hijo será, después, **la educación de las niñas y las jóvenes**. Era, en efecto, la madre la que tenía particular cuidado en la educación de toda la familia: educación en la vida humana, en el trabajo, en el sentido de los otros y en la apertura del corazón a Dios. *"Mi madre –contaba después el Santo Cura– venía cada mañana a nuestra cama para hacernos ofrecer nuestro corazón a Dios y para hacernos rezar"*.

La miseria de los tiempos no era excusa para disminuir el número de los hijos: ellos son la verdadera "riqueza" familiar. Lo que se podía hacer, en cambio, era permitir a cada uno que ocupase su lugar, sin ociosidad ni despilfarro. María se preocupaba de cada uno de sus hijos y tenía el cuidado de educar a cada uno según su propio temperamento. No pedía lo mismo a uno que a otro, sino a cada uno según sus posibilidades: *"Cuando tú –le decía a Juan María– me das un disgusto, me duele más... Ya lo sabes, si tus hermanos hicieran pecados, me pondría muy triste, pero todavía más si fueras tú..."*. La madre descubrió en el corazón de su hijo una apertura a Dios, una delicadeza de conciencia que supo discernir y hacer crecer.

Juan María acudiría al pueblo natal de su madre para aprender el catecismo y para recibir por primera vez la Sagrada Comunión. Desde Dardilly hasta Ecully no había más de una legua (unos cuatro kilómetros y medio) de distancia. Gracias a la decisión de María y recogido en la casa de la tía Humbert, el niño pudo comulgar. Él repetirá más tarde: *"Después de Dios, se lo debo todo a mi madre; era tan sensata... La virtud pasa del corazón de las madres al corazón de los hijos... Un niño no debería nunca mirar a su madre sin llorar; no por miedo, sino por admiración"*.

En aquel periodo revolucionario la Iglesia oficial debió esconderse y callar, pero afortunadamente existía la familia. La familia entonces tomó el relevo y se convirtió en Iglesia doméstica, que permitía continuar despertando y alimentando la fe cristiana. La familia de Juan María[16] fue el lugar privilegiado del despertar de la conciencia. Cerrada la parroquia, ¿quién tomaría el relevo?

---

16 Philippe Perdrix, **El cura de Ars y la familia**, artículo publicado en *"El Taller del Orfebre"* en septiembre de 2000.

La familia se convirtió en parroquia y María Béluze fue su corazón. Se santificaba en familia el día del Señor y se rezaba con asiduidad y fervor.

Los hermanos Vianney

Mateo y María tuvieron seis hijos. **Catalina**, la mayor, nació el 1 de junio de 1780, falleció joven y no dejó descendencia. **Juana María** murió con cuatro o cinco años de edad y había nacido el 10 de septiembre de 1782. **François** (el mayor) nació el 28 de septiembre de 1784, luego terminaría viviendo en la casa paterna y falleció a los 71 años el Viernes Santo de 1855; era un 6 de abril.

El cuarto de los hermanos fue nuestro protagonista, **Juan María**. Dieciocho meses después, en noviembre de 1787 nace **Margarita**, a la que apodan Gothon. Fallece con 90 años, el 8 de abril de 1877, conociendo la fama de santidad de su hermano. Finalmente **François** (el pequeño), nacido el 20 de octubre de 1790, ingresó en el ejército de Napoleón y falleció a orillas del Main, a principios de la campaña de 1813.

Exterior de la casa natal del santo.

3
ENTREGA POR COMPLETO A JESÚS

A principios de 1791, dos años después del estallido de la Revolución Francesa, entró en vigor en la zona de Lyon la *"Constitución Civil del Clero"*. La vida eclesial quedó controlada y dirigida por el gobierno. Mientras, en la parroquia de Dardilly, fue nombrado un cura constitucional, por lo que la familia Vianney, alertada de ello, dejó de asistir a los cultos. Muchas veces el pequeño Juan María oyó Misa en cualquier rincón de la casa, celebrada por alguno de aquellos heroicos sacerdotes, fieles al Papa, que eran perseguidos con tanta rabia por los revolucionarios y a los que los Vianney de vez en cuando hospedaban, con riesgo de su vida. En otras ocasiones cuando oía tocar las campanas para la Misa sin poder asistir, le apenaba profundamente.

Los sacerdotes tenían que disfrazarse, cambiando constantemente de domicilio, para poder administrar los sacramentos al pueblo de Dios, que permanecía fiel. Dos de ellos serán muy importantes en la vocación de Juan María: los reverendos **Balley** y **Groboz**. Ambos trabajaban en Ecully; uno hacía de carpintero y el otro de cocinero. El crecimiento de nuestro Juan María quedaría marcado por esta situación: entre los cinco y los trece años **tuvo que aprender a ser cristiano en la clandestinidad**.

"El niño iba creciendo y la gracia de Dios lo acompañaba"

Francis Trochu encadena en las primeras páginas de su libro *"El Cura de Ars"* preciosas anécdotas de los primeros años de infancia de Juan María, que toma de las actas del proceso de canonización y de la *"Petite mémoire"*, de Cataline Lassagne.

María, su madre, enseguida comenzó a mostrarle el crucifijo y las imágenes piadosas que adornaban las habitaciones de la casa. Cuando sus bracitos pudieron moverse con alguna libertad fuera de las mantillas, empezó a llevarle su mano de la frente al pecho y del pecho a los hombros. Muy pronto el pequeñuelo adquirió hábito de ello: en cierta ocasión –contaba entonces quinces meses–, habiéndose olvidado su madre, antes de darle la sopa, de hacerle trazar la señal de la cruz, se negó a abrir los labios e hizo varias veces que no con la cabeza. María Vianney entendió en seguida lo que aquello significaba. Le tomó la mano, y los labios fuertemente cerrados se abrieron por sí mismos.

La madre, mientras se ocupaba de los quehaceres domésticos, iba instruyendo a su hijo con palabras sencillas y expresiones a su alcance. Así fue como aprendió el Padrenuestro y el Avemaría, las nociones fundamentales sobre Dios y el alma. El niño a su vez, cada día más despierto, hacía a su madre inocentes preguntas. Lo que más le interesaba eran los misterios de la infancia de Jesús, especialmente la Natividad, el pesebre y los pastores. Poco a poco, estas ingenuas pláticas se alargaron hasta la noche: para oír contar la Historia Sagrada, Juan María permanecía en vela con su madre y con Catalina, la más piadosa de sus hermanas. A veces se "arrodillaba en el suelo, juntaba sus manos y las ocultaba entre las de su madre".

Juan María poseía un hermoso rosario que tenía en gran estima. Gothon –su hermanita–, a quien sólo aventajaba en dieciocho meses, lo halló también de su agrado y quiso apoderarse de él. Hubo una escena violenta entre hermano y hermana: gritos, pataleo y un amago de combate... El pobre niño corrió hacia su madre, entristecido. "Hijo mío, da tu rosario a Gothon –le dijo con voz dulce, pero firme–. Sí, dáselo por amor de Dios". Y al instante Juan María le alargó sollozando el rosario, que cambió de propietario. Tratándose de un niño de cuatro años, ¿no era ello un notable sacrificio? Para enjugar sus lágrimas, la madre, en lugar de mimarle y acariciarle, le dio una pequeña imagen de madera que representaba a la Santísima Virgen. Aquella tosca imagen la había contemplado con envidia puesta sobre la chimenea de la cocina. Desde aquel momento ya era suya, bien suya. ¡Qué felicidad! "¡Oh! Y cuánto amaba yo aquella imagen –nos dirá pasados setenta años. No podía separarme de ella ni de día ni de noche y no hubiera dormido tranquilo si no la hubiese tenido a mi lado en el lecho... La Santísima Virgen es mi mayor afecto; la amaba aun antes de conocerla.»

En otra ocasión, Juan María sale sin decir nada. Su madre se da cuenta de que ha desaparecido. Llama, pone atención y en vano aguarda la respuesta. Busca con ansiedad cada vez más creciente en el patio, tras los montones de leña y paja. El niño no aparece. ¡Él, que siempre contestaba a la primera llamada! Mientras se dirige al establo, donde puede estar escondido, la madre va pensando en aquel agujero negro y profundo donde bebe el ganado. Mas, ¿qué es lo que descubre en un rincón apartado, de rodillas, entre dos animales que rumian mansamente? Es el niño que reza con fervor, juntas las manos, ante la imagen de la Virgen. María Vianney lo levanta en brazos y lo oprime contra su corazón.

– ¡Aquí estabas, hijo mío! –le dice embargada por el llanto. ¿Por qué te escondes para rezar, si sabes de sobra que siempre lo hacemos juntos?

El niño no ve más que la pena causada a su madre, y entre gemidos y dejándose mecer en sus brazos, repetía:

– Perdón, mamá, no lo sabía... ¡ya no lo haré más!

Cuando comienza a salir solo, el campo es su lugar preferido; las flores, los árboles, toda la naturaleza le hablaba de Dios, en quien encontraba el descanso de su corazón. Con frecuencia se iba bajo la sombra de un árbol grande y allí hacía como un pequeño altar donde ponía la imagen de la Virgen Santísima, que siempre llevaba y llevaría toda su vida junto a él; y a los pies de la Madre, descargaba su corazón con la confianza de un niño pequeño. En otras ocasiones llama a sus otros compañeros pastores y les hablaba de las cosas del Señor que aprendía de su madre, siendo éstas sus primeras clases de catecismo que luego diariamente compartiría con los habitantes de Ars. Tenía la costumbre de hacer la señal de la cruz cada vez que sonaba el reloj.

Como dice san Lucas en el Evangelio, el niño *"progresaba en sabiduría, en estatura y en gracia, ante Dios y los hombres"* (2, 52). Podemos pensar que en sabiduría menos... Y, sin embargo, hablamos de la sabiduría de Dios, de la cual el niño Vianney se fue llenando poco a poco, hasta completar sobradamente la medida.

Muchas veces la vida nos presenta, a la par donde suceden tragedias, penas y dificultades, otro tipo de historias que nos produce la sensación de que vivimos vidas totalmente diferentes. El caso es que mientras Juan María con tan sólo nueve años lucha por poder vivir su vida cristiana, ajeno a todas estas cosas y a tan sólo 10 kilómetros de la granja de los Vianney, el dentista lionés Laurent Mourguet, gran aficionado a los trabajos manuales, está fabricando **el primer guiñol del mundo** con el fin de distraer y aliviar el dolor de sus pacientes. Mourguet se inventó unas historias que se representaban en su gabinete, con marionetas de guante que se movían detrás de un mostrador, y llegó a ser muy querido por sus contemporáneos. Los personajes de aquel guiñol eran representaciones de gente del pueblo, con sus aspiraciones, calamidades y problemas. Pero todo ello presentado en tono festivo y crítico para animar y entretener a los espectadores. El personaje central se llamaba *Guignol*, cuyo nombre procede de los trabajadores de las fábricas de hilos de seda. Era el año 1795.

El Reverendo Groboz

En estos años Francia se había convertido en tierra de misiones. Uno de los sacerdotes que pudo acercarse hasta Dardilly fue el Reverendo Groboz, vicario de la parroquia de Sainte-Croix de Lyon, el cual, habiendo escapado primero a Italia, pasó de nuevo los Alpes para reemplazar a tantos colegas suyos condenados a muerte. Tras varias visitas a casa de los Vianney, sabemos que un día de 1797, al ir a bendecir a los niños y llegar a Juan María, el sacerdote le preguntó:

- *¿Cuántos años tienes?*

- *Once años.*

- *¿Desde cuándo no te has confesado?*

- *Todavía no lo he hecho*, respondió entristecido Juan María.

- *Pues bien, hagámoslo enseguida.*

Quedándose los dos a solas, hizo su primera confesión. *"Siempre me acuerdo de ello; era en casa, al pie de nuestro reloj"*. Tras la confesión, el reverendo Groboz pidió a Mateo y a María que le enviasen al muchacho a Dardilly para poder hacer su primera Comunión.

Jesús viene a su corazón

1799. Es la época en que se siega el heno. La calma que había seguido a la caída de Robespierre parecía haber concluido. Era necesario seguir siendo prudentes. A pesar de los ruegos del Rvdo. Groboz, había transcurrido casi un año y medio para que por fin Juan María pudiera hacer su primera Comunión.

Nos encontramos en el hogar del inventor del navío a vapor, Claudio de Jouffroy d´Abbans[17]. Las dueñas han permitido que la celebración se haga en su casa. *"Muy de mañana*, cuenta Trochu, *los dieciséis niños de Dardilly que habían de comulgar,*

______

17 Claude-François, marqués de Jouffroy d'Abbans (Roches-sur-Rognon, 1751- París, 1832), fue un famoso ingeniero que desarrolló los métodos para la aplicación del vapor a la navegación. Construyó un barco accionado por aletas que imitaban el movimiento de las palmípedas y, posteriormente, un buque movido por ruedas de álabes al que denominó *piróscafo*. Su esposa Francisca Magdalena y la madre de ésta, Ana Josefa de Biétrix, vivían solas en la casa de Ecully, ya que el Marqués tuvo que emigrar a causa de la Revolución.

fueron acompañados por separado y conducidos a una gran sala cuyos postigos ajustaban muy bien, pues los niños habían de sostener una vela y era imprudente que desde fuera se viese la luz. Para colmo de precauciones, habían puesto delante de las ventanas algunas carretas llenas de heno. Y durante la ceremonia, para mejor disimular, varios hombres se ocupaban de descargarlas".

Juan Bautista, que era alto y espigado, va el último de la fila. Ya ha cumplido 13 años; y aun siendo el mayor, las lágrimas corren por sus mejillas al recibir al Señor.

Su hermana Margarita declaró de aquel día: *"Yo me hallaba presente; mi hermano estaba tan contento, que no quería salir del lugar donde había tenido la dicha de comulgar por vez primera".* El futuro Cura de Ars cada vez que recordaba el día de su primera Comunión no podía hacerlo sin que le brotaran las lágrimas de sus ojos. Pasados cincuenta años, mostrará a los niños de Ars el sencillo rosario que llevaba aquel día y les exhortará a guardar los suyos como recuerdo precioso.

4

EL RVDO. BALLEY, UN SANTO SACERDOTE

En 1800 las iglesias fueron abiertas nuevamente. Dios había regresado. Pero muchos lo habían olvidado. El Arzobispo de Lyon, cardenal Fesch[18], sabía que su primer deber era buscar candidatos para el sacerdocio y así cada parroquia fue instruida para que se iniciase una campaña para promover las vocaciones al sacerdocio. Por suerte Ecully recibió como párroco a un apóstol que se llamaba Charles Balley. Era a él a quien debía corresponder el honor y la misión de adivinar, alentar y formar al futuro santo[19].

Balley, era el benjamín de una familia de dieciséis hijos. Había pertenecido a los Canónigos regulares de la Congregación de Francia, conocidos como los canónigos de Santa Genoveva (*génovefains*). Tras la disolución forzada de su orden reúne a un grupo de sacerdotes de Lyon que no se habían doblegado ante la persecución y junto a los padres Groboz y Jacques Fournier, se lanzan a un ministerio clandestino. Un hermano suyo, Dom Esteban Balley, que era cartujo, murió guillotinado el 14 de febrero de 1794. Sin embargo, otro de los hermanos, Alejandro, fue sacerdote refractario.

Así que, entre un hermano apóstata (que posteriormente abjuró de su apostasía) y otro hermano mártir de la fe, el padre Balley se nos presenta como un hombre instruido, fervoroso y

---

18 **Joseph Fesch** (Ajaccio, 1763-Roma, 1839). Era tío de Napoleón. Siguió una brillante carrera eclesiástica, ya en 1802 era arzobispo de Lyon. Al año siguiente fue nombrado cardenal y capellán mayor del Imperio. Consiguió la consagración del emperador y presidió un concilio nacional en 1811. Su fidelidad al Papa, sin embargo, le granjeó la hostilidad de Napoleón. Se retiró a Roma en 1814.

19 Paul Vial, *Le maître du curé d'Ars, Charles Balley (1751-1817)*, Beauchesne, París (1970). Henri Gheon, *El santo cura de Ars*. págs.17ss (Tucumán, Buenos Aires 1943).

austero. Vivía sobriamente asentando su vida espiritual en la oración y en el sacrificio. Durante varios años había sido maestro de novicios en su comunidad y se había distinguido por su firme criterio de no admitir más que a candidatos serios y dispuestos a entregarse por entero al Señor.

Enseguida el Rvdo. Balley abrió una escuela para aspirantes al sacerdocio. Allí hospedó a un futuro jesuita llamado Deschamps y a los hermanos Matías y Jacobo Loras. Aunque primero Balley se cierra en banda para acoger más candidatos, una vez conozca a Juan María lo aceptará como alumno externo, llegándole a confesar: *"Esté tranquilo, amigo mío; yo me sacrificaré por usted si necesario fuese"*. Deschamps refiere cómo tenía que ayudar a su compañero de estudios a buscar las palabras en el diccionario y a traducirlas convenientemente, ya que sus conocimientos eran extremadamente limitados. Uno de sus compañeros, Matías, también le ayudaba en sus lecciones de latín.

Matías Loras

Con el sorprendente título *"L´évêque américain qui gifla le saint cure d´Ars"* ("El obispo americano que abofeteó al santo Cura de Ars") el periodista francés Daniel Hamiche[20] recuerda como Matías, quizá el más aventajado de los discípulos de Balley, era muy nerviosos y "algo suelto de manos". Un día, cansado de la torpeza del "mayor", le pegó una bofetada en presencia de los otros. Juan María, dotado también de un natural violento, se arrodilló delante de aquel niño de doce años que acababa de golpearle y le pidió perdón. Matías ocultaba un corazón de oro. Arrepentido de su mala acción y anegado en lágrimas, se echó en brazos de Juan María, todavía puesto de rodillas. Este episodio fue el origen de una profunda amistad. De hecho, durante el año 1823, para honrar de una manera digna al santo que había esco-

---

20 Publicado el 24 de abril de 2007 en su blog Americatho: *"Histoire et actualités du catholicisme aux États-Unis"*.

gido como patrono de su confirmación, Juan María Vianney hará levantar a sus expensas una capilla que dedicará a San Juan Bautista. Fue bendecida e inaugurada el día de la fiesta por el Rvdo. Matías Loras[21], superior del Seminario Menor de Meximieux.

Ciento sesenta y seis años antes

A mediados del siglo XVII el párroco de La Louvesc, aldea perdida entre las nieves del mediodía francés, escribía en su libro parroquial: *"Este último día de diciembre de 1640, hacia la media noche, ha muerto en mi habitación y sobre mi cama, en la que había estado enfermo seis días, el reverendo padre Juan Francisco de Regis, jesuita del Puy"*. Efectivamente, seis días antes, el 26 de diciembre, aquel hombre, hasta entonces aparentemente insensible al frío, a la fatiga y al ayuno, había caído sin conocimiento, rodeado de una inmensa turba de gentes que le apretujaban esperando a que los confesase. Toda la mañana la había pasado, aconsejando, consolando y absolviendo, en ayunas.

A las dos les dijo la misa, y a continuación siguió confesando hasta caer desmayado. Los campesinos de La Louvesc

---

21 **Pierre-Jean-Mathhias Loras** (Lyon, 1792- Dubuque, EEUU, 1858). Ordenado el 12 de noviembre de 1815, años después fue nombrado Superior del Seminario Menor de Meximieux. Por Monseñor Mermod, profesor del seminario, sabemos que en 1822 el Cura de Ars acudirá a visitar a su condiscípulo. Desde este destino, Matías entabló amistad y ayudó a Michael Portier, primer obispo de Mobile (Alabama), para encontrar en Francia nuevos misioneros. Él mismo se embarcó como misionero en 1829. En Alabama dirigirá el Sprig Hill College y será el vicario general. El 28 de julio de 1837 se crea la diócesis de Dubuque en Iowa y Loras es consagrado su primer obispo. Regresó a Francia para solicitar misioneros. Durante 19 años trabajó incansablemente, y a su muerte, donde se había encontrado al llegar con un sacerdote y un pequeño rebaño disperso, dejó 48 sacerdotes con 60 iglesias y 54.000 católicos. Fue tan grande su fama de santidad en Dubuque, que en aquella época, en tiempo de las confirmaciones, muchos niños deseaban ponerse su nombre y tomarlo por patrono.

descubren que ***el santo jesuita***[22] no era un ángel, sino un hombre como ellos, a pesar de los prodigios de todo orden que estaban acostumbrados a ver realizar a aquel religioso grandote y flaco. Así sucumbía a sus cuarenta y tres años de edad, agotado hasta el extremo en el ejercicio de su ministerio, el hombre del que Pío XII, poco antes de ser elegido Papa, afirmaría: *"Si hay un santo a quien pueda invocársele como a patrón de las misiones rurales en tierras de Francia, éste es San Juan Francisco de Regis".*

Pero regresemos un momento a los primeros estudios del joven Vianney. ¿Carecía nuestro estudiante de memoria o solamente de ejercitación? ¿Tenía como se ha dicho la cabeza demasiado dura para los estudios? Se encuentra frente a los libros como un niño que toma la azada y es demasiado débil todavía para hacerla morder en la tierra que tiene la misión de remover. Trató de subsanar las dificultades con el medio que utilizará toda su vida y al que deberá sus triunfos más seguros, a través de la mortificación de los sentidos.

En la mesa de su tía, con la que vive, no come más que sopa. Se las arregla para servirse antes de que se le eche la manteca. Reduce su ración de pan. Multiplica las obras de misericordia; así, por ejemplo, cambia en un camino sus alpargatas nuevas por los viejos zuecos de un mendigo. Reza hasta el agotamiento. Vela hasta caer enfermo. Pero su mente no se abre y está a punto de renunciar.

---

22 **San Juan Francisco Régis** (Fontcouverte, 31 de enero de 1597-La Louvesc, 31 de diciembre de 1640) fue un santo jesuita francés. Hijo de Jean Régis y Margarite de Cugunhan, estudió en el Colegio Jesuita de Béziers. Entró en el Noviciado de Toulouse en 1616. Se ordenó como jesuita a los 31 años. Enseñó gramática en los Colegios de Billau de 1619 a 1625, de Puy-en-Velay de 1625 a 1627 y Auch de 1627 a 1628, tras lo cual pasó largos años predicando entre los pobres en zonas controladas por los hugonotes, viviendo en el Colegio jesuita de Montpellier. Su estilo de prédica era sencillo y directo, excelente para el entendimiento de los analfabetos. Estableció refugios para prostitutas y trabajó con las víctimas de la peste en Toulouse. Estableció la Confraternidad del Bendito Sacramento. Recogía dinero y comida entre los acomodados para dársela a los pobres. Falleció de neumonía cuando desarrollaba una misión en La Louvesc. Fue canonizado el 16 de junio de 1737. Su fiesta es el 16 de junio.

Ante la insignificancia de sus progresos y como otros muchos seminaristas en apuros, en 1806 Juan María hace una peregrinación al Santuario de San Juan Francisco Régis en La Louvesc[23]. Esta población, del departamento de la Ardèche, era célebre por la peregrinación a la tumba del apóstol del Velay y del Vivarais (hoy departamentos de Haute-Loire y Ardèche, diócesis de Le Puy y de Viviers, respectivamente).

Entonces, toma su bastón y emprende el camino. Como Benito José Labre, mendigando un pedazo de pan y un rincón donde dormir, escala la montaña. Juan María ignora el paralelismo que el Santo jesuita le depara para su propio ministerio, la Providencia le tiene reservado parecido destino. Vianney recorre cien kilómetros de camino y sendero pedregoso. Cae de rodillas ante su protector, pidiéndole consejo, fuerza y luz. Confiesa y comulga. Y San Francisco Regis[24] contesta.

Como se puede imaginar, el Rvdo. Balley, que de lejos se había unido a sus oraciones, le recibió con los brazos abiertos en Ecully. A partir de aquel día su adelanto en el estudio fue suficiente para que no se desanimara.

El sacramento de la confirmación

Hacía cerca de veinte años que no se había podido celebrar el sacramento de la Confirmación. Margarita Vianney nos dice: *"Tuve la dicha de ser confirmada juntamente con él. Hacía mucho tiempo que, a causa de la Revolución, no se había administrado este sacramento en nuestra tierra. La ceremonia se celebró en la iglesia de Ecully"*.

---

23 Se sabe que en este verano de 1806 Marcelino Champagnat, en compañía de su madre, también peregrinó a pie hasta La Louvesc. Fue a pedir al santo ser readmitido en el seminario de Verrières donde el primer año de estudios había sido un fracaso y había sido invitado a quedarse en casa.

24 Desde entonces Juan María Vianney será muy devoto de San Juan Francisco Regis durante toda su vida. En Ars tendrá su imagen en la habitación –un dibujo a pluma que todavía adorna la pared– y para la parroquia una imágen del santo jesuita.

Como era costumbre entonces, Juan María pudo añadir a su nombre de bautismo otro por la confirmación, eligiendo el de **Bautista**. Con este motivo, para resaltar su voluntad de abrir caminos a Jesucristo, a partir de ahora firmará siempre con los tres nombres **Juan María Bautista**[25].

Así pues, durante la Cuaresma de 1807 el joven Vianney recibe los Dones del Espíritu Santo renovados de su Bautismo, de la mano del cardenal Fesch, quien se dedica a confirmar a los retardatarios de su diócesis, esto es, a todos los que durante la Revolución Francesa no habían recibido los sacramentos. Se dice que lo hacía a razón de dos a tres mil por día, en muchas zonas.

25 Josep Lligadas, *Joan Maria Vianney, el cura de Ars*. Santos y Santas, nº 78 de la colección del Centre de Pastoral Litúrgica, pág. 9.

5
EL PRÓFUGO JERÓNIMO VINCENT

Es sabido que el apetito de poder de Napoleón era insaciable. Se había lanzado a la conquista completa de Europa, lo que provocó que muchos hombres muriesen en su ejército. La falta de soldados lo llevó a reclutar más personal y en el 1806 la quinta de Juan María Bautista fue llamada a enrolarse. Algunos biógrafos bien intencionados se han esforzado sobremanera en justificar o disculpar lo que se conoce como "deserción del Cura de Ars". Escribe Henri Gheon: *Si hubo tal deserción, el joven Juan María tenía el derecho y el deber de desertar*"[26].

Sea como fuere la administración militar remite al joven Vianney la orden de reclutamiento. Hagamos notar, para ser justos, que un privilegio especial eximía a los alumnos eclesiásticos. Juan María lo había aprovechado por espacio de tres años. Pero, seguramente, la autoridad eclesiástica debió olvidarse de hacer una nueva declaración. Fue inútil reclamar; el departamento de guerra fue inexorable. España resistía y el Emperador reclamaba por la fuerza a cuantos hombres quedaban todavía en pie. Vianney fue mandado a los regimientos de España. Sus padres trataron de encontrar un substituto y por la suma de 3.000 francos un joven "se ofreció" para ir en su lugar, aunque se arrepintió en el último momento.

Juan María aceptó, era el 26 de octubre de 1809. Juan María aceptaba siempre, porque en todo veía la mano de Dios. Sin más se dirigió al cuartel de Lyon; donde cayó enfermo. De aquí lo enviaron al hospital de Roanne, hacia donde se dirigía su regimiento. Internado en el Hospital la enfermera encargada le ayudó a recuperar la salud. Finalmente, el 5 de enero de 1810, el seminarista Vianney tomo su fusil y su mochila y dejó el hospital.

---

26 Henri Gheon, **El santo Cura de Ars**, p.19 (Tucumán, Buenos Aires 1943).

Oculto en la aldea de Robins

Pero antes de partir, su amor apasionado a Dios le llevo a entrar en una iglesia. Depositó la carga de su sacrificio a los pies de su Amo y Señor. Rezo largo rato, demasiado largo seguramente. Cuando terminó su oración, el destacamento ya estaba lejos. Regresó al cuartel, se explicó cómo pudo, fue reprendido fuertemente y, tras dársele un plano de ruta, se le obligó a reincorporarse rápidamente.

El invierno era recio y una fiebre altísima de nuevo lo atacó, lo que provocó que no pudiese seguir avanzando. Entrando en un cobertizo, se sentó sobre su bolsa y comenzó a rezar el Rosario. Dijo tiempo después que *"quizás nunca lo recé con tanta confianza"*. De pronto un extraño se le presentó frente a él y le preguntó:

– *¿Eres soldado?* –le preguntó el desconocido.
– *Sí, señor.*
– *¿Vas a reincorporarte?*
– *A eso voy, en efecto.*
– *¿No piensas salir enseguida?*
– *Me sería imposible.*
– *En tal caso, ven conmigo. Conozco un lugar donde podrás dormir como es debido.*

Aquel hombre, que se llamaba Guy, era un desertor. Juan María le siguió, llegaron a la casa de un labrador y allí estuvo varios días hasta que se le pasó la fiebre. Mientras estaba en cama por primera vez pasó por su mente la realidad de que sin haber sido culpa suya, él era ahora un desertor. Años después un amigo del santo Cura de Ars revelará respecto a este episodio: *"ya sea de buena fe, o bien por el convencimiento de una intervención sobrenatural, esto nunca constituyó una carga para su conciencia"*.

Los montes de Forez, de la Madeleine, del Bois-Noir presididos por el Puy de Montoncel (1292m) estaban entonces poblados de árboles. Allí se enclavaba el pueblo de Noës (600m) y dos kilómetros más arriba la aldea de Robins, donde Vianney permaneció dos años escondido. Se trataba de un paraje boscoso donde resultaba fácil burlar al ejército y donde tuvo la suerte de dar con Paul Fayot, hombre de fama excelente que ejercía de alcalde aunque tenía una manera especial de aplicar las leyes del Imperio. Fayot tenía ya dos desertores en su casa, por lo que remitió al recién llegado a casa de su prima Claudine Fayot, una viuda con cuatro niños.

Desde ese momento Juan María adoptó el nombre de Jerome Vincent, bajo ese nombre llegó hasta abrir una escuela para los niños de la villa. Durante el día trabajaba para sí y prestaba algunos pequeños servicios en el interior de la casa. Por la noche, daba las lecciones a los niños de la casa. Rara vez salía al exterior y tenía que privarse de asistir a la Santa Misa. ¡Cómo recordaba los años de su niñez, cuando la autoridad realizaba registros sin par para encontrar a algún sacerdote escondido! ¡Cuántas veces tuvo que correr a ocultarse en el desván para eludir una captura! Se dice que un día, un gendarme celoso del cumplimiento de su deber le pinchó con su sable al sondear en un montón de heno.

Por prudencia, permaneció un año entero sin dar noticias. Se tuvo paciencia otro año más. En el 1810 un decreto imperial concedió amnistía a todos los desertores de los años 1806 a 1810, así el decreto le declaraba libre de regresar a casa y terminar sus estudios. La Divina Providencia y la asistencia de la Virgen lo habían salvado.

El Seminario de Verriéres

Juan María regresaba justo a tiempo para ver morir a su pobre y santa madre. Le confió por enésima vez su anhelo de ser sacerdote para que se lo transmitiera a Dios. Ella no dejó de hacerlo, puesto que el Padre Balley volvió a recibir a su alumno. Aceptó darle hospitalidad, alimentarlo y prepararlo para entrar cuanto antes al Seminario Menor de Verriéres. Ahora tenía 24 años y el tiempo apremiaba.

El Seminario de Verriéres, situado a 30 km de Montbrison, capital del departamento de la Loire hasta 1853, se inauguró en 1804. Era uno de los seis seminarios menores que la diócesis de Lyon tuvo a comienzos del siglo XIX[27]. Por razones políticas, fue el único que siguió funcionando, ya que los otros cinco fueron cerrados.

En este establecimiento, reabierto secretamente, desafian do los decretos en los que el Emperador hacía notar su descontento al Episcopado y a Roma, el nivel de los estudios era muy bajo. Sin embargo, la sabiduría de Juan María quedaría a un nivel inferior. Era de mayor edad que su profesor y sabía menos que el más joven de los alumnos.

Así pues, Vianney en 1812 fue enviado al seminario de Verrieres; estaba tan mal en latín que se vio forzado a seguir el curso de filosofía en francés. Suspendió el examen de ingreso al seminario propiamente dicho, pero en un nuevo examen tres meses más tarde aprobó.

En este seminario había ingresado Marcelino Champagnat[28] el 1 de noviembre de 1805. Pasaría en él ocho años de su formación espiritual y apostólica. El curso 1812-1813 fue el último que Champagnat pasó en Verrières. Este es el motivo por el que coincidieron por primera vez con Marcelino en el seminario

---

27 Fue clausurado en 1903, abandonado en 1906, vendido y demolido en 1912. Hoy el seminario de Verrières está en ruinas.

28 **San Marcelino Champagnat** nació en 1789, en Rosey, un pueblecito francés de la provincia de Lyon. Tenía sólo dos meses cuando en París la muchedumbre asaltaba la Bastilla, y daba inicio a la Revolución Francesa. Los años de infancia de Marcelino estuvieron salpicados por diferentes acontecimientos que culminaron con los días del Terror. La formación religiosa que recibió de su madre, con la componente de una intensa devoción a María, hizo que Marcelino decidiera ir al Seminario, se hiciera sacerdote y se dedicara a la educación de los muchachos: trabajo que sólo terminó con su muerte, un 6 de junio de 1840. Es el fundador de la Orden de los Hermanitos de María o Maristas de la Enseñanza. Fue canonizado el 18 de abril de 1999 por el Papa Juan Pablo II.

Juan Claudio Colin[29] y Juan María Vianney. Luego coincidirían en Lyon.

29 **Jean Claude Colin** nació el 7 de agosto de 1790 en Saint-Bonnet-le-Troncy, en el departamento de Ródano (Francia). Su padre había protegido a varios sacerdotes de la persecución religiosa durante los días de la Revolución, ésta dejó una reducción del 70% de los sacerdotes en Francia. Luego sus padres murieron cuando Colin tenía sólo 4 años de edad. Seminarios pequeños surgieron por toda Francia cuando el fin de la revolución era cada vez más próximo. Con su hermano Pierre, Colin asistió al seminario menor de Saint-Jodard y pasó algún tiempo en Alix y Verrières. Fue el fundador de los Sacerdotes de la Sociedad de María (Padres Marianistas). Murió el 28 de febrero de 1875. En proceso de beatificación.

6

SACERDOS IN AETERNUM

El 1 de noviembre de 1813, meses después de que Napoleón arrancara al papa Pío VII el *Concordato de Fontainebleau* y de que fuera perdiendo, una tras otra, sus conquistas en Europa varios jóvenes se deciden a ingresar en el Seminario Mayor de San Ireneo de Lyon. Sus nombres Marcelino, Juan Claudio, Esteban Declas, Esteban Terraillon, Juan Bautista Seyve, Felipe Janvier y Juan María Vianney.

En el Seminario de Lyon

El Seminario Mayor de San Ireneo tenía entonces exactamente siglo y medio de existencia. Su creación respondió a la voluntad de aplicar las decisiones del Concilio de Trento. Su dirección corrió a cargo de los sulpicianos. Funcionó ininterrumpidamente con un solo paréntesis de diez años, comprendidos entre 1791 y 1801, debido a que los sulpicianos se negaron a jurar la Constitución y fueron expulsados del ayuntamiento de Lyon por el alcalde. Los tres años de teología, previos a la ordenación sacerdotal, constituirán un tiempo privilegiado para el fervor, la madurez, la amistad y la ilusión apostólica. No todos hacían la misma aportación económica para sufragar los gastos del seminario: desde cincuenta francos hasta la gratuidad total de Juan María.

El reglamento que encauzaba la vida de los seminaristas en San Ireneo era muy estricto. Importaba ejecutarlo fielmente: levantarse al primer toque; plegaria de la mañana, seguida de misa y, en algunos casos, comunión, cuya frecuencia dependía de haber recibido órdenes menores y de la orientación del director espiritual; antes de la comida, examen de conciencia y lectura del Nuevo Testamento; dos visitas al Santísimo (una después del recreo de mediodía; otra antes de irse a acostar); al atardecer, lectura espiritual; después de la cena, plegaria de la noche, examen de conciencia y lectura del tema de meditación del día siguiente. Además se rezaba el Breviario y se dirigían preces a la Virgen. El tiempo restante no reglamentado se dedicaba al estudio. Durante las clases se exigía silencio, atención y obediencia. Un reglamento estricto y la autoridad del superior permitían suplir la juventud y la falta de experiencia de los profesores. Las dificultades a las que se sometió Vianney son imaginables.

En los primeros exámenes, celebrados en diciembre de 1813, Marcelino obtuvo la calificación de insuficiente. El futuro cura de Ars, la de muy deficiente.

Pierri Zind comenta a este respecto: «Como si los carismas del espíritu fueran inversamente proporcionales a los medios intelectuales»[30].

Todos sus superiores reconocen la admirable conducta del seminarista Vianney, pero..., falto de los necesarios conocimientos del latín, no saca ningún provecho de los estudios y, por fin, es despedido del seminario.

Entonces, como pequeña compensación, pensó en hacerse lego con los Hermanos de la Doctrina Cristiana. Pero, una vez más, el Reverendo Balley lo tomó por su cuenta. Lo llevó de nuevo a su casa, le consagró todo su tiempo y toda su paciencia y tuvo la audacia de presentarlo como candidato a las Órdenes menores. Se hacía garante de su capacidad, rechazada por todos. Pero, tampoco esta vez pudo ser... el pobre muchacho perdió la cabeza, contestó equivocadamente y desalentó a sus examinadores. Sin desanimarse, Balley insistió, obtuvo para su protegido el favor de un nuevo examen, cuyo resultado esta vez fue algo mejor que el del primero.

En este momento el cardenal Fesch debe abandonar Lyon rápidamente con motivo de la abdicación de Napoleón. El Vicario General, Monseñor Bochard, hombre sencillo y piadoso, sólo

---

30 Hno. Lluis Serra Llansana, fms. En el I volumen de su obra **El educador marista** (1983).

se preocupó de la piedad del joven. ¡Había tan pocos sacerdotes para tantas parroquias abandonadas! Y, sobre este punto el Rvdo. Balley podía garantizar absolutamente la piedad del candidato. *"¡Sea!"*, resolvió el Señor Vicario, *"La gracia de Dios hará lo demás"*.

El milagro ininterrumpido del éxito que relatamos, es que desde el primer al último día, el joven Vianney fue guiado, argumentado, sostenido única y exclusivamente por la gracia. De parte del hombre, nada. Y todo de parte de Dios.

El día **23 de junio de 1815**, víspera de la fiesta de San Juan Bautista, patrón de la sede primacial, los seminaristas de Lyon asistían en su totalidad a las ordenaciones que se efectuaron en la capilla del Seminario Mayor de San Ireneo. El cardenal Fesch había delegado sus poderes en el obispo de Grenoble, Monseñor Claudio Simon. Como las autorizaciones para conferir la tonsura y las órdenes menores no llegaron a tiempo, monseñor Simon ordenó solo de mayores a 12 subdiáconos, 62 diáconos y 38 sacerdotes. Entre esos nuevos diáconos se hallaban Juan María Vianney, Marcelino Champagnat y Juan Claudio Colin. De subdiácono fue ordenado Luis Mª Querbes[31].

13 de agosto de 1815

Se necesita entender bien, que Juan María deseaba con todo el corazón ser sacerdote, pero se sentía profundamente indigno. Por su parte el Reverendo Balley lo estimulaba y lo protegía, porque estaba convencido que se trataba de una óptima vocación y que **la escasez de instrucción sería compensada de**

---

31 El siervo de Dios **Luis María Querbes** (Lyon, 1793- Vourles 1859) fue el fundador **de los Clérigos de San Viator**. En la celebración del bicentenario del nacimiento de Luis Querbes (1993), el Cardenal lionés Decourtray recordaba que Querbes tenía una personalidad inspiradora para nuestro tiempo: su preocupación por anunciar y hacer que se anuncie a Jesucristo en todo tiempo; la confianza que ponía en la capacidad de los laicos para asegurar el servicio catequético; el lugar que atribuía a la Palabra de Dios y al catecismo de la Iglesia; el cuidado que tomaba para que la Liturgia fuera dignamente celebrada.

una particular inteligencia de fe. A lo que Juan María argumentaba de parte suya que estaba convencido de haber recibido un don grandísimo e inmerecido: *"Pienso,* dirá, *que el Señor había querido escoger la cabeza más dura de todos los sacerdotes para cumplir el mayor bien posible. Si hubiera encontrado uno todavía peor, lo habría puesto en mi lugar, para demostrar su gran misericordia"*.

Por fin sacerdote llegó la ordenación sacerdotal. Los meses anteriores a esta cita con la historia fueron absolutamente convulsos para la política francesa. El 26 de febrero se produjo la fuga de Napoleón de la isla de Elba, dando inicio al Gobierno de cien días. El 18 de junio tuvo lugar la famosa batalla de Waterloo con la consiguiente derrota de Napoleón Bonaparte. Finalmente, el 15 de julio, el *Emperador* fue encarcelado y desterrado por los británicos a la isla de Santa Helena en el Atlántico.

Dentro de tres días en el Piamonte italiano[32] vendrá al mundo Juan Bosco. Juan María Bautista, fue ordenado el XIII domingo después de Pentecostés, por Monseñor Simon, en una solitaria capilla, sin la compañía de ningún pariente o amigo, a los 29 años y tres meses de edad. Él mismo contó como Monseñor Simon exclamó al verlo: *"No es gran trabajo, replicó con grave sonrisa, ordenar un buen sacerdote"*.

Al día siguiente, 14 de agosto en la víspera de la Asunción, y en la misma capilla del Seminario Mayor, que dirigían los padres del Oratorio fundados por el cardenal Berulle, celebró su primera Misa.

En su regreso a Ecully la copa de felicidad rebosó cuando se enteró que sería ayudante de su santo amigo y maestro. El Reverendo Balley se lo llevo consigo para consolidar su formación

---

32 *Colle Don Bosco* o *Colina Don Bosco* es el nombre contemporáneo del antiguo sitio conocido como I Becchi, una vereda o fracción comunal de Castelnuovo Don Bosco, provincia de Asti en el Piamonte de Italia (noroccidente del país). La vereda adquirió renombre a mediados del siglo XIX debido a que es la cuna de Don Bosco, nacido en el lugar el 16 de agosto de 1815.

práctica y allí pasó sus primeros años de ministerio. De Balley dirá después Juan María Vianney: *"tiene una culpa, de la cual le será difícil justificarse delante de Dios: haberme admitido a las Ordenes Sagradas"*.

Hay en estas palabras todo un drama espiritual, un drama místico del cual se necesita intuir bien la profundidad. El carisma de este joven sacerdote será aquello de desaparecer de tal manera detrás de su ministerio, de ser solamente sacerdote, ministro de Dios, a un punto tal que su persona se mezclará, se confundirá enteramente con el don del sacerdocio.

Junto a su maestro, hasta su muerte

Sin duda, lo más curioso fue que las autoridades diocesanas determinaron por un tiempo que al nuevo sacerdote no se le concederían licencias para confesar. Meses después, nuevamente Balley hablaría a las autoridades para revocar tal orden. Cuando llegó el permiso el futuro "confesor universal" escucha a Balley como a su primer penitente.

Durante todo un año prosiguió el párroco impartiendo a su coadjutor clases de teología y sobre todo, probablemente, de moral: en aquellos tiempos eran aficionados a estudiar "casos" prácticos que a menudo se debatían en reuniones de sacerdotes o en conferencias eclesiásticas. Al acabar 1815, el joven clérigo comenzó a explicar el catecismo a los niños. Siempre, a lo largo de su vida, le gustaría enseñar a los niños. Lo más terrible para el joven sacerdote fue la predicación de los domingos. En aquellos tiempos las homilías duraban mucho tiempo: cuarenta y cinco e, incluso, una hora. El reverendo Balley tenía facilidad de palabra y sus feligreses le escuchaban con gusto. Al reverendo Vianney le resultaba mucho más difícil. Sin embargo, su hermana Margarita decía *"él no predicaba muy bien todavía, pero la gente acudía en masa cuando le tocaba a él predicar"*.

17 de diciembre de 1817

Antes de morir, el anciano Balley entrega a Juan María sus instrumentos de penitencia: *"Toma, mi pobre Vianney: esconde esto. Si lo encontraran después de mi muerte, creerían que he hecho algo para la expiación de mis pecados y me dejarían en el purgatorio hasta el fin del mundo"*. Vianney lo lloró como un padre. Los rasgos de su antiguo maestro le quedaron tan grabados, que al final de sus días todavía exclamaba: *"Si fuera pintor podría hacer su retrato"*. Hablaba a menudo de él y los ojos se le inundaban de lágrimas, según testimonio del Hermano Jerónimo. Cada mañana lo nombrada en el *"memento"* de la misa y él, que era tan desprendido de todo quiso conservar hasta el final un pequeño espejo del Rvdo. Balley porque había reflejado su rostro. En la región de Ecully, la memoria de este santo sacerdote inminente se mantuvo en la memoria de los lugareños[33].

Relieve que rememora la ordenación sacerdotal de Juan B. María Vianney.

---

33 El cuerpo del Rvdo. Balley fue enterrado en la antigua iglesia de Ecully. Al ser reconstruida fue exhumado para colocarlo bajo las losas del coro. Sus contemporáneos supervivientes pidieron se lo dejasen ver, convencidos de que la muerte no había corrompido su cuerpo. La exhumación se hizo de noche y no encontraron sino huesos. Mas aquella creencia del pueblo proclama cuál fuera la fama de su santidad. La losa sepulcral del Rvdo. Balley, cuya inscripción aparece gastada, sirve de base a la pila bautismal.

7
ARS: 1818-1859

En los primeros días de febrero de 1818 el reverendo Vianney recibió la notificación oficial de su traslado a Ars. El Vicario General le dijo: *"–No hay mucho amor en esa parroquia, usted le infundirá un poco"*. Vianney se dirigió hacia el lugar que sería durante **41 años el lugar de su santificación sacerdotal**.

Ars-sur-Formans se encuentra exactamente en el centro del Valle de Saona, en Francia. El pueblecito se encuentra en una planicie ondulada, que tiene en su centro una pequeña colina donde está la iglesia parroquial, sirviéndole como de plataforma. Su iglesia estaba extremadamente dañada y de igual condición estaba la rectoría, que se encontraba a un lado del valle. En 1818 había 230 habitantes y unas 40 casas.

Ars no tenía ni siquiera la consideración de parroquia, sino que era simplemente una dependencia de la parroquia de Mizérieux, que distaba tres kilómetros. En los círculos clericales, Ars era considerado como una especie de Siberia. El distrito era torpe, la desolación espiritual era aún mayor que la material. Normalmente no hubiera tenido sacerdote, pero la señorita María-Ana-Colomba Garnier des Garets, más conocida como la señorita de Ars, que habitaba en el castillo y pertenecía a una familia muy influyente, había conseguido que se hiciera el nombramiento.

Juan María caminó 38 kilómetros desde Ecully hasta Ars. Le seguían en una carreta una cama de madera, un poco de ropa y los libros que le dejó el Reverendo Balley. Junto a todo esto algunos feligreses que le ayudaban a trasladarse.

Dos anécdotas para empezar

Atardecer del 9 de febrero de 1818. A punto de llegar a Ars los hagiógrafos recogen estas dos preciosas anécdotas.

Al acercarse a la aldea, era tanta la niebla, que el santo cura se extravió. Encontró a unos niños que cuidaban sus ovejas. Le cuesta entenderse con ellos porque hablan en patois, un dialecto que no conoce. El más espabilado, llamado Antonio Grive, tras entender su pregunta le indica el camino y, como agradecimiento, escucha lo siguiente: «***Pequeño, puesto que me has mostrado el camino de Ars, yo te mostraré el camino del cielo***».

Luego, al llegar al límite de su nueva parroquia, por un camino que sólo utilizan los labriegos, Vianney se hincó de rodillas y rezó. Seguramente se tranquilizó al ver lo pequeña que era la aldea. Pero una idea extravagante pasó por su mente (así llamaba él mismo a sus inspiraciones). Esta hubiera podido creerse inspirada por un espíritu de orgullo. Pero, se limitó a emitir la siguiente profecía: *"Esta parroquia no podrá contener a todos los que más adelante acudirán a ella".* Nos encontramos ante un santo que se siente llamado a realizar allí grandes cosas y que lo dice sin vanagloriarse en modo alguno de ello.

A un kilómetro hacia el sur de Ars, se erigirá un precioso monumento que recuerda la llegada a su parroquia del que se conocería en el mundo entero como el Santo Cura de Ars. Antonio Grive contaba diez años en 1818 y murió unos días después de que falleciera Juan María Bautista Vianney... como si le hubiera seguido los pasos hacia el Cielo.

Juan María, que prácticamente no volverá a salir jamás del pueblo, recibirá cartas por dos veces desde la administración diocesana enviándole el nombramiento para otras parroquias, pero nunca llegarían a realizarse.

Sus primeros días en Ars

En Ars no había ni menos ni más amor que en el resto de pueblos y ciudades francesas que habían vivido lo calamitoso de una persecución religiosa. La grosería de las costumbres que engendra el desorden, no había perdonado tampoco aquel rincón perdido. Se bebía en exceso; se acostaban demasiado tarde; se bailaba con cualquier pretexto; se blasfemaba sin cesar. No importaba trabajar los domingos. Ya no se distinguía muy bien lo que estaba permitido y lo que estaba prohibido, incluso en el terreno de la moral natural. No había interés alguno en instruirse acerca de los propios deberes ni, por lo demás, acerca de nada. Se dormía en la ignorancia.

Un párroco sin gran celo, resignado demasiado pronto al mal menor, considerado aquel estado de mediocridad como el máximo que pudiera exigirse de sus feligreses, se hubiera considerado dichoso de poder conseguir mantenerlo. Pero el reverendo Vianney entendía las cosas de otra forma y se lo hizo ver perfectamente a sus feligreses. Así reflexiona el nuevo párroco: *"¿Existe Dios, o no?" Si existe lo honraremos como Él quiere que se le honre. De lo contrario, tendremos que explicar por qué"*. Y es que, un santo no es nunca liberal. Un santo no capitula nunca.

Al llegar, su primera preocupación fue la de establecer contacto con su rebaño. Visitó cada casa de la parroquia. En estos primeros días todavía encontraba tiempo para caminar por las praderas, con su breviario entre las manos. Para ganar la amistad de los habitantes les hablaba del estado de las cosechas, del tiempo, de sus familias...

Sobre todo, él oraba y añadía a la oración las más austeras penitencias. Hizo sus propios instrumentos de penitencia. Su cama era el suelo ya que la cama que trajo de Ecully la regaló. Pasaría sin comer varios días. Hasta el año 1827 no había nadie que hiciese las labores domésticas en la rectoría. Su plato principal eran patatas y en ocasiones hervía un huevo. Hubo una ocasión en la que trató de vivir de hierba, pero luego confesó que tal dieta era imposible. Él decía: *"El demonio no le teme tanto a la disciplina y a las camisas de pelo; lo que realmente teme es a la reducción de comida, bebida y sueño".*

El Santo Cura gozaba de la belleza de las praderas y los árboles, pero amaba mucho más la belleza de la Casa de Dios y las solemnidades de la Iglesia. Empezó por comprar un altar nuevo, con sus propios ahorros, y él mismo pintó el trabajo de madera con el que las paredes estaban adornadas.

Se hizo el propósito de restaurar y dar mayor esplendor a lo que él llamaba: *"los muebles de la Casa de Dios"*. Para el Señor compró lo mejor en encajes, telas, tejidos para hacer las vestimentas sacerdotales, que aún se pueden admirar en Ars.

La secuela más desastrosa de la revolución era la ignorancia religiosa de las personas. El santo cura resolvió hacer todo lo posible para remediar el estado deplorable de los corazones.

Sin embargo sus sermones e instrucciones le costaban un dolor enorme: su memoria no le permitía retener, así que pasaba noches enteras en la pequeña sacristía, en la composición y memorización de sus sermones de domingo; en muchas ocasiones trabajaba hasta siete horas en sus sermones.

Un parroquiano le preguntó una vez, porqué cuando predicaba hablaba tan alto y cuando oraba tan bajo, y él le dijo: *"Ah, cuando predico le hablo a personas que están aparentemente sordas o dormidas, pero en oración le hablo a Dios que no es sordo".*

Los niños le daban aún más lástima que los adultos y comenzó a agruparlos en la rectoría y luego en la iglesia, tan temprano como a las 6 de la mañana, porque en el campo el trabajo se inicia al amanecer. Era bien disciplinado y les demandaba que se supiesen el catecismo palabra por palabra.

En esos días la profanación del domingo era común y los hombres pasaban la mañana trabajando en el campo y las tardes y noches en los bailes o en las tabernas. El reverendo Vianney luchó en contra de estos males con gran vehemencia. *"La taberna*, declaró en uno de sus sermones, *es la tienda del demonio, el mercado donde las almas se pierden, donde se rompe la armonía familiar, donde comienzan las peleas y los asesinatos se cometen. En cuanto a los dueños de las tabernas, el demonio no les molesta tanto, sino que los desprecia y les escupe".*

Tan grande fue la influencia del Cura de Ars, que llegó una época donde las tabernas de Ars tuvieron que cerrar sus puertas por falta de consumidores. Luego, cuando comiencen las peregrinaciones, modestos hoteles se abrirán para acomodar a los extraños.

Con mucho más ahínco se propuso eliminar la costumbre de los bailes como distracción, porque bien sabía que eran fuente de caer en pecado grave. Para esto, revivió la costumbre de rezar las Vísperas del Domingo. Era tan estricto en contra de esto que hasta llegaba a negar la absolución a las personas que no desistían de tal costumbre.

Por esta razón se ganó muchos enemigos, que decían grandes calumnias en su contra, sin embargo, él las tomaba ligeramente y no ponía su corazón en esto.

"Gracias a Dios, escribe Trochu, *con la cizaña iba mezclada la buena semilla. La cofradía del Santísimo Sacramento no había muerto del todo. Todavía se conservaban en Ars algunas familias de costumbres cristianas. Desde el primer momento el alcalde, Antonio Mandy o Miguel Cinier, consejero municipal, se aliaron con el nuevo sacerdote en una obra común de regeneración moral y religiosa. Sus familias, como también los Lassagne, los Chaffangeon, los Verchère, frecuentaban con exactitud los diversos oficios del domingo. Renard, seminarista natural de Ars, estudiaba en el seminario de Lyon y sería ordenado en 1820"*[34].

---

34 Francis Trochu, **El Cura de Ars**, pág. 154 (Madrid, 1986).

8

LA MISERICORDIA DEL BUEN DIOS

Este es el mensaje que presenta el título de nuestro trabajo: *El hombre que se hizo misericordia* o *El hombre que repartía la misericordia del Buen Dios.* Porque querer presentar al Santo Cura de Ars como alguien que ve pecado en todas partes, es no entender al Cura de Ars. Sus palabras ciertamente, en algunas ocasiones, son duras, verdaderamente duras. Pero su lucha siempre es contra el pecado, y él sabe que contra el pecado no valen medias tintas. Su lucha es por salvar al pecador... y, por recuperarlo hará lo que haga falta. A imagen del Buen Pastor, su vida transcurrirá buscando las ovejas descarriadas para reconducirlas al redil. *"Desgraciado el pastor que permanece mudo al ver a Dios ultrajado y a las almas desorientadas"*, dirá en una ocasión.

Su vida fue puro apostolado. Es sintomático que la única revista que se encuentra en su biblioteca es la de la *Propagación de la Fe*, de la que llevaba a menudo un número en su bolsillo. Le atrae especialmente **la conversión de los pecadores**, de tal modo que sus lamentaciones por la pérdida de las almas atraviesan su corazón: *"Todavía, si Dios no fuera tan bueno... ¡Pero es tan bueno!... ¡Salvad vuestra alma! ¡Qué lástima perder un alma que tanto ha costado a Nuestro Señor! ¿Qué daño os ha hecho para tratarlo de ese modo?".*

La expresividad de muchas de estas afirmaciones busca únicamente salvar las almas de los pecadores. Tal vez, por las formas de la época hagamos una lectura errónea desde el miedo a la condenación. Toda esta argumentación la resume el propio Vianney cuando se pregunta: *"¿Por qué no somos capaces de beneficiarnos más del sacramento de la penitencia? **Porque no buscamos todos los secretos de la misericordia del Buen Dios, que no tiene límites en este sacramento**".* Este es el verdadero secreto que busca ofrecernos: buscar y darnos a conocer todos los secretos de la misericordia del Buen Dios.

Así se obtuvo la conversión de un pueblo

Toda su vida se resume en su grito: ***"¡Por salvar a los pecadores me quedaría en la tierra para toda la vida!"***.

Un testigo declara que el señor cura, en una de sus pláticas, les dijo estas palabras:

*"Hermanos míos, **Ars ya no es Ars**. He confesado en jubileos y en misiones, pero no he encontrado nada que se asemeje a lo de aquí".*

Eso ocurría en 1827: ¡diez años después de su llegada! Estas son algunas de las reflexiones que escucharon los habitantes de Ars. Gracias, sin duda, a la claridad de cada una de estas afirmaciones Juan María Vianney consiguió que Ars dejase de ser Ars.

"Los buenos cristianos que trabajan en salvar su alma están siempre felices y contentos; gozan por adelantado de la felicidad del cielo; serán felices toda la eternidad. Mientras que los malos cristianos que se condenan, siempre se quejan, murmuran, están tristes... y lo estarán toda la eternidad".

"Un buen cristiano, un avaro del cielo, hace poco caso de los bienes de la tierra; sólo piensa en embellecer su alma, en obtener lo que debe contentarle siempre, lo que debe durar siempre".

"Ved a los reyes, los emperadores, los grandes de la tierra: son muy ricos; ¿están contentos? Si aman al Buen Dios, sí; si no, no están contentos. Me parece que no hay nada que dé tanta pena como los ricos cuando no aman al Buen Dios. Puedes ir de mundo en mundo, de reino en reino, de riqueza en riqueza, de placer en placer; pero no encontrarás tu felicidad. La tierra entera no puede contentar a un alma inmortal, como una pizca de harina en la boca no puede saciar a un hambriento".

"Hijos míos; ¿por qué somos tan ciegos y tan ignorantes? ¡Porque no hacemos caso de la palabra de Dios! Pero lo primero para poder hacer caso a Dios es saber qué dice, estar formado: con una persona formada hay siempre recursos. Una persona que no está formada en su religión es como un enfermo agónico; no conoce ni la grandeza del pecado, ni la belleza del alma, ni el precio de la virtud; se arrastra de pecado en pecado".

"Cuando no tenéis el amor de Dios en vosotros, sois muy pobres. Sois como un árbol sin flores y sin frutos". "Cuando nos abandonamos a nuestras pasiones, entrelazamos espinas alrededor de nuestro corazón".

"El que vive en el pecado toma las costumbres y formas de las bestias. La bestia, que no tiene capacidad de razonar, sólo conoce sus apetitos; del mismo modo, el hombre que se vuelve semejante a las bestias pierde la razón y se deja conducir por los movimientos de su cadáver (su cuerpo)".

"Hay muchos cristianos que no saben por qué están en el mundo.

– ¿Por qué Dios mío, me has puesto en el mundo?

– Para salvarte.

– Y, ¿por qué quieres salvarme?

– Porque te amo.

¡Qué bello y grande es conocer, amar y servir a Dios! Es lo único que tenemos que hacer en el mundo. Todo lo demás es tiempo perdido".

"Un cristiano, creado a la imagen de Dios, redimido por la sangre de un Dios. ¡Un cristiano... hijo de Dios, hermano de Dios, heredero de Dios! ¡Un cristiano, objeto de las complacencias de tres Personas divinas! ¡Un

cristiano cuyo cuerpo es el templo del Espíritu Santo: he aquí lo que el pecado deshonra!"

"Hijos míos, si veis a un hombre levantar una gran hoguera, apilar la leña, y le preguntáis qué es lo que hace, os responderá: –`Preparo el fuego que debe quemarme´. ¿Qué pensaríais si vierais a este mismo hombre aproximarse a la llama de la hoguera y, cuando está encendida, echarse dentro? ¿Qué diríais?..."

"Al pecar, eso es lo que nosotros hacemos. No es Dios quien nos echa al infierno, somos nosotros por nuestros pecados. El condenado dirá: He perdido a Dios, mi alma y el cielo: ¡y es por mi culpa, por mi culpa, por mi grandísima culpa! ¿Se levantará para volver a caer?"

*"Cuando vamos a confesarnos, debemos entender lo que estamos haciendo. Se podría decir que **desclavamos a Nuestro Señor de la cruz**".*

*"Cuando el sacerdote da la absolución, no hay que pensar más que en una cosa: **que la sangre del Buen Dios corre por nuestra alma lavándola y volviéndola bella como era después del bautismo**".*

Tras la predicación, la reconciliación

En la medida que puede, está dispuesto a ofrecer el perdón de Dios a las almas arrepentidas, manifestando un gran horror hacia el mal: *"Mediante el pecado alejamos a Dios de nuestras almas, despreciamos a Dios, lo crucificamos, desafiamos su justicia, entristecemos su corazón de padre, le arrebatamos adoraciones y honores que solamente a Él se le deben... El pecado arroja en nuestro espíritu tinieblas horribles que obstruyen los ojos del alma; el pecado oscurece la fe, como las espesas nieblas oscurecen el sol ante nuestros ojos..., y nos impide ir al cielo. ¡Cuánta maldad hay en el pecado!"*

Por eso precisamente ocupará cada vez más tiempo a administrar el sacramento de la Penitencia, medio habitual para recuperar el estado de gracia y la amistad del Señor.

Un confesionario sitiado

El gran milagro del párroco de Ars, según se ha dicho, es su confesionario sitiado noche y día. El santo vive en ese angosto recinto las tres cuartas partes de su existencia: **de noviembre a marzo se pasa allí más de 11 o 12 horas al día y, en cuanto llega el buen tiempo, entre 16 y 18 horas**. En invierno, cuando sus dedos, resquebrajados a causa de los sabañones, se encuentran entumecidos, enciende mal que bien un trozo de periódico para calentárselos. En cuanto a los pies, según confiesa él mismo, *«desde Todos los Santos hasta Pascua no los siento»*, tanto es así que, por la noche, al quitarse los calcetines se arranca al mismo tiempo la piel de los talones. Pero nada le importan esos sufrimientos, porque para salvar almas está dispuesto a todo. Así se expresa en muchas ocasiones:

"Para borrar del todo los pecados, hay que confesarse bien".

"El pecado une al hombre con sus vínculos vergonzosos".

"Es reconfortante saber que tenemos un sacramento que cura las llagas de nuestra alma".

"En el sacramento de la Penitencia, Dios nos muestra su misericordia y nos hace partícipes de ella hasta el infinito... Anoche visteis mi vela, y esta mañana ha dejado de estar encendida. ¿Dónde está? Ya no existe, ha desaparecido. Así también dejan de existir los pecados de los que hemos sido absueltos: han desaparecido".

El sacramento de la reconciliación[35] con Dios aporta una verdadera *"resurrección espiritual"*, una restitución de la amistad de Dios. Uno de los frutos secundarios es la alegría del alma, la paz de la conciencia. Y fueron muchos los penitentes de Ars que lo experimentaron. Uno de ellos, un incrédulo anciano que no se había confesado desde hacía más de treinta años, reconoció que, tras la confesión de sus pecados, había sentido ***un indescriptible bienestar***.

Pero la bondad del santo para con los pecadores no se convierte en debilidad, pues antes de dar la absolución exige indicios suficientes de conversión. En una ocasión, reprende en estos términos a un penitente de mal humor: «*Su arrepentimiento no viene de Dios, ni del dolor de sus pecados, sino solamente del miedo al infierno*».

Tras la reconciliación, la comunión

Como sacerdote lo más grande para él era celebrar la Santa Misa. Durante sus cuarenta años en Ars, antes de celebrar la misa (de ordinario a las siete de la mañana) se preparaba durante casi una hora de oración... ¡era tan grande lo que iba realizar! Repetía en muchas ocasiones *"Si uno tuviera suficiente fe, vería a Dios escondido en el sacerdote como una luz tras su fanal, como un vino mezclado con el agua. Hay que mirar al sacerdote, cuando está en el altar o en el púlpito, como si de Dios mismo se tratara"*.

Por eso, anima a sus penitentes a que se alimenten de las fuentes de la gracia: *"Hay dos cosas para unirse con Nuestro Señor y para conseguir la salvación: la oración y los sacramentos"*. Pero, sobre todo, san Juan María Vianney quiere conducir a sus fieles a la Comunión eucarística. A las almas bien dispuestas y deseosas de progresar, contrariamente a la costumbre de la época, **les aconseja que comulguen con frecuencia**: *"El alimento del alma es el cuerpo y la sangre de Dios. ¡Qué hermoso alimento! El alma*

---

35 Dom Antoine Marie, osb, de la Abadía San José de Clairval. Carta sobre el *"Santo Cura de Ars"* fechada el 6 de noviembre de 1997.

solamente puede alimentarse de Dios, y solamente Dios puede ali-
mentarla, solamente Dios puede saciar su hambre. El alma necesi-
ta perentoriamente a su Dios. Así pues, ¡acudid a comulgar, acudid
a Jesús con amor y confianza!".

También animaba mucho a que se hicieran visitas al Santísimo Sacramento, y le gustaba contar la siguiente anécdota:

"Había en esta parroquia un hombre[36] *que murió hace algu-*
nos años. Una mañana, al entrar en la iglesia para rezar antes de
dirigirse al campo, se dejó en la puerta la azada y se olvidó de todo
pensando en Dios. Un vecino, que trabajaba cerca de donde él lo
hacía y que solía verlo allí, se extrañó de su ausencia. Al regresar,
se le ocurrió entrar en la iglesia, pensando que quizás se encontra-
ra allí. Y así ocurrió.

– ¿Qué haces aquí tanto tiempo?, le preguntó.

El otro le respondió: –Yo le miro y Él me mira".

Sacerdote las 24 horas del día

Era sacerdote para todos, no sólo para los de su pueblo:
sacerdote de Jesucristo para todos los hijos de Dios. Por eso,
cuando algunos curas, viejos o enfermos, como los de los pueblos vecinos de Villeneuve y Mizerieux, no podían atender bien
sus parroquias, espontáneamente su compañero de Ars se ponía
a sus órdenes.

Iba de noche a visitar a los enfermos de Rancé, de Saint-
Jean-de-Thurigneux, de Savigneuxy, de Ambérieux-en-Dombes.
Si le llamaban en domingo, partía enseguida, después de la misa
mayor, sin entrar en su casa, y volvía en ayunas al tiempo de
vísperas.

---

36 Se trata de **Luis Chaffangeon**, el hombre de las adoraciones silenciosas como le
    llama Trochu, enterrado el 1 de noviembre de 1825, a la edad, aproximadamente
    de setenta y cinco años.

Nunca dejó de atender a nadie. Se dio siempre a los demás sin interés alguno. La señorita Bernard de Fareins, enferma de un cáncer terminal, deseaba antes de morir tener el consuelo de ver por última vez al Cura de Ars, de quien oía contar maravillas. El reverendo Dubouis le escribió cuatro palabras para comunicarle los deseos de la enferma. Era el día del Jueves Santo de 1837, día en el que tenía la costumbre de pasar toda la noche en la iglesia, acompañando a Jesús en el Monumento. Sin haber dormido, partió enseguida para Fareins. Se equivocó en el camino; después de dar vueltas y vueltas, llegó cubierto de barro y muerto de fatiga. No quiso aceptar ni un vaso de agua. Como ya era conocido, la gente del pueblo le abordaba por la calle. Sin la menor impaciencia, atendió amablemente a cada persona, y se volvió a su casa sin darse importancia.

Lo mismo en 1852, con 66 años, el Rvdo. Beau (Cura de Jassans y confesor ordinario del cura de Ars durante 13 años), cayó gravemente enfermo: *"Mi amigo vino a visitarme. Era por la tarde del día del Corpus, el 11 de junio. Hizo el viaje a pie, con un fuerte calor y después de haber presidido en Ars la procesión del Santísimo Sacramento"*, contaba agradecido este sacerdote.

9

SU CELO POR LA PARROQUIA

Para atraer a sus feligreses Juan María Vianney no escatimó absolutamente nada y, poco a poco, embellecerá la iglesia parroquial. Personalmente sólo quiere una sotana, un sombrero, un alzacuello y un par de zapatos; los usa hasta el límite del desgaste; y jamás un manteo. Nada le parece lo bastante feo, bastante usado, bastante miserable para sí mismo. Pero cuando se trata de Dios nada lo considera demasiado hermoso. De todo el dinero que recibió, y fue mucho, lo que no vaya a los pobres será dedicado para comprar casullas, candelabros, imágenes... Para empezar, es urgente revocar y consolidar la iglesia, y agrandarla si es posible.

Desde el punto de vista estrictamente material, dio pruebas de una actividad realmente sorprendente. El reverendo Nodet recoge, casi año por año, los trabajos que emprendió[37].

1818 (año de su llegada) restauración de la Cruz de Montratay.

1819 Compra de un confesionario. Compra una campana, quebrada durante la Revolución.

1820 Reconstrucción del Campanario. Restauración de la capilla de la Santísima Virgen.

1821 Donación del presbiterio por el Vizconde de Ars.

1822 Restauración del techo de la iglesia.

1823 Construcción de la capilla de San Juan Bautista.

1824 Compra de la casa Givre, para una escuela de niñas.

1825 Apertura de la escuela.

---

37 Bernard Nodet, **Cura de Ars. Su pensamiento, su corazón**, págs. 35-36 (Barcelona 1994). El autor termina este apartado diciendo que *"esta larga lista es suficiente, creo, para demostrar la actividad de este sencillo cura rural"*.

1826 Ampliación de espacios en la "Providencia". Nueva fachada de la iglesia.

1827 Comienzan a llegar peregrinos en masa. La "Providencia" se transforma en orfelinato.

1828 Construcción de la escalinata de la iglesia.

1833 Compra de un segundo confesionario. Construcción de la capilla del *Ecce Homo*.

1834 Compra la imagen de la Virgen dorada.

1835 Elección y formación de Jean Pertinand como maestro de escuela.

1837 Construcción de la escuela de niños. Construcción de la capilla de Santa Filomena.

1844 Compra de la imagen de la Santísima Virgen que coloca en sobre el frontón de la iglesia.

1845 Donación de la "Providencia" a la Congregación de las Hermanas de San José. Bendición de la Cruz del Tonneau.

1848 Bendición de la capilla de la "Providencia".

1849 Llegada de los Hermanos de la Sagrada Familia.

1852 Apertura del pensionado de niños.

1853 Restauración de la Cruz de Combes.

1854 Restauración del reloj. Construcción de una nueva sacristía. Compra de un confesionario. Compra del altar de la capilla del *Ecce Homo*.

1855 Construcción de la capilla de los Hermanos (a cargo del Párroco). Compra de dos imágenes (San Sixto y San Blas). Inauguración del nuevo cementerio.

1858 Vía Crucis. Compra de un altar de mármol para Santa Filomena (que es actualmente el altar mayor de la Basílica).

De sus tiempos jóvenes en la granja, junto a su padre, el reverendo Vianney guardaba el gusto por el trabajo manual, y no tenía ningún problema para arrimar el hombro o para hacer él mismo las cosas. El resultado de esos primeros trabajos es que la parroquia comienza a ser frecuentada con mayor gusto y más regularmente. Un párroco que no come nada, que no duerme, que lo da todo, que reza como no se ha visto rezar nunca, que celebra la Santa Misa como un ángel y que embellece su iglesia, es un fenómeno demasiado sorprendente para que no se sientan cada vez más orgulloso de él.

En las tiendas de Lyon escogía lo que le parecía más hermoso, terciopelos, sedas, dorados... Un testigo recuerda lo que decía un vendedor: *"Hay en Bresse un cura bajito que da la sensación que no tiene nada y, en cambio, compra más que todos los demás juntos, elige lo más hermoso y paga siempre al contado".*

Las peregrinaciones a Ars

Los peregrinos que iban a empezar a llegar, venidos de todas partes, recogerían con edificación el ejemplo de aquel pueblecillo donde florecían las vocaciones religiosas, se practicaba la caridad, se habían desterrado los vicios, se hacía oración en las casas y se santificaba el trabajo[38].

Ya hemos dicho que solía ayudar, con fraternal caridad, a sus compañeros en las misiones parroquiales que se organizaban en los pueblos de los alrededores. En todos ellos, el reverendo Vianney, dejaba una impronta por su oración, su penitencia y su ejemplaridad. Era lógico que aquellos buenos campesinos recurrieran luego a él, al presentarse dificultades, o simplemente para confesarse y volver a recibir los buenos consejos que de sus labios habían escuchado. **Éste fue el comienzo de la célebre peregrinación a Ars**. Lo que al principio sólo era un fenómeno local, circunscrito casi a las diócesis de Lyon y Belley, luego fue tomando un vuelo cada vez mayor, de tal manera que llegó a hacerse célebre el cura de Ars en toda Francia y aun en Europa entera. De todas partes empezaron a afluir peregrinos. Aquel pobre sacerdote, a quien la autoridad diocesana había relegado en uno

---

38 Lamberto de Echeverría, **El Santo Cura de Ars**, en el Tomo III del **Año Cristiano** (Madrid, 1959) págs. 351-360

de los peores pueblos de la diócesis, **iba a convertirse en conse- jero buscadísimo por millares y millares de almas**. Y entre ellas se contarían gentes de toda condición, desde prelados insignes e intelectuales famosos, hasta humildísimos enfermos y pobres gentes atribuladas que irían a buscar en él algún consuelo.

Aquella afluencia de gentes iba a alterar por completo su vida. Día llegará en que el Santo Cura desconocerá su propio pueblo, encerrado como se pasará el día entre las míseras tablas de su confesonario. Entonces se producirá el milagro más impresionante de toda su vida: **el simple hecho de que pudiera subsistir con aquel género de vida**.

Porque aquel hombre, por el que van pasando ya los años, sostendrá como habitual la siguiente distribución de tiempo:

Levantarse a la una de la madrugada e ir a la iglesia a hacer oración.

Antes de la aurora, se inician las confesiones de las mujeres.

A las seis de la madrugada en verano y a las siete en invierno, celebración de la misa y acción de gracias.

Después queda un rato a disposición de los peregrinos.

A eso de las diez, reza una parte de su breviario y vuelve al confesonario.

Sale de él a las once para hacer la célebre explicación del catecismo, predicación sencillísima, pero llena de una unción tan penetrante que produce abundantes conversiones.

Al mediodía, toma su frugalísima comida, con frecuencia de pie, y sin dejar de atender a las personas que solicitan algo de él.

Al ir y al venir a la casa parroquial, pasa por entre la multitud, y ocasiones hay en que aquellos metros tardan media hora en ser recorridos.

Dichas las vísperas y completas, vuelve al confesonario hasta la noche.

Rezadas las oraciones de la tarde, se retira para terminar el Breviario.

Y después toma unas breves horas de descanso sobre el duro lecho.

Sólo un prodigio sobrenatural le podía permitir subsistir físicamente, mal alimentado, escaso de sueño, privado del aire y del sol, sometido a una tarea tan agotadora como es la del confesonario.

Por si fuera poco, sus penitencias eran extraordinarias, y así podían verlo con admiración y en ocasiones con espanto quienes le cuidaban. Aun cuando los años y las enfermedades le impedían dormir con un poco de tranquilidad las escasas horas a ello destinadas, su primer cuidado al levantarse era darse una sangrienta disciplina...

Dios bendecía manifiestamente su actividad. **El que a duras penas había hecho sus estudios, se desenvolvía con maravillosa firmeza en el púlpito, sin tiempo para prepararse, y resolvía delicadísimos problemas de conciencia en el confesonario**. Es más: cuando muera, habrá testimonios, abundantes hasta lo increíble, de su don de discernimiento de conciencias. A éste le recordó un pecado olvidado, a aquél le manifestó claramente su vocación, a la otra le abrió los ojos sobre los peligros en que se encontraba, a otras personas que traían entre manos obras de mucha importancia para la Iglesia de Dios les descorrió el velo del porvenir... Con sencillez, casi como si se tratara de corazonadas o de ocurrencias, Juan María mostraba estar en íntimo contacto con Dios Nuestro Señor y ser iluminado con frecuencia por Él.

10

"SI HUBIERA TRES COMO TÚ…"

Afirma Ghéon[39] que *"el que opone Dios a Satanás tiene que esperar represalias"*. Entre los testimonios más sobrecogedores está la declaración de un testigo que escucha decir a una posesa, dirigiéndose al Cura de Ars: *"¡Cuánto me haces sufrir!… Si hubiera tres como tú en la tierra, mi reino sería destruido… me has robado más de ochenta mil almas"*. La lucha contra el demonio tuvo en algunas ocasiones un carácter más dramático aún. Conocemos episodios de la vida del Santo en que su lucha llega a adquirir tales caracteres que no podemos atribuirlos a ilusión o a coincidencias. El anecdotario es copioso, y en algunas ocasiones sobrecogedor. Pero el demonio comenzó a hacerle una guerra inaudita.

Por la noche empezaba a retemblar la casa. Gritos, imprecaciones, todo por tierra… Al principio, Juan Vianney le tenía mucho miedo, cuando el demonio le decía: *"¡Te irás al infierno!"* Y entonces el pobre cura, tan humilde que se consideraba un gran pecador, le pedía a Dios: *"¡Dios mío, si no te voy a amar en el infierno, que al menos te ame ahora todo lo que pueda!…"*. Pronto aprendió a reírse del demonio, que con una invocación a la Virgen, una señal de la Cruz, o con un poco de agua bendita se desespera y huye acobardado…

Como el santo Job

Las tentaciones se convirtieron en infestaciones[40]. A todas luces, parecerá que el diablo ha obtenido, como se nos narra en la historia bíblica de Job, permiso de Dios para pasar de los límites normales en los que "trabaja". En el invierno de 1824 a 1825, tras seis en la parroquia de Ars, Juan María tiene 38 años. Enton-

---

39 Henri Gheon, **El santo cura de Ars**, pág.53 (Tucumán, Buenos Aires 1943).

40 El caso de la infestación es un fenómeno por el cual un demonio posee un lugar. Puede mover cosas a voluntad o provocar ruidos u olores. La infestación nunca provoca la posesión de ninguna de las personas que viven en el lugar.

ces comenzaron a ocurrir extraños fenómenos durante la noche. Sonidos molestos no lo dejaban dormir. Un hombre de campo no se asusta por eso tipo de ruidos y, empezó pensando que eran ratones que rasgaban las cortinas de su cama. Puso un tenedor al lado de su cama para ahuyentarlos. Pero cuanto más golpeaba la cortina para asustar a las ratas, más fuerte se hacia el ruido de sus rasguños. Al día siguiente, no encontraba un solo rasguño en las cortinas. No pensando en fenómenos extraordinarios ni se le paso por la cabeza atribuírselo al demonio.

Pronto comenzó a escuchar pequeños golpes en su puerta, durante la noche, gritos extraños que hacían eco desde el presbiterio. Entonces, pensó que eran ladrones que querían robar. Salió de su cama y se fue al patio. Busco por dondequiera, y no encontró nada. Molesto por lo que sucedía, le pidió a un parroquiano que le ayudara a vigilar contra los ladrones.

Testigo de aquella lucha

Andrés Verchère[41], era un muchacho fuerte y robusto de 28 años cuando sucedieron estas cosas. Fue testigo en la canonización del Cura de Ars y este es el relato, tomado de su disposición de juramento.

"Por varios días, el reverendo Vianney había estado escuchando ruidos extraños en su casa. Una tarde vino y me dijo:

–No estoy seguro si son ladrones... ¿pasarías la noche en mi casa?

–Sí, claro; voy a cargar mi rifle.

Esa noche fui a su casa...Yo iba a dormir en su cuarto, y él ocupaba la siguiente habitación. No pude dormir. Como a la una de la mañana escuche la puerta del patio sacudirse violentamente. Al mismo tiempo

---

41 Nacido en Savigneux el 2 de septiembre de 1798, era el herrero de Ars.

escuche golpes de martillo sobre la misma puerta, y dentro de la casa se escuchaba un ruido tormentoso como si varios carros de caballos pasasen por ahí. Yo tome mi rifle y corrí a la ventana, y la abrí. Asomándome no vi nada. La casa fue sacudida con temblores como por quince minutos. Mis piernas comenzaron a temblar, y durante la semana siguiente sentí los efectos. Cuando el ruido comenzó el reverendo Vianney encendió una lámpara. Y se vino conmigo.

–*¿Lo escuchaste?*, me pregunto.

–*Sí, claro que sí. Por eso me levante y prepare mi rifle.* La iglesia estaba temblando como si fuera un terremoto.

–*¿Tienes miedo?*, me preguntó.

–*No*, le dije, *no tengo miedo, pero siento que se me doblan las piernas. Parece que la casa se va a derrumbar."*

–¿Qué supones que es?, volvió a preguntarme.

–¡Pienso que es el demonio!

Cuando el ruido se calmó nos fuimos a dormir. El señor párroco vino la siguiente tarde, y me pidió que fuera nuevamente a su casa. Yo le contesté:

–*¡Señor cura, ya tuve suficiente!*

Le acompaña en sus tareas apostólicas

Durante el Jubileo en Saint-Trivier-sur-Moignans, en diciembre 1826, el reverendo Vianney dejo su casa y se trasladó a este pueblito. Al llegar a la parroquia de Saint-Trivier inmediatamente comenzó con sus tareas. Al llegar la noche, y estando todos dormidos, se comenzaron a escuchar ruidos extraños, parecían venir del cuarto del cura de Ars. Sus colegas molestos por los ruidos, se quejaron. Es solo el Garras[42] (así le llamaba al demonio) replicó simplemente, *"está enojado por el buen trabajo que se hace aquí"*.

Pero sus compañeros sólo se burlaban de sus declaraciones: *"–Tú no comes, no duermes, y tienes ruidos en tu cabeza… son las ratas que corren dentro de ella"*.

Era constante blanco de burlas similares que se hicieron en el curso de los próximos días. Una noche cuando las burlas se hicieron más pesadas, el no dijo nada. Apenas se acababan de ir a dormir, cuando se escuchó un ruido parecido al de una carroza pesada que corría. Todos se levantaron alarmados. Mientras se preguntaban que había causado los disturbios, un ruido fuerte se escuchó en el cuarto del Juan María, que provoco que uno de los sacerdotes gritara:

"–¡Están asesinando al cura de Ars!"

Corrieron a su cuarto, pero el reverendo Vianney estaba durmiendo pacíficamente en su cama, que había sido arrastrada al centro del cuarto. Despertó y les dijo pausadamente:

"–¡Es el Garras que me ha estado arrastrando y hace todo ese ruido! Perdónenme por no advertirles. No se preocupen. Es buena señal: mañana pescaremos un pescado grande".

Sus colegas seguían burlándose de él, diciendo que alucinaba. Pero ese día, todos pudieron comprobar que un importante personaje local que había abandonado la práctica religiosa, entró en la Iglesia y se fue derecho a buscar el confesonario del cura de Ars[43].

---

42 Juan María llamaba "cariñosamente" al demonio **el Garras** (*le grappin*) ya que éste imitaba los gruñidos de los osos, de perros o de otros animales… le hacía oír golpes continuos de martillo, lo tiraba al suelo y le hacía otras cosas que le hacían sufrir. Muchas veces, lo insultaba y le gritaba *"comepatatas"* (porque las patatas eran su principal dieta diaria). Igualmente, con agua bendita y el crucifijo, se defendía de su enemigo, aunque a veces la lucha duraba horas.

43 El demonio acudía, sobre todo, en la víspera de los días en que el Cura de Ars había de recibir en su confesionario un alma particularmente cargada de pecados. *"He observado que el ruido es más fuerte y que los asaltos se multiplican cuando, al día siguiente, debe venir algún gran pecador"*. O decía en otra ocasión: *"El demonio me ha zarandeado mucho esta noche; mañana tendremos mucha gente"*.

Persecución atroz

Una mañana el demonio incendió su cama. El santo se disponía a revestirse para la Santa Misa cuando se oyó el grito de *"¡fuego, fuego!"*. Él sólo dio las llaves del cuarto a aquellos que iban a apagar el fuego. Sabía que el demonio quería parar la Santa Misa y no se lo permitió. Lo único que dijo fue: *"–El villano, al no poder atrapar al pájaro le prende fuego a su jaula"*. Hasta el día de hoy los peregrinos pueden ver, sobre la cabecera de la cama, un cuadro con su cristal con las marcas de las llamas de fuego.

El demonio por espacio de horas haría ruidos como de cristal, o silbidos o ruidos de caballo y hasta gritaba debajo de la ventana del santo: *"–¡Vianney, Vianney, comepatatas!"*.

El propósito de todo esto era el de no dejar dormir al Santo Cura para que se cansara y no pudiese estar horas en el confesionario, donde le arrancaba muchas almas de sus garras. Pero para el 1845 estos ataques cesaron casi por completo. La constancia de nuestro santo ante estas pruebas fue recompensada por el Señor con un poder extraordinario que le concedió de expulsar demonios de las personas poseídas.

El santo sacerdote se puede decir que pasó su vida en una continua batalla con el pecado a través de su trabajo en el confesionario. El gran milagro de Ars era el confesionario.

11

LA PROVIDENCIA Y CATALINA LASSAGNE

A los seis años de su llegada, el Reverendo Vianney había comprado con su dinero una casita ubicada a un extremo de la plaza, para fundar en ella una escuela de niñas; toda la herencia de su padre ha sido invertida en ello. Contiene una sala de clase y dos piezas que dan a un patio grande.

Donde más brilló su profundo sentido humano fue en ésta fundación de "**La Providencia**", sin plan determinado alguno, en brazos exclusivamente de la caridad, el Reverendo Vianney la fundó para acoger a las niñas huérfanas de los contornos. Allí crea una escuela donde se alojaban a niñas pobres y abandonadas, y se les daba comida, escuela y se les enseñaban oficios para ser excelentes madres de familia.

Entre los escritos más conmovedores, por su propia sencillez y cariño, sobre la vida del santo cura de Ars destacan las *"Memorias"* que Catalina Lassagne[44] escribió sobre su querido párroco. A ella le puso al frente de la obra y allí estuvo hasta que, quien tenía autoridad para ello, determinó que las cosas se hicieran de otra manera. Pero la misma reacción del santo sacerdote mostrarán hasta qué punto convivían en él, junto a un profundo sentido de obediencia rendida, un no menor sentido de humanísima ternura. Por lo demás, si alguna vez en el mundo se ha contado un milagro con sencillez, fue cuando Catalina narró para siempre jamás lo que un día en que faltaba la harina le ocurrió a ella.

---

44 **Catalina Lassagne** había nacido en Ars el 8 de mayo de 1806, fue designada junto a Benita Lardet por el reverendo Vianney para abrir la escuela para niñas. Después de un año de formación en Fareins, abrió el 11 de noviembre de 1824 la escuela que pronto se convirtió en orfelinato (1827). Estuvo al frente de la dirección hasta 1848. Después paso a dedicarse al cuidado de la iglesia de "su cura". Escribió **Petit memoire** sobre el Santo Cura de Ars, obra que rehízo tres veces. Murió el 30 de noviembre de 1883.

El más célebre de sus milagros

Corría el año de 1829 y en este año, la provisión de trigo, que se guardaba cerca de la casa parroquial, quedó reducida a cuatro puñados esparcidos sobre el pavimento. Nada podía esperarse de los feligreses, pues la cosecha había sido muy mala... sus deberes se resentían de la común escasez; por otra parte, ¡la señorita de Ars había sido tantas veces requerida...! En una palabra: El Reverendo Vianney pensó en reintegrar a sus hogares a una buena parte de las huérfanas.

¡Qué tristeza para su corazón tan inclinado a aquellas desgraciadas! ¡Pobres niñas! ¿Volverían a caer en la miseria y en los peligros del alma y el cuerpo? No pudiendo esperar nada de los hombres, el Cura de Ars quiso hacer una prueba suprema: por intercesión de aquel Santo que de un modo tan palpable le había sacado de apuros durante sus estudios, pidió un verdadero milagro. Reunió en un sólo montón en medio del granero todo el trigo disperso por el suelo, y ocultó en él una reliquia de San Francisco de Regis, el taumaturgo de La Louvesc, y después de haber recomendado las huérfanas que se uniesen a él para pedir a Dios 'el pan de cada día', se puso en oración, y ya tranquilizado, espero.

"Vete al granero a preparar el trigo que nos queda", le dijo a Juana María Chanay, la panadera de la *Providencia*, y quizás acababa de recordarle que el desván estaba vacío. ¡Agradable sorpresa! Las puertas apenas se entreabren, y de la estrecha rendijilla sale un chorro de trigo. Juana-María desciende al piso del señor Cura. *'Pero, ¿es que ha querido usted probar mi obediencia? El granero está lleno'*. El Cura no lo creyó, y subieron ambos y echaron de ver que el color del trigo era diferente del que tenía el otro.

Nunca el granero había estado tan lleno. Se maravillaron de que la viga maestra, algún tanto carcomida, así como el pavimento, no se vinieran abajo. El montón de trigo tenía una forma de cono y cubría toda la superficie.

"El buen Dios es muy bueno. Cuida de sus pobres", dirá con absoluta tranquilidad el santo cura, como quien lo hace todos los días[45].

Mural de la Parroquia San Juan María Vianney de Barcelona.

---

45 En la *Maison de "La Providence"* que todavía hoy se puede visitar en Ars, destaca precisamente la artesa con la que se obró este milagro; así como algunos objetos personales del Santo Cura y fotografías de la directora y de las primeras niñas. También está la capilla construida por la solicitud del Rvdo. Vianney en 1847.

12

LOS NOMBRES DE TODOS SUS FELIGRESES ENCERRADOS EN EL CORAZÓN DE MARÍA

Al mismo tiempo que a la Eucaristía, el santo párroco conduce las almas a la Virgen[46], Madre de misericordia y refugio de los pecadores. Suele quedarse muchas horas rezando al pie del altar. En sus catecismos, predicaciones y conversaciones habla de ello improvisando desde lo hondo de su corazón:

"La Santísima Virgen se encuentra entre su Hijo y nosotros, y cuanto más pecadores somos más ternura y compasión tiene hacia nosotros. El hijo que más lágrimas ha costado a la madre es el más querido por su corazón. ¿Acaso una madre no acude siempre al más débil y al más inseguro? ¿Acaso no atienden mejor los médicos en los hospitales a los pacientes más graves?".

"A menudo se compara a la Santa Virgen con un madre; pero ella es mejor que la mejor de las madres: pues la mejor de las madres castiga a veces a su hijo que le da guerra, y al hacerlo ella cree hacer bien. Pero la Santa Virgen no hace así; ella es tan buena que nos trata siempre con amor. El corazón de esta buena Madre no es más que amor y misericordia, no desea más que vernos felices".

"Sólo hay que inclinarse hacia Ella para ser atendidos".

---

46 Dom Antoine Marie, osb, de la Abadía San José de Clairval. Carta sobre el *"Santo Cura de Ars"* fechada el 6 de noviembre de 1997.

"La Santa Virgen está entre su Hijo y nosotros. Aunque seamos pecadores, ella está llena de ternura y de compasión hacia nosotros. El niño que más lágrimas ha costado a su madre es el más querido. ¿No corre una madre siempre hacia el más débil y expuesto? Un médico en un hospital, ¿no presta más atención a los más enfermos?".

"El hombre había sido creado para el cielo. El demonio rompió la escalera que conducía a él. Nuestro Señor, por su pasión, ha construido otra para nosotros. La Santísima Virgen está en lo alto de la escalera y la sostiene con sus manos".

"En el corazón de María no hay más que misericordia".

"María, no me dejes ni un instante, estate siempre a mi lado. Volvamos a ella con confianza, y estaremos seguros de que, por miserables que seamos, ella obtendrá la gracia de nuestra conversión. María es tan buena que no deja de echar una mirada de compasión al pecador. Siempre está esperando que le invoquemos".

Mi afecto más antiguo

Un día le dice a Catalina Lassagne: *"**La amé** [a la Virgen] **incluso antes de conocerla; es mi afecto más antiguo**"*. La Santísima Virgen es, para él, la luz en sus días tristes. *"Si para dar algo a la Santísima Virgen pudiese venderme, me vendería"*, decía. En todas las casas de Ars había una imagen de la Virgen María que les había regalado el cura: en todas ellas había puesto su firma. También gustaba repetir: "**Un buen cristiano va siempre armado de su rosario. El mío nunca me deja**". A muchos de los hombres que se confesaban, les regalaba un rosario. Desde el principio el reverendo Vianney tuvo el proyecto de conducir cada año a sus feligreses a Nuestra Señora de

Fourvière[47]. Pero, sólo una vez, el 6 de agosto de 1823, puedo realizar este ensueño de su piedad.

Una rosa para María

En medio de la piedad de aquellas buenas gentes destacó un hombre, descreído y blasfemo, que murió rechazando al sacerdote y los auxilios espirituales que le ofrecia parea los últimos momentos de su vida terrena.

Se cuenta que a los quince o veinte días, fue su viuda a llorar sus penas ante el Sagrario colocándose en un rincón de la iglesia parroquial. La vio el reverendo Vianney, que estaba en el confesionario, y levantándose se dirigió a ella y le dijo:

"–Señora, no llore pues su marido se ha salvado; deberá ofrecer muchos sufragios, pues está en el purgatorio, pero se ha salvado".

No debieron de convencer a la buena señora las palabras del párroco pues le contesto:

"Por favor, no aumente mi pena; cómo se va a salvar si ha muerto blasfemando y rechazando los sacramentos".

"–¿Acaso alguna vez le trajo flores a la Virgen?, preguntó el párroco.

"–Sí, contestó la señora después de pensar un momento, en una ocasión me trajo una rosa muy her-

---

47 Apenas concluida la persecución de Marco Aurelio en 177, Ireneo de Lyon escribía, probablemente al pie de Viejo Foro: *"María ha desatado los nudos formados por la falta de Eva. Una había resistido a las órdenes de Dios, la otra se sometió. Eva escucha la palabra del demonio, María presta oído a la voz del ángel. El género humano destinado a la muerte por una virgen ha sido salvado por otra Virgen".* ¿Desde cuando suben los lioneses a confiarse a María en Fourvière? Una leyenda señala que al día siguiente del hundimiento del Viejo Foro surgió de entre las ruinas una capilla de la Virgen, pero lo cierto es que los primeros documentos datan un edificio en la segunda mitad del siglo XII. Pero ya en 1623 las crónicas señalan que se celebraban cada día hasta veinticinco misas en Fourvière, los peregrinos vienen numerosos y con ellos las donaciones, y el culto de la Virgen conocerá un impulso que ya nada detendrá con los siglos.

mosa y me dijo: toma, llévasela a la Virgen, cosa que yo hice".

"Pues esa rosa, sentenció el cura de Ars, acabo de ver, ha propiciado que, en el último momento de su vida, haya hecho un acto de contrición que le ha abierto las puertas del cielo"[48].

1 de mayo de 1836

En este día Juan María Vianney consagró la parroquia a la **Santísima Virgen María, concebida sin pecado**. El cuadro a perpetuar esta consagración fue puesto a la entrada de la capilla de la Santísima Virgen. Se trataba de un gran cuadro de fondo azul que llevaba esta inscripción en letras de oro: *"Consagración de la parroquia de Ars a María, concebida sin pecado, hecha el uno de mayo de 1836, por el Rvdo. Juan María Vianney, Cura de Ars".* Algún tiempo después, mandó hacer un corazón dorado, que todavía hoy pende del cuello de la Virgen milagrosa; **los nombres de todos los feligreses de Ars, escritos sobre una cinta de seda blanca, están encerrados en este corazón.**

8 de diciembre de 1854

El papa Pío IX define el dogma de la Inmaculada Concepción. A pesar del cansancio, el párroco de Ars se empeña en cantar él mismo la Misa solemne, y usó por primera vez y con gran

---

48 P. Reginald Garrigou-Lagrange recoge esta anécdota en su obra ***La vida eterna y la profundidad del alma***.

alegría una magnífica casulla de terciopelo azul bordado en oro, cuyas figuras y finas labores había diseñado el arquitecto Pedro Bossan[49]. Costó 1.400 francos y fue un regalo de los feligreses a su pastor. Todos quisieron contribuir. Su adquisición, se dijo, fue verdaderamente una ofrenda de los pobres.

Por la tarde, a la salida de vísperas, toda la parroquia se dirige en procesión al colegio de los Hermanos, donde bendice una estatua de la Inmaculada instalada en el jardín, que ha donado él mismo. Por la noche, Ars rinde homenaje a María Inmaculada iluminando el campanario y las paredes de la iglesia y las fachadas de las casas. Aquella fiesta es realmente uno de los días más felices de su vida. A pesar de ser casi septuagenario, parece haber rejuvenecido veinte años. Jamás niño alguno fue tan feliz al ver triunfar a su madre:

"¡Qué felicidad! ¡Qué felicidad! Siempre pensé que al esplendor de las verdades católicas les faltaba este brillo. Era una laguna que la religión debía subsanar".

---

49 Pierre-Marie Bossan (Lyon 1814-1888), arquitecto francés especializado en arquitectura eclesiástica. Convertido por mediación del Santo Cura de Ars. En 1844 fue nombrado arquitecto para la diócesis de Lyon. Sus obras principales son la neobizantina Basílica de Notre-Dame de Fourvière (1872-1884) y, tras la muerte del santo Cura de Ars, la ampliación de la iglesia parroquial en Ars-sur-Formans (1862-1865). También la Basílica de La Louvesc (1865).

13
PEREGRINOS Y SANTOS EN SU BUSCA

La afluencia de peregrinos se inició en el año 1827. A partir del 1828 el reverendo Vianney no podía irse ni siquiera por un día. Sin embargo, también en este periodo arreciaron las críticas. Su práctica y amor por los pobres se presentó como pura avaricia. Algunos críticos decían que era un verdadero hipócrita y que tenía un gran deseo de sobresalir. Pero, como siempre la verdad le hizo libre, y su mansedumbre y humildad terminaron por vencer sobre sus críticos.

"El amor de Dios, decía hablando de los santos, está pegado sobre sus labios como partículas de oro resplandeciente".

Y sus parroquianos decían de él:

"Cuando pronunciaba el nombre de Jesús, parecía que su corazón se expandía sobre sus labios".

En una ocasión cuando su ministerio fue puesto en duda por algunos de sus hermanos sacerdotes, el obispo de la diócesis mandó a su Vicario General para que averiguase e hiciese un informe sobre el asunto. Las noticias que le llegaron al Obispo fueron más que favorable. Aquello sirvió para que quedase constancia de la vida que llevaba.

Poco a poco los numerosos peregrinos llegaron a cifras inauditas: en 1845 llegaban de 300 a 400 visitantes todos los días. En el último año de la vida del Santo Cura el número de peregrinos alcanzó el asombroso número de 100 a 120 mil personas.

Solo Dios sabe los milagros de gracia ocurridos en ese confesionario, que hasta hoy se mantiene en pie, en el mismo lugar dónde él lo puso, en la capilla de Santa Catalina, o en la sacristía donde usualmente escuchaba las confesiones. En su manera de lidiar con las almas era infinitamente gentil y al mismo tiempo decía la verdad que el alma necesitaba escuchar para su bien. Sus exhortaciones eran breves y dirigidas al punto necesario.

La vinculación con los Maristas

La relación de Juan María Bautista Vianney, como ya señalamos, arranca de sus años de seminarista con Marcelino Champagnat y con los que serán los primeros Padres Maristas en los seminarios de Verrières y de Lyon.

El reverendo Vianney fue adscrito el 8 de diciembre de 1846 **como miembro de la Tercera Orden Marista** por el entonces encargado de la obra Pedro Julián Eymard[50].

---

50 **San Pedro Julian Eymard** nació cerca de Grenoble, en Francia, el año 1811. Recorrió varios caminos hasta encontrar su vocación definitiva. Quizá la fortaleza de su carácter la recibió de la formación cristiana y austera que le dio su madre. Desde muy niño acompañaba a su madre, a la iglesia, muy de mañana, para asistir a la Misa y comulgar. Eymard realizó también, hasta los 18 años, un duro trabajo con su padre en una prensa de aceite. Pero no olvidaba la piedad. Las horas libres las pasaba en el templo. Y de este modo surgió en él la vocación religiosa. Su padre se oponía rotundamente. Pero Pedro Julián no cejaba en su empeño. Estudiaba latín a escondidas, en los ratos libres, y de este modo se preparaba lo mejor posible para cuando llegara el momento oportuno. Por fin intervino el sacerdote Guibert, futuro cardenal y arzobispo de París, y su padre cedió. Julián entró en el **noviciado de los Oblatos de Marsella**. Pero la dura disciplina le debilitó y hubo de dejarlo. Estuvo después **en el seminario de Grenoble**, donde fue ordenado sacerdote. Trabajó cinco años en varias parroquias, y luego **ingresó en los Padres Maristas de Marsella**, donde desempeñó diversas tareas. Desde que, de niño, acompañaba a su madre a la iglesia, se distinguió por su ardiente amor al Santísimo Sacramento. Sentía hacia él una atracción irresistible, un vivo deseo de contrarrestar las tristes secuelas que había dejado el jansenismo, siempre prontas a rebrotar. Para ello, dejó la Congregación de los Maristas y **fundó la Congregación del Santísimo Sacramento**. Sus miembros, llamados vulgarmente Sacramentinos, se dedican a adorar al Señor en la Eucaristía, día y noche, como carisma principal de su apostolado. Este era su mensaje: *"Sólo en la vuelta a Cristo Sacramentado está la salvación"*. En una de sus correrías apostólicas conoció Eymard a la señorita Tamisier que recorrería diversos países, como viajera del Santísimo Sacramento y **como organizadora de los Congresos Eucarísticos**, que se siguen celebrando con notable provecho. El primero fue en Lille en 1881. Tenía también San Pedro Julián una tierna devoción a la Virgen María. San Pedro Julián murió el 1 de agosto de 1868. Muy pronto se extendió su devoción. El papa Juan XXIII lo canonizó el año 1962.

San Pedro Julián Eymard acudió en más de una ocasión a ver al Santo Cura de Ars. El reverendo Vianney, que siempre habló de Eymard en los mejores términos, le ayudó mucho con sus consejos y oraciones, especialmente en las muchas dificultades que tuvo que enfrentar.

El P. Colin enviaba con frecuencia a sus religiosos Maristas para que consultasen a su amigo de Ars y antiguo compañero de seminario. Cuando los primeros Misioneros[51] partieron para Oceanía, Juan María Vianney trabajó en procurarles recursos. Fue también orientador de varias vocaciones Maristas ya sea para los Hermanos como para las Hermanas. Concretamente dos Hermanos Maristas fueron expresamente enviados por él al Hermitage.

Las "huidas" del Cura de Ars

De sobra es conocido el deseo que le atormentó largo tiempo de huir a algún lugar retirado a la Trapa o la Cartuja para llorar allí su pobre vida y cómo la obediencia y el celo de las almas le devolvieron a su campo de apostolado. Uno de los testigos asegura sobre este tema:

"Estuvo en la parroquia de Ars por espacio de cuarenta y un años, siempre contra su voluntad. Por tres veces intentó la fuga. Pero ya en la primera ocasión se preguntó: "¿Es la voluntad de Dios la que cumplo en estos momentos?... ¿La conversión de una sola alma no vale más que todas las oraciones que podría hacer en la soledad?".

---

51 El grupo misionero estaba constituido por Monseñor Pompallier (Marista asociado, pues siendo ya obispo no podía profesar como religioso), los Padres Maristas Chanel, Bataillon, Servant y Bret, y los Hermanos Maristas Marie-Nizier, Miguel y José Javier (este último Hermano Marista Coadjutor).

De entre ellos, destaca **Pierre-Louis-Marie Chanel** nació en Cuet (Francia) el 12 de julio de 1803. Su familia era campesina y Pierre de niño fue pastorcito. Era muy buen estudiante y fue ordenado sacerdote a la edad de 24 años, en 1827. Ejerció durante algunos años el ministerio pastoral. Ingresó en la Compañía de María (padres Maristas) en 1831. Misionero en Oceanía, aprendió el idioma nativo, cuidaba a los enfermos y enseñaba. Su ministerio le granjeó el odio Niuliki, jefe de la tribu musumusu, quien estaba celoso de la influencia del misionero que había convertido hasta algunos miembros de su familia. Mandó a unos sicarios que lo asesinaron a golpes en la isla Futuna el 28 de julio de 1841. Descuartizaron su cuerpo con hachas. Es el primer mártir de Oceanía. Canonizado en 1954 por Pío XII.

Se cuenta que un día mientras explicaba el catecismo en la Iglesia exclamó: *"Oh, si yo hubiese sabido lo que era ser sacerdote, muy presto me hubiera refugiado en la Trapa"*. A lo que una voz salida de la multitud replicó: *"Dios mío, qué desgracia hubiera sido esto"*. Ese grito salido del corazón le sirvió a nuestro santo de lección y de aliento.

Víctima de sus preocupaciones espirituales, intentó por tres veces abandonar la parroquia para retirarse a la soledad, convencido de que un sacerdote al cargo de una parroquia no podría santificarse. El lugar proyectado para su refugio era La Neylière, donde estaba el P. Colin y otros conocidos maristas por él muy apreciados, como lo atestigua una carta por él escrita al P. Mayet el 24 de agosto de 1832. Sus feligreses y cuantos lo conocían hicieron inútiles sus intentos de abandono de la parroquia.

Por lo demás, el propio interesado, a un sacerdote que le confesaba sus deseos de vida religiosa, le dio este consejo: *"–Calma, amigo mío. Quédese Ud. donde está. Tenga en cuenta que Dios envía a veces buenos deseos, pero cuya realización en esta vida no nos exigirá nunca"*.

El gran predicador Lacordaire

Sábado por la tarde, 7 de mayo de 1845. Henri Lacordaire, predicador de Notre Dame y restaurador de la Orden Dominicana en Francia, que desde hacía muchos años deseaba conocer al Cura de Ars, se traslada de incógnito hasta la pequeña aldea. Se alojó en el castillo y a las cinco de la mañana se dirigió a la parroquia.

Brac de la Perrière, acompañante del Padre Lacordaire, nos da toda clase de detalles. El reverendo Vianney dio muestras de gran alegría al verle, "le abrazó con efusión y le apretó varias veces las manos". Después, él mismo le preparó la misa. El dominico, después, a las diez de la mañana oyó la misa mayor, que ahora presidía el párroco. Hizo la plática *sobre la recepción del*

Espíritu Santo. Lacordaire asistió también al catecismo que cada domingo explicaba a la una. Luego le dirá al maestro de escuela Pertinand: "*Este santo sacerdote ha expuesto de una manera pasmosa, al hablar del Espíritu Santo, una idea en pos de la cual iba yo hacía mucho tiempo?*"[52].

Los peregrinos que llegaban a Ars, después de tratar con Juan María Vianney salían exclamando: "**Hemos visto a Dios en un hombre**". Eso exactamente sucedía con el santo Cura de Ars que era transparente. Su sencillez, su devoción, su entrega, lo convertían en algo así como en un vidrio a través del cual no se apreciaba él, sino se contemplaba la presencia de Dios. De hecho cuando le preguntaron al Padre Lacordaire[53] quién era mejor predicador, si él o Juan María Vianney, el gran orador famoso en toda Francia por sus sermones, respondió:

"–Juan María Vianney es mejor predicador que yo, porque cuando la gente me oye a mí, comenta: "¡Qué

---

52 Citado por Dom H. B. Mackey, **Saint François de Sales et la formation du clergé**, en *Revue du Clergé français*, 1907, Vol. XXV, pp. 520-521.

53 Henri Lacordaire, O.P.**, Santo Domingo y su Orden**. EDIBESA publicó en 1998 esta biografía del fundador de los dominicos que Henri Lacordaire escribió en los inicios de su vida dominicana. En esta edición puede encontrarse la "**Memoria para la restauración de la Orden de Predicadores en Francia**" escrito de Lacordaire lleno de elocuencia arrolladora en defensa de la libertad cristiana, que publicó cuando decidió hacerse dominico.

Jean-Baptiste Henri Lacordaire nació en Recey-sur-Ource en 1802. Abogado en París, la lectura de Chateaubriand le llevó de nuevo a la fe (1823). Sacerdote en 1827, a partir de 1834, destacó como orador sagrado en las conferencias cuaresmales de Nuestra Señora de París. El 5 de marzo de 1835, el Padre Lacordaire volvió a hablar desde el púlpito, esta vez en la Catedral de Notre-Dame, con más de 6.000 personas como auditorio, entre ellos Alejandro Dumas, Balzac, Chateaubrid, Lamartine, Montalembert, Ozanam, Víctor Hugo, Tocqueville, Ampére, Considerant, Cochín, en fin, la intelectualidad francesa de la era. En 1839 recibió en Roma el hábito de santo Domingo y regresó a su patria, donde dedicó los últimos años de su vida a la consolidación de la orden, logrando restaurar esa orden religiosa después de haber estado proscrita por casi 50 años. Durante algún tiempo su labor estuvo dedicada a promover y despertar vocaciones sacerdotales para los Predicadores, Orden que rigió en dos ocasiones. Murió en Sorèze, 21 de noviembre de 1861.

bien predica!"; en cambio, cuando escuchan a Juan María Vianney, exclama: "¡Qué bueno es Dios!".

El jesuita Regis y el dominico Lagrange

El padre Enrique Regis Pupey Girad fue un jesuita que ejerció gran influencia apostólica en Francia, a principios del siglo XX. Un día contaba su vocación a san Pío X. Su madre sentía grandes deseos de ser religiosa, y fue a consultar su vocación con el Santo Cura de Ars, ya muy anciano. Éste le oyó complacido y le respondió sonriente: "*–Dios no la quiere a usted religiosa, sino madre de familia*". Y el jesuita contaba que su madre tuvo cuatro hijos y los cuatro fueron religiosos. Al oír esto exclamó el Papa:

"*–¡Pícaro cura de Ars! En vez de una vocación quería cuatro...*"

En otra ocasión fue Elisabeth Falsan, quien en 1858, llevo a su hijito enfermo ante el Santo Cura de Ars. Aquel niño se convertiría en el famoso **Padre Joseph Marie Lagrange**[54]. Había nacido en Bourg-en-Bresse, no lejos de Ars, el 7 de marzo de 1855. A él mismo le gustaba narrar que cuando sólo tenía tres años y estaba enfermo, su madre le llevó a la vecina parroquia para visitar al párroco... Esta visita y la proximidad a la parroquia vecina la tuvo siempre tan presente que cuando en 1891 levantó la Escuela Bíblica de Jerusalén, de la que fue fundador, en la primera piedra incluyó junto a los documentos y recuerdos **un trozo de la sotana del Cura de Ars**, que aún no había sido canonizado.

---

54 Jean Guitton, afamado académico francés y amigo de los últimos papas, recibió el encargo de Juan Pablo II, en 1990, de elaborar la biografía del Padre Lagrange (+1938), santo y sabio dominico. Precursor de los estudios bíblicos en la Iglesia Católica, fundó la Escuela Bíblica de Jerusalén y la célebre revista *Revue Biblique*. Su obra principal, *Vida de Jesucristo según el Evangelio,* figura entre las clásicas de su género.

Hermann Cohen y el Carmelo de Lyon

El 6 de octubre de 1849, Hermann Cohen[55] ingresó en el Carmelo, donde tomó el nombre de **Agustín María del Santísimo Sacramento**. Un año después, el 7 de octubre de 1850, hizo su profesión religiosa. A partir de entonces, dedicó su vida a la expansión de la Adoración Nocturna, a difundir la devoción al Santísimo Sacramento y a la fundación de conventos del Carmelo. Mantuvo frecuente contacto con el Santo Cura de Ars

El padre Hermann concluye la historia de la fundación de Lyon escribiendo:

"Al terminar esta relación, es preciso no omitir que el venerable Cura de Ars tuvo mucha intervención en la fundación de Lyon. Ya antes de dar principio a la misma, predijo que reportaría muchos beneficios a la diócesis. Animó al religioso que la fundó con sus consejos

---

55 Charles Sylvayn, **Hermann Cohen, apóstol de la Eucaristía** publicado por *GratisDate*.

Hermann Cohen nació en Hamburgo (Alemania) el día 10 de noviembre de 1820 en el seno de una acaudalada familia hebrea. Sus padres, David Abraham Cohen y Rosalía Benjamín, se esmeraron en proporcionarle una cuidada educación, y, estando especialmente dotado para la música, recibió una exquisita preparación, de forma tal que tocaba diestramente el piano a los 6 años, y, desde los 12, era concertista. Se convirtió en discípulo predilecto de Franz Liszt, en Ginebra, de quien llegó a ser auxiliar.

Un viernes de mayo de 1847, cuando Cohen contaba veintiséis años, su amigo el príncipe de la Moscowa le pidió muy encarecidamente que le sustituyera en la dirección de un coro de aficionados que había de actuar en la iglesia de Santa Valeria, dentro de los cultos del mes de María. Hermann Cohen consideró que no podía negarse y acudió puntualmente al templo. Aquél fue su Camino de Damasco. Pasado el mes de mayo, y, con él, las solemnidades musicales en honor de María, Hermann, sin saber el motivo del fuerte sentimiento que lo dominaba., volvía cada domingo a Santa Valeria para asistir a Misa. Sería muy extenso comentar su largo camino hacia la conversión. Tras recibir el bautismo y hacerse religioso de la Orden del Carmen, toda su vida trabajará *"con la intención de fundar una asociación que tendrá por objeto la Exposición y Adoración Nocturna del Santísimo Sacramento, y la reparación de los ultrajes de que es objeto..."*. Murió el 20 de enero de 1871, fue enterrado en la iglesia de Santa Eduvigis, en Berlín, donde todavía reposan sus restos.

y recomendaciones. A menudo enviaba los penitentes que habían ido a consultarle a la iglesia del Carmen, de cuyos religiosos hablaba con elogio públicamente en sus instrucciones. Y nos atrevemos a creer que desde el cielo la protege y le atrae nuevas bendiciones de Jesús, María, José y Teresa. Amén".

No hemos podido enterarnos con precisión cuando el padre Hermann fue a visitar al Cura en Ars. Solo sabemos que le visitó varias veces. Sea lo que fuere, fácilmente se puede adivinar cuál sería el objeto de los piadosos coloquios de los dos siervos de Dios:

"Jamás olvidaremos –se escribía en el periódico Echo de Fourvières– el recuerdo de la entrevista de estos dos hombres de Dios, de la que tuvimos la dicha de ser testigos. Pudimos contemplar los actos de humildad y de caridad que mutuamente se hacían, los impulsos de dos corazones ardientes, y la perfecta semejanza, producida por la gracia, entre dos caracteres tan diferentes en el fondo".

Cuando el padre Hermann estuvo en Ars por primera vez, el santo Cura le pidió que predicara. Pero él no aceptó decir algunas palabras sino después que el santo párroco hubiese hablado. Éste hizo su instrucción como de costumbre, y la terminó así:

"Hijos míos, érase una vez un buen santo que tenía deseos de oír cantar a la Santísima Virgen. Y Nuestro Señor, que tiene sumo gusto en hacer la voluntad de los que le aman, se dignó otorgar el favor pedido. Entonces el santo vio a una hermosa señora que se puso a cantar ante él. Jamás había oído voz tan dulce. Estaba enajenado, y exclamó: *–¡Basta, basta! ¡Si continuáis, Señora, voy a morirme!...* La hermosa señora le dijo: *–No te apresures a admirar mi canto, ya que lo que has oído no es nada. Yo no soy otra que la virgen Catalina, y ahora vas a oír a la Madre de Dios.* En efecto, la Santísima Virgen cantó a su vez, y este canto era tan bello, tan agradable, que el santo desfalleció y cayó muerto de gozo, muerto de amor... Pues bien, hijos míos, hoy va a ser algo semejante... Acabáis de oír a santa Catalina, y ahora oiréis a la Santísima Virgen".

En otra ocasión se sabe que hablándole de uno de sus proyectos eucarísticos (la Adoración Nocturna concebida por el Padre Hermann), el párroco de Ars le respondió: *"Su obra está llamada a llenar un vacío de las cofradías católicas"*.

En 1861 mueren sus padres. Con su padre, poco antes, se reconcilia y le perdona entre otras cosas que se hiciera católico. El 8 de diciembre le entregan una carta, tal y como el santo cura de Ars le había anunciado, comunicándole la conversión a última hora de su madre.

14
LA VENERABLE JARICOT
Y SANTA FILOMENA

Los desórdenes de la Revolución Francesa habían agotado los recursos económicos y los medios de las Congregaciones misioneras. Con la lectura de los Boletines de las Misiones Extranjeras, Paulina Jaricot se conmueve por aquella situación y empieza a recoger algunas limosnas. Después de rezar y reflexionar, recibe la inspiración de una obra de ayuda a las misiones. Hecha la consulta a su director espiritual, el sacerdote Juan Wendel Würtz, vicario de la parroquia de Saint-Nizier, de Lyon, le dijo: «*Paulina, eres demasiado ignorante para haber inventado ese plan... Está claro que procede de Dios. Por eso, no solamente te doy permiso, sino que te animo con entusiasmo a que lo pongas en acción*». Así se convertirá en la **fundadora de las Obras Misionales Pontificias**.

Un día de 1842, una joven llamada Francisca Dubouis es portadora de una carta del párroco de Ars para Paulina Jaricot. Dice así: «*Señorita Jaricot, le envío un alma que el Señor ha hecho para Él y para usted... La Virgen la ha guardado hasta el momento de todo mal; guárdela a su vez también usted y enséñele a amar aún más a Jesús y a María*». Francisca se convertirá en la confidente de Paulina hasta su muerte.

Pero... ¿quién es la venerable Paulina Jaricot?

La historia de Paulina bien podría comenzar en la primavera de 1805. De regreso a Roma, tras la coronación de Napoleón en París, el papa Pío VII se detiene en Lyon. Antonio Jaricot, comerciante de seda de esa ciudad, aprovecha la ocasión para situar a su familia por donde pasa el pontífice, implorando una bendición particular. Pío VII impone las manos sobre la cabeza de la pequeña Paulina María. Bendecida por el Vicario de Cristo, aquella niña destacará muy pronto por su amor a Jesús y su ternura hacia los desdichados. Éste no sería su único encuentro con un Papa.

Paulina Jaricot nace el 22 de julio de 1799 en Lyon. Sus padres, Antonio Jaricot y Juana Lattier, son profundamente cristianos. Paulina escribirá más tarde: «*Dichosos quienes reciben de sus padres las primeras semillas de la fe. Bendito seas, Señor, por haberme dado como padre a un hombre justo, y como madre a una mujer llena de virtud y de caridad*». Cuando Paulina ve la luz, seis hijos coronan ya la prole familiar.

Recogemos solo esta preciosa anécdota de su niñez. En el patio de la casa familiar existe un pozo muy hondo y, en una ocasión en que la madre acaba de sacar un cubo lleno de agua, Paulina, que cuenta con siete años de edad, manifiesta cierta preocupación:

–Dime, mamá, ¿todavía queda agua en el pozo?

–Claro que sí, el manantial no disminuye.

–¡Oh! ¡Cuánto me gustaría tener un pozo de oro para poder darlo a todos los desdichados, y así no quedarían pobres y la gente no lloraría!

A la edad de quince años, tras una caída en un percance doméstico, Paulina sufre una extraña enfermedad: camina como una persona ebria, con la mirada extraviada, y pierde por completo el habla. Su madre, que la vela noche y día, cae también gravemente enferma y muere lejos de Paulina, el 26 de noviembre de 1814, ofreciendo su vida a Dios por su hija. Dicha muerte le es ocultada a Paulina durante mucho tiempo, con el fin de que pueda recobrar la salud. Tras la convalecencia, llegará a convertirse en una bella joven de atractiva personalidad.

Uno de los últimos domingos de la Cuaresma de 1816, Paulina oye con claridad la llamada a una vida más perfecta. Se entrega con fervor a la oración y a la penitencia, visita a los pobres y a los enfermos, a quienes cura con gran delicadeza las úlceras más repugnantes. Organiza también un pequeño taller para fabricar flores artificiales, para chicas sin empleo. Meses después, la noche de Navidad, en la capilla del Santuario de Nuestra Señora de Fourvière, Paulina se sitúa frente al altar de la Virgen Negra y ofrece su vida a Dios mediante el voto de virginidad perpetua. Desde entonces recibe numerosas gracias celestiales. Dotada de un alto grado de contemplación y de intimidad con el Señor, siente la llamada de Dios para consagrarse al servicio del prójimo. Con el trato de la Sagrada Eucaristía, le son comunicados profundos conocimientos sobre el misterio del Redentor, los cuales desea transmitir a otras almas. De hecho, algunas piadosas jóvenes, obreras o sirvientas, que comparten con ella el deseo de hacer reparación al desconocido y despreciado Corazón de Jesús, se unen a ella.

La Asociación para la Propagación de la Fe

Un día, a los 23 años, llegó Paulina Jaricot de su trabajo, cansada y con deseos de escuchar alguna narración que le distrajera. Y se fue a la cocina a pedírselo a la cocinera. La buena mujer le respondió: *"Si me ayuda a terminar lo que estoy haciendo, le contaré luego algo que le agradará mucho"*. La muchacha ayudó de buena gana y, terminando el oficio, la cocinera se quitó el delantal, abrió una revista de misiones y se puso a leerle las aventuras de varios misioneros que en lejanas tierras, en medio de terribles penurias económicas, y con grandes peligros y dificultades, escribían narrando sus hazañas y pidiendo a los católicos que les ayudaran con sus oraciones, limosnas y sacrificios, para poder continuar con éxito su difícil labor misionera.

En ese momento pasó por la mente de Paulina una idea luminosa: ¿por qué no reunir personas piadosas y obtener que cada cual obsequie dinero y ofrezca algunas oraciones y algún pequeño sacrificio por las misiones y los misioneros, y enviar después todo esto a los que trabajan evangelizando en tierras lejanas? Y se propuso empezar a llevar a cabo esa misma semana tan bella idea. Comenzaba a gestarse así la Asociación que luego se llamaría de la "**Propagación de la Fe**" y que tendría su fundación oficial el día 3 de mayo de 1822.

Paulina se dirigió a sus monjas y a sus compañeras de trabajo **invitándoles a dar un céntimo a la semana a favor de las Misiones**. Calculando 10 obreras y que cada una de ellas podía invitar, a su vez, a otras 10 amigas a hacer la misma oferta, se llegaba a la colecta de 100 céntimos a la semana. Estas personas, convertidas en socias de la Asociación, se empeñaban, cada una, en encontrar otras diez personas que ofrecieran semanalmente la misma suma. La Asociación pudo así extenderse velozmente, con millares de personas como miembros y con una colecta que aumentaba proporcionalmente. En los primeros meses de la Asociación, las trabajadoras de Lyon alcanzaron la suma de 1.800 francos a la semana: ¡una suma enorme, considerando que su salario mensual era de pocos francos! Lo que es interesante señalar es **el entusiasmo y la prontitud al sacrificio de las jóvenes trabajadoras, que unían al duro trabajo el compromiso de reparación de las ofensas hechas a Dios y la ayuda a las necesidades de los pobres en la patria y, sobre todo, en las Misiones Extranjeras**. Pero todavía es más importante subrayar que la actividad de penoso trabajo en una fábrica del siglo XIX, con más de 15 horas de trabajo al día, no quitaba a estas jóvenes el deseo de la oración, y no les suprimía la voluntad de hacer el bien a personas más pobres que ellas mismas.

Su hermano Philéas[56], que se acababa de ordenar de sacerdote, propuso la idea de Paulina a otros sacerdotes en París. La idea se extendió con rapidez por toda la nación y las ayudas a los misioneros aumentaron inmensamente[57]. Casi nadie sabía quién había sido la fundadora de este movimiento, pero lo importante era ayudar a propagar la fe católica.

---

56 Los hermanos de Paulina eran Paul, Sophie, Laurette, Narcisse, Jean-Marie y Philéas. Ella era la última. Philéas y Paulina, cercanos por la edad y vivacidad de carácter, se hicieron en su niñez inseparables en sus juegos, disputas y proyectos. Alimentados por relatos misioneros, soñaban con ellos. Philéas decidió irse al seminario y posteriormente partió a China. Cuando su hermana quiso seguirlo, el muchacho le replicó: *"Tú no puedes, pero cogerás un rastrillo, juntarás un montón de oro, y me lo enviarás...".* Estas palabras se convertirían en una auténtica profecía en la vida de Paulina.

57 A pesar de las oposiciones e incomprensiones, la obra de la Propagación de la Fe se extendió con la rapidez del rayo, primero en Francia y luego en el mundo entero, aportando considerables ayudas a las misiones. Junto a los santos de todos los tiempos, Paulina reconoció la necesidad de la misión. La obra que ella fundó continúa en la actualidad, ya que la Propagación de la Fe auxilia a más de 900 diócesis en África, Asia, Hispanoamérica y Oceanía, asignando a cada diócesis un subsidio anual ordinario y subsidios extraordinarios según las necesidades.

El Rosario Viviente

Desde entonces, la enfermedad y la necesidad de mayor intimidad con el Señor fuerzan a Paulina a retirarse en el silencio. Las inspiraciones divinas que entonces recibe la empujan de nuevo a la acción. Movida por su apego al santo rosario, siente el deseo de propagar esa devoción. Al constatar que **son pocas las personas que disponen de tiempo y de fervor para rezarlo completo**, se le ocurre la idea de repartirlo entre quince personas, que deberían rezar solamente una decena cada día meditando sobre un misterio. «*Me pareció que había llegado la hora –escribirá más adelante– de realizar el designio, formado desde hacía tiempo, de una asociación accesible a todos que uniría a partir de la oración, y cuya única y corta práctica, que a nadie desanimaría, facilitaría a los fieles el acceso a la meditación diaria, aunque esa meditación no fuera más que de algunos minutos, sobre los misterios de la vida y de la muerte de Jesucristo*». Así fue como se fundó en 1826 «**el Rosario Viviente**[58]». Con la ayuda de un padre jesuita, Paulina agregó a esa obra

---

58 Paulina lanzó su nueva iniciativa con la creación de grupos, no ya de 10, sino de 15 personas, (una sección de 15 miembros dirigidos por una celadora), que correspondían a los 15 misterios del santo rosario. Y así, la sección recitaba cada día el Rosario entero. Estos grupos no sólo recitaban diariamente los 15 misterios del rosario, sino que se comprometían también a meditarlos y a orar por una persona que tuviera una particular necesidad de conversión. **Paulina creía en la fuerza del rosario para la conversión de los pecadores**. Tuvo también el ingenio de incluir en el grupo de las 15 a personas buenas, otras mediocres y también aquellas que no tenían otra cosa que ofrecer sino su buena voluntad… Estaba convencida y afirmaba que con 15 carbones, cuando uno está bien encendido y tres o cuatro lo están a medias, y los otros nada… reuniéndolos, se consigue enseguida una hoguera. Una particularidad del "*Rosario Viviente*", debida siempre al genio y al celo de Paulina, era que cada asociado se comprometía a entregar cada año una suma de cinco francos para comprar y difundir buenos libros. En una década, la práctica del "*Rosario Viviente*" se había propagado también a otros continentes, y en Francia, en 1834, contaba con cerca de un millón de asociados. Paulina declaraba en una carta del 1 de mayo de 1840: "***En breve estaremos en unión de oraciones con todos los pueblos del universo***". Ella misma constataba con alegría que la mayor parte de los miembros de la "*Asociación para la Propagación de la Fe*" eran también miembros del "*Rosario Viviente*". Un Breve Pontificio del Papa Gregorio XVI dio aprobación oficial al movimiento del "*Rosario Viviente*", que había alcanzado ya los dos millones de miembros, y que Paulina animará y guiará durante 15 años.

la distribución de objetos religiosos y de libros piadosos para despertar y mantener la fe. Mediante la oración y la difusión de buena doctrina, el Rosario Viviente contribuirá a innumerables conversiones.

Enfermedad y curación en Italia

Fue en marzo de 1835, con 35 años, cuando la enfermedad mostró verdaderos signos de gravedad. Esta enfermedad afectaba a su corazón, y en la proporción en que progresaban las palpitaciones se volvían tan violentas que se podían oír a cierta distancia. Un pequeño movimiento o cambio de posición era suficiente para que la sangre corriera violentamente a su corazón, que casi se sofocaba. Su respiración parecía parar y su pulso se volvía imperceptible. Drásticos remedios se le tenían que aplicar para recuperarla. Durante varios años de tortura, solo tenía pequeños intervalos de alivio. Uno de ellos ocurrió después de hacer una novena a Santa Filomena. Con tan solo mencionar el nombre de la santa, ella experimentaba un gozo y un deseo grande de visitarla en su Santuario. Pero eso parecía un imposible, ya que este quedaba a una gran distancia de Francia.

Actuando bajo una inspiración, y después de que su médico le informase de su verdadero estado, peregrinó al Santuario del Corazón de Jesús en Paray-le-Monial. Sobrevivió la jornada y se dijo a sí misma: *"Si no me mató este viaje, iré a Roma a obtener la bendición del Santo Padre"*. Para el doctor estaba desahuciada. Así que Paulina se puso en camino. El dolor que soportó era intolerable. En Chambèry, sus fuerzas se agotaban y casi se resignó a morir lejos de su casa y del Vicario de Cristo. Estuvo inconsciente durante dos días. Los alumnos de la escuela del convento de su pueblo hicieron una novena a Santa Filomena por su recuperación, y al final de la misma pudo seguir su viaje.

Paulina sufrió una recaída en Loreto. Después de unos días continuó su viaje y llegó a Roma casi inconsciente. Las Hermanas del Sagrado Corazón la recibieron con gran amabilidad. Su estado era tal, que le era imposible dejar el convento. Parecía que después de tanta dificultad no iba a poder ver al Santo Padre. A su llegada a Roma, Gregorio XVI fue puntualmente informado. El Papa decidió ir en persona a ver a esta joven mujer que tanto había hecho por la Santa Iglesia. Esto era un honor y una consolación para Paulina. El Santo Padre fue amable y le agradeció repetidamente su trabajo a favor de la Iglesia Católica, y la bendijo una y otra vez. Le pidió que orara por él cuando llegará al Cielo y Paulina se lo prometió.

Entonces le preguntó:

–Santo Padre, si yo vuelvo bien de mi visita a Mugnano, y voy a pie al Vaticano, ¿Usted se dignaría en proceder sin demoras con la investigación final en la causa de Santa Filomena?

–Sí, mi hija, replicó el Papa, porque eso sería un milagro de primera clase.

Nadie pensaba que volvería, debido al estado tan precario de salud.

Unos años antes en las catacumbas de Roma

24 de mayo de 1802. Bajo la autoridad de la Santa Sede, se estaban realizando excavaciones en la catacumba romana de Santa Priscila. Al abrir una tumba descubrieron un esqueleto que era de huesos pequeños y notaron a la vez que el cuerpo había sido traspasado por flechas. Al examinar los restos, los expertos coincidieron en calcular que se trataba de una niña que había sido martirizada con sólo 12 o 13 años. La sepultura estaba cerrada por tres ladrillos con esta inscripción: "LUMENA / PAX TE / CUM FI". Se juzgó que, por inadvertencia, el orden de los ladrillos había sido invertido y que había que leer: "PAX TE / CUM FI / LUMENA"; es decir: *"¡La paz sea contigo, Filomena!"*, nombre que significa

"muy querida". La Congregación de Indulgencias y Reliquias declaró la autenticidad de las reliquias de **Santa Filomena**[59].

Después de que las reliquias de la Santa fueran exhumadas, se guardaron en el Vaticano hasta 1805. En ese tiempo el Padre Francis di Lucia, de Mugnano, (en la diócesis de Nola, cerca de Nápoles) visitó la ciudad de Roma. Él tenía un ardiente deseo de procurar las reliquias de alguna joven mártir para su Iglesia. Ya que el Obispo de Potenza, al cual acompañaba a la Ciudad Eterna, apoyaba su petición, al Padre Francis le fue permitido visitar el Tesoro de Reliquias, un largo pasillo donde se preservaban las reliquias de varios santos. Cuando se paró frente a la reliquia de Santa Filomena, se llenó de un gran gozo espiritual y rogó ante ella, mientras pensaba que esta joven mártir era la inspiración que necesitaban los jóvenes de su parroquia, que su fortaleza virginal los retaría a la pureza.

Finalmente, el **10 de agosto de 1805** las reliquias fueron trasladadas a la casa del P. Francis di Lucia. Continuos milagros de toda clase acompañaron el traslado. En dicha parroquia se creó el **Santuario de Santa Filomena de Mugnano**. Fue a esta iglesia adonde el párroco Don Francis di Lucia, trajo las reliquias de Santa Filomena en 1805. La iglesia se convirtió en un lugar de peregrinación, donde numerosos favores y aun milagros fueron concedidos por la intercesión de la santa. Entre ellos se encuentra la sanación de Paulina Jaricot.

---

59 Hoy se puede decir que la existencia de santa Filomena no está ni más ni menos probada históricamente que la de otros santos oficialmente venerados por la Iglesia; por ejemplo, san Jorge. La comprobación de numerosos milagros y la piedad ampliamente difundida en muchos fieles y pastores no son pruebas determinantes desde el punto de vista de la ciencia histórica. Lo que sabemos de esta santa es gracias a las revelaciones privadas recibidas de la propia santa en 1863 por tres personas diferentes, en respuesta a las oraciones de muchos a la "santa" para que se supiera quién era ella y cómo fue su martirio. Las personas favorecidas fueron: un joven artista de reconocida vida moral y espiritual; un devoto sacerdote y una piadosa religiosa de Nápoles, la Venerable Madre María Luisa de Jesús que murió en olor de santidad. Estas revelaciones han sido estudiadas por la Santa Sede, dando testimonio de que no hay nada contrario a la fe. La Iglesia no ha hecho ningún otro pronunciamiento y no garantiza la autenticidad de las supuestas revelaciones. La Santa Sede dio la autorización para la propagación de estas el 21 de diciembre de 1883.

El milagro de Paulina Jaricot

Era en agosto y el clima estaba extremadamente caliente. Viajaban de noche para evitar el gran calor del día. Llegaron a Mugnano un día antes de la fiesta de Santa Filomena. Inmensas multitudes se habían reunido para celebrarla. A la mañana siguiente, Paulina recibió la santa Comunión cerca de las reliquias. Sufría unos dolores inmensos en todo su cuerpo y su corazón latía tan violentamente que se desmayó. Los peregrinos pensaron que había muerto. Las personas que estaban con ella trataron de sacarla de la iglesia, y entonces recobró el conocimiento e hizo una señal de que la dejaran cerca de las reliquias. De repente, un torrente de lágrimas brotó en sus ojos, el color volvió a sus mejillas, una fuerza saludable sobrevino a sus entumecidos miembros. Su alma estaba llena de un gozo celestial y pensó que dejaba este mundo para irse al cielo. Pero no era la muerte. Santa Filomena la había sanado. Todavía iba a vivir muchos años para Dios y para su Iglesia.

Paulina, cuando estuvo segura de su sanación, permaneció en silencio durante un tiempo. Pero la Superiora del convento, al ver lo que estaba pasando ordenó que sonaran las campanas para anunciar el milagro. El pueblo, lleno de gozo, gritaba: *"¡Viva Santa Filomena!"*.

En acción de gracias, Paulina se quedó unos días más. Cuando se fue, llevaba consigo una reliquia grande de santa Filomena, dentro de una estatua de la Santa. Aún no había informado al Santo Padre de su sanación y todos en el Vaticano al oír hablar de ello, estaban sorprendidos; sobre todo el Papa, cuando la vio ante él perfectamente recuperada. Su Santidad no lo hubiera creído de no haberlo visto con sus propios ojos. A petición de Paulina, le concedió el privilegio de construir una Capilla en honor de Santa Filomena. Y para poder investigar el milagro, el Papa ordenó a Paulina que se quedara un año entero en Roma. Durante ese tiempo obtuvo del Santo Padre muchos privilegios para el *"Rosario Viviente"*. Al final del año regresó a Francia.

El propagador de la devoción a santa Filomena

Cuando Paulina regresó a Francia, fue a confesarse con el Santo Cura de Ars. Monsieur Vianney le dijo proféticamente: "*Sus ideas misioneras son muy buenas, pero Dios le va a pedir fuertes sacrificios, para que logren tener más éxito*". Esto se le cumplió a la letra, porque en adelante los sufrimientos e incomprensiones que tuvo que sufrir nuestra santa fueron enormes.

A través de ella, **Juan María Vianney conoció a santa Filomena**. La Señorita Jaricot le ofreció parte de una preciosa reliquia que ella había obtenido del relicario de Mugnano y el Cura de Ars la recibió como una valiosísima joya. En 1837 se puso a trabajar para erigir una capilla en Ars, donde colocó las reliquias que muy pronto dieron lugar a innumerables curaciones, conversiones y milagros.

Lleno de un intenso amor por esta pequeña santa, la eligió a ella como su especial patrona celestial y se comprometió a ella por voto. Siempre hablaba de la santa, le pedía todo tipo de favores y decía de ella que era "*el milagro próximo*" por los extraordinarios prodigios que ella obraba. Santa Filomena solucionó sus problemas financieros, convirtió pecadores, curó enfermedades gravísimas y obró innumerables milagros en respuesta a sus simples oraciones. Muchos de ellos están registrados en la biografía del santo, pero los milagros no registrados, estos solos, podrían llenar un volumen. Recomendaba que le hicieran novenas por incontables intenciones de todo tipo que las personas le referían. Advertía seriamente a los enfermos que rezaran a santa Filomena y los bendecía e instruía para que rezaran la novena; y siempre se impresionaba por todas las curaciones de esta pequeña santa, a la cual, después de Dios, estaba totalmente agradecido. Miles de personas vinieron a la capilla de Ars en peregrinación, con el propósito de invocar el auxilio de santa Filomena en sus necesidades y pruebas. Evidencias tangibles de favores obtenidos, los milagros obrados, las conversiones realizadas, las oraciones escuchadas son la respuesta de santa Filomena.

Debido al fervor de la devoción del Cura de Ars a santa Filomena, y las numerosas curaciones y favores obtenidos por su intercesión, toda Francia pronto invocó su nombre. Cada diócesis tenía altares y muchas capillas e iglesias se dedicaron a ella. Pero la devoción a la santa no sólo fue en Francia.

En 1837, el papa Gregorio XVI autorizó el culto público de la santa: en primer lugar para el santuario de Mugnano, luego para la diócesis de Nápoles. Con los indultos necesarios, el permiso fue otorgado a la parroquia de Ars, con gran alegría de Juan María Vianney. Solamente Dios puede contar la cantidad de milagros hechos por santa Filomena al pueblo de Ars. La fiesta se celebraba el 11 de agosto. A todos los que imploraban su ayuda, el santo cura siempre les respondía que debían ir y hablar con santa Filomena. Era venerada en el altar más hermoso de su iglesia. Estableció con ella una amistad sencilla y mística y una familiaridad agradable y profunda. La llamaba su *"intermediaria"*, su *"chargée d' affaires"*, su *"cónsul con Dios"*, y su *"Santita"*, el título por el cual hoy es conocida. Un día, con ingenuidad santa, se le escuchó decir *"Basta ya, mi santita. ¡Estás haciendo demasiados milagros! ¡Muchas personas piensan que se deben a mis oraciones!"*.

El mismo Santo Cura fue objeto de un gran milagro: según se narra en sus biografías, tras enfermar gravemente su feligresía quedó consternada pensando que era el final. Los peregrinos, preocupados de su salud, llegaban a Ars de las más remotas regiones de Francia. Para tener a raya a la muchedumbre que se reunía, debió intervenir la policía. Cuando todo parecía perdido y se esperaba su muerte de un momento a otro, recurrieron a santa Filomena, y Dios, mostrando su grandeza, por la poderosa intercesión de nuestra Santita, cuando las esperanzas estaban ya perdidas, les concedió la gracia que pedían y su santo cura sanó y regresó a su parroquia.

En cierta ocasión, una persona se acercó al Cura de Ars y le preguntó:

–*¿Es verdad, Padre, que santa Filomena le obedece?*

A lo cual, él contestó:

–¿Y por qué no? Si Dios mismo me obedece en el Altar.

Él sentía constantemente la proximidad de su presencia y se dirigía a ella con nombres más familiares y no ahorró ningún esfuerzo en inducir a otros a que invocaran su intercesión en sus necesidades de cuerpo y alma.

A menudo decía: *"Hijos míos, santa Filomena tienen gran poder con Dios, y ella tiene, por otra parte, un corazón buenísimo; roguemos a ella con confianza. Su virginidad y generosidad en el abrazo de su martirio heroico la han hecho tan agradable a Dios que Él nunca rechazará cualquier cosa que ella le pida para nosotros".* Se decía que el Cura de Ars hacía todo por ella y santa Filomena hacía todo por él.

El último encuentro

Un día, Juan María Vianney había dicho desde el púlpito: *«Hermanos, conozco a una persona que sabe muy bien aceptar las cruces, incluso las cruces más pesadas, y que las lleva con gran amor.* ***¡Esa persona, hermanos míos, es la señorita Jaricot, de Lyon!»***.

Después de rezar durante mucho tiempo, Paulina decidió consagrar su fortuna a la creación de un centro industrial en el que un trabajo regulado con prudencia y retribuido con justicia permitiera que Jesús reinase en los corazones. Aprovechando una ocasión favorable, construyó las bases de una empresa que fue para ella un auténtico calvario desde 1841 hasta su muerte; es decir, durante veinte años. Para el lanzamiento de la empresa, Paulina confió a personas que le habían sido recomendadas la suma de 700.000 francos-oro. En un principio, la empresa parecía funcionar de manera satisfactoria, pues los informes que se presentaban eran optimistas. Pero los hombres de negocios en los que ella había confiado desviaron los capitales en provecho propio. *«Caí en manos de unos ladrones –escribe–, como el hombre que bajaba de Jerusalén a Jericó».* Paulina perdió su fortuna y se halló hipotecada por las deudas y acosada por los acreedores. En esa dramática situación, su preocupación se dirigió en primer lugar hacia los numerosos pobres que le habían prestado pequeñas cantidades de dinero para la fábrica; estaba firmemente dispuesta a devolvérselo para evitar que cayeran en la miseria, y, con ese objetivo, tomó la decisión de pedir limosna. Pero ese asunto le costó su reputación. En febrero de 1855 hubo de inscribirse como pobre en la oficina de beneficencia de su parroquia.

Marzo de 1859. Dos mujeres pidieron entrevistarse con el santo Cura de Ars. Una de ellas era Paulina María Filomena Jaricot. Habían hecho el viaje bajo la nieve, azotadas por el cierzo y estaban muertas de frío. Para poder hacer un poco de fuego, el reverendo Vianney las recibió en su cuarto y bajó a buscar un poco de paja y algunos troncos. Pero la leña estaba húmeda y la llama se extinguió. *"Le ruego, le decía Paulina, que no intente más aliviarme el frío; ya estoy acostumbrada a él. Caliente mi pobre alma con alguna centellas de fe y de esperanza".*

El Santo cura consoló como mejor pudo a aquella alma tan probada y por medio de la cual tan grandes cosas había hecho Dios. Pero la entrevista fue breve. Los peregrinos asediaban la casa parroquial y llamaban a su confesor. El cura de Ars regaló a Paulina[60] una crucecita de madera –muda lección de conformidad con la voluntad de Dios– y se alejó después de haber dado la bendición a las dos mujeres, que se habían puesto de rodillas.

---

60 Paulina Jaricot, seis años antes de su muerte, había redactado un testamento espiritual donde puede leerse lo siguiente: *"¡Mi único tesoro es la Cruz! Al abandonarme en Ti, Señor, me adhiero a mi verdadera felicidad, y tomo posesión de mi único bien verdadero. Qué me importa, pues, oh voluntad amada y amable de mi Dios, que me quites los bienes terrenales, la reputación, el honor, la salud o la vida, que me hagas descender mediante la humillación hasta el pozo y el abismo más profundo... Acepto tu cáliz. Reconozco que soy del todo indigna, pero sigo esperando de Ti el socorro, la transformación, la unión y la consumación del sacrificio para tu mayor gloria y la salvación de mis hermanos".*
En 1862, después de haber perdonado generosamente a todos los que la habían estafado y hecho sufrir, y contenta porque su obra de la **Propagación de la Fe** estaba ya muy extendida, murió santamente y satisfecha de haber podido contribuir eficazmente a favor de las misiones católicas. Entregó su vida al amanecer del 9 de enero de 1862 pronunciando estas palabras *"¡María! ¡Oh Madre mía! ¡Os pertenezco totalmente!".* El 25 de febrero de 1963, san Juan XXIII declaró la heroicidad de sus virtudes, lo que le vale el título de Venerable.

15

LOS HERMANOS
DE LA SAGRADA FAMILIA

Un joven de familia noble llegó de Marsella. Quería confesarse con el Cura de Ars. Se encontró con el Hermano Atanasio, a quien hizo varias preguntas sobre la vida del cura: *"¿Quiere usted decirme, hermano, a qué familia pertenece el Reverendo Vianney, dónde ha hecho sus estudios, en qué medio social ha vivido, qué cargos desempeñó antes de ser destinado a esta parroquia?".*

El Hermano Atanasio le contó que provenía de una familia pobre, que casi no tenía estudios, que no desempeñó cargo alguno antes, etc. Y el Hermano le dice: *"¿Por qué me pregunta usted eso?".*

A lo que el joven caballero contesta: *"Porque me ha encantado la exquisita finura con que me ha recibido. Al entrar en la sacristía, me saludó muy amablemente; me colocó en el reclinatorio, y no se sentó sino después. Terminada la confesión, fue el primero en levantarse, me abrió la puerta, me saludó, y siempre con aquella finísima cortesía, introdujo al penitente que seguía".*

El Hermano Atanasio explicó que el Cura de Ars trataba a todos igual.

A lo que el joven dijo: *"Ya entiendo: es un santo, vive la caridad, que es la fuente de la verdadera educación".*

El Hermano Gabriel Taborin

El Hermano Gabriel[61], que conocía al Cura de Ars solo de oídas, aprovechó una ocasión para ir a verlo. Sabemos que fue durante el año 1837. Llegado al pueblo se mezcló con la gente reunida en la plaza. Terminada la Misa, el santo cura salió de la iglesia rodeado por una multitud. Al pasar delante del fundador de los Hermanos de la Sagrada Familia se dio media vuelta y mirándolo fijamente le espetó:

> –*Buen día, Hermano Gabriel. ¿Cómo anda su pequeña Comunidad?*

> –*¡Pero cómo…!*, responde sorprendidísimo. *¿Usted me conoce?*

> –*¡Oh!* –continúa el párroco, dirigiéndose hacia su casa– ***¡los amigos de Dios siempre se conocen!***"

Desde aquel providencial momento, nació una sincera amistad entre dos almas gemelas. Casi de la misma edad, tenían la misma y profundísima fe en la Eucaristía, la misma sobresaliente sensibilidad por todo lo que respecta a la liturgia y al cuidado de las celebraciones. Generosísimos los dos, se ayudaban mutuamente confiándose sus penas.

> –*Tengo una hernia múltiple que me da un enorme fastidio* –le manda decir el Hermano Gabriel.

---

61 Nació el 1 de noviembre de 1799 en Belleydoux (Ain, Francia). Consciente de las necesidades del momento histórico, participó en la reconstrucción espiritual y cristiana de Francia, trabajando como catequista y maestro al servicio de las parroquias. Enseguida acogió a algunos que deseaban vivir con él en comunidad el mismo ideal. Tras varios intentos, en 1827, Monseñor Alejandro Devie, obispo de Belley, lo animó a seguir en su aspiración de vida religiosa y de apostolado. Poco a poco llegó a definirse y a concretar, abriendo primero en 1829 en Belmont un pensionado y escuela y, más tarde, en 1840 en Belley, abriendo una casa religiosa con el respectivo noviciado. En esos años de búsqueda Mons. Devie le ayudó siendo su director espiritual. La amistad con San Juan María Vianney le confortó. Su ideal de vida religiosa y apostolado brotó de una fe profunda que lo llevaba a una oración constante, a sentir la belleza de la liturgia y a *"toda clase de buenas obras"* en favor de la Iglesia. El papa Gregorio XVI aprobó su Instituto de **Hermanos de la Sagrada Familia** en 1841. El Hermano Gabriel murió en Belley el 24 de noviembre de 1864.

–También yo –responde el Santo– tengo una hernia y temo que tendré que llevarla hasta la tumba. ¡Tú, en cambio, te curarás pronto!

Efectivamente, en poco tiempo el Hno. Gabriel se cura completamente.

El primer panegírico sobre el Cura de Ars

Fue precisamente el Hermano Gabriel el primero que escribió unas notas sobre Juan María Vianney. El Santo lo ayudó con algo de dinero y el Hno. Gabriel decidió pagarle escribiendo un libro de cantos y oraciones para los peregrinos. Como en todas las situaciones, también en Ars la curiosidad corría el riesgo de imponerse al deseo de conversión. Se pensó en un libro que sirviese para el canto y las oraciones y que fuera de gran ayuda para las multitudes de peregrinos. El párroco ni siquiera lo abrió, total estaba seguro del contenido y puso el dinero para los gastos de publicación.

Cuando apareció publicado, en la sacristía, antes de ir para las confesiones, hojeó el libro en sus primeras páginas. Después de algunos renglones, se detuvo de golpe y, dirigiéndose al Hermano Jerónimo, su colaborador, le ordenó:

–¡Llama urgente al Hermano Gabriel!

El rostro del Cura de Ars no esconde el profundo disgusto que tiene:

–Lo que has escrito en el prefacio es absolutamente falso.

–¡Pero si tiene la aprobación del Obispo!, rebate el acusado.

–Has escrito algo que no es cierto... por lo cual te ordeno que quemes todas las copias que hasta ahora hubiera impresas".

Efectivamente, en la presentación de la selección de cantos y oraciones, el Hermano Gabriel había señalado las virtudes extraordinarias del Cura de Ars. Este elogio había herido su humildad como si fuera una ofensa.

–*Tú no quemas nada,* intervino el obispo, monseñor Devie, cuando el Hermano Gabriel le contó lo sucedido.

–*Él habla así porque es un santo*, sentenció el prelado.

La Comunidad de Ars

Sin duda, podemos decir que entre Taborin y Vianney existía una veneración recíproca, *"una simpatía que nacía de la virtud"*. La sintonía era tal, que si algo debe el Hermano Gabriel al Santo Cura de Ars es, sobre todo, la protección incondicional a sus Hermanos y a su institución. Y si el Cura de Ars debe algo al Hermano Gabriel es la presencia humilde, generosa y discreta de los que llamaba *"mis Hermanos"*. El Hermano Gabriel, en el Proceso del Ordinario afirma: *"–Amaba tanto a la Congregación que nos envió cerca de cuarenta postulantes*[62]*"*. Los amaba y los com-

---

62 De los 17 Hermanos que perseveraron en el Instituto de los más de 40 postulantes enviados por el Santo Cura de Ars destacamos a estos dos:

Hermano Bernardo (en el siglo Antonio Mª Berthelier). Por el ejemplo de su hermana, que era una ferviente religiosa y por inspiración de ella, llegada la edad de elegir profesión, fue a consultar al santo Cura de Ars, al cual recurrían ya multitudes de las diversas provincias. El resultado de su encuentro con Mons. Vianney fue que abrazaría la vida religiosa en el Instituto de la Sagrada Familia. Toda su vida conservó el más vivo reconocimiento por el servicio que este sabio director de almas le ofreció en estas circunstancias, y por ello tenía un respeto y un afecto muy particular por el Rvdo. Vianney. Lo invocaba con la mayor confianza y su devoción se extendía a Santa Filomena.

Hermano Bernabé (Juan Pommeur). De familia cristianísima, hacían oración diaria en común. A la edad de elegir un oficio, eligió el de carpintero que ejerció en Cremeaux durante largos años. Conservó los sentimientos religiosos de la infancia y al elegir estado de vida pidió consejo al Santo Cura de Ars, al que acudían los buenos habitantes de su país en muchedumbre. Después de esta visita, abandonó la idea de casarse y pocos días después ingresaba en el noviciado de los Hermanos de la Sagrada Familia, deseoso de consagrar toda su vida al servicio de Dios.

prendía, los apreciaba en su sencillez y no se cansaba de repetirles: *"**Permaneced humildes y sencillos: cuanto más sencillos y humildes seáis, más bien haréis**"*.

El 10 de marzo de 1849 llegaron los tres religiosos para encargarse de la escuela del pueblo y para la parroquia de Ars. Al escoger a los Hermanos de la Sagrada Familia, el cura de Ars, manifestó también la estima personal por el Hermano Gabriel.

Los Hermanos **Atanasio**[63] y **Jerónimo** fueron los dos hermanos que respondieron mejor a las necesidades de la parroquia de Ars. El primero era el director de la escuela de niños y del pensionado, maestro de ceremonias en la iglesia, secretario del párroco y de la alcaldía de Ars. Desempeñaba también las funciones de cantor, catequista, educador en la escuela de adultos y liturgista[64]. El **Hermano Jerónimo**, menos culto que su director, fue el hombre hecho a la medida del Cura de Ars. Fue un sacristán que se ocupaba de todo: cocinero, sastre y jardinero de la pequeña Comunidad. Se consagró al servicio personal de Mons. Vianney, hasta su muerte.

Así nos lo cuenta el Hermano Atanasio: la recepción del Santo Cura fue de lo más alegre. Estaba en el confesionario, eran las 3 de la tarde y salió a atendernos.

---

63 El **Hermano Atanasio** (Jacobo Planche) había nacido en Chalon-sur-Saône (Saône-et-Loire) el 2 de enero de 1825. Era el mayor de una familia de honestos artesanos. Su madre, muy piadosa, le inculcó la fe desde pequeño. Ayudar a Misa era una satisfacción siempre deseada y buscada. A los 15 años el joven entró como empleado en un taller. Tras complejas gestiones consiguió entrar en el Instituto de Hermanos de la Sagrada Familia. Inició el noviciado en Belley en 1841 e hizo los votos perpetuos en 1847. Después de muchos destinos llegó a Ars. Sus superiores decidieron que el Hno. Atanasio era el más indicado para responder a las necesidades del Santo Cura, cuya fama de santidad llenaba toda Francia.

64 El Hermano Atanasio ejerció durante 40 años como Maestro de Ceremonias en la Basílica de Ars. Su sentido litúrgico estaba tan afinado y lo ejercía con tanta precisión y gusto, que Mons. de Langalerie en un retiro pastoral poco después de la introducción de la liturgia romana lo proponía como modelo al clero de su diócesis, llamando al Hermano Atanasio *"ceremonial viviente e impecable"*.

"Prepare pronto un buen almuerzo. Nuestros hermanos, deben de estar hambrientos'", dijo a su Vicario.

"'Yo estaba extrañado de ver un Santo tan alegre, tan abierto. Esperaba encontrarme, como se representa a los santos, a alguien serio, con los ojos levantados al cielo, las manos juntas... en una palabra: no ocupándose de las cosas de acá abajo. Pero mi idea cambió rápidamente a la vista del Santo Cura y su contacto de todos los días'".

Los Hermanos llegaron el sábado y el lunes abrieron las clases. Como no había nada preparado, unos habitantes les proveyeron de los utensilios de cocina, otros de servilletas o de pañuelos, el Sr. de Garets de un pequeño tonel de vino, otro habitante hizo lo mismo, otros trajeron patatas, etc. En Ars estaba todo por hacer: al Hermano Atanasio le fue encargada la secretaría de la alcaldía, por la modesta suma de 50 francos al año.

El Santo Cura manifestó el deseo de extender los beneficios de la educación a las Parroquias rurales de Dombes y Bresse con la creación de un pensionado: *"Evitaremos así que los hijos de nuestros campesinos vayan a los grandes internados, donde después de 2 o 3 años se transforman en señoritos que encuentran que la tierra está muy baja"*. Y al Hermano Atanasio le decía: *"Haga algo acorde al medio, será un servicio para nuestra sociedad, pero nada de lujo, que los hijos de nuestros campesinos permanezcan campesinos"*.

En mayo de 1849 llegó el primer alumno interno de 10 años, de la Parroquia de Jassans. Fue el único durante el primer año. Al año siguiente llegaron otros y hubo que pensar en agrandar la casa, porque ¿qué impresión causaba a los padres que fueran recibidos en la única sala que servía de cocina, de recibidor y sala de Comunidad? Los alientos del Reverendo Vianney no faltaron nunca, pero las ampliaciones resultaban siempre insuficientes, y siempre eran motivo de cuidado y de preocupaciones por la estrechez de recursos.

En 1858 los registros hablan de 62 pensionistas y 40 externos. La muerte del Cura de Ars en 1859 fue motivo no sólo de dolor en toda la población, sino de preocupación. Se creía que todo el movimiento de peregrinación iba a caer completamente; algunas personas malintencionadas hicieron creer que el establecimiento se cerraría[65].

Testigo en la Causa de canonización

El 1 de agosto de 1859, en medio de los problemas que el Hermano Gabriel estaba sufriendo, recibió una carta del Hermano Atanasio: *"Le anuncio una noticia que nos aflige profundamente: desde hace tres días: nuestro santo cura está muy enfermo y guardando cama... Los dos médicos que le atienden afirman que se trata de agotamiento... Nos dicen que si no llegan a aliviarlo, no podrá durar mucho tiempo en este estado".*

---

65 En el año 1860 había 80 alumnos internos. En 1866 contaba 46 pensionistas y 44 externos. Este número de internos llegó hasta 80, lo que obligó a nuevas construcciones con las consiguientes dificultades financieras. Cualquiera que visitaba el pensionado quedaba sorprendido por la alegría que reflejaban los niños en su rostro. El Hermano Atanasio era como el padre de familia que reunía felizmente la bondad y la firmeza. Los niños lo querían y respetaban: la presencia del Hermano era suficiente para que cada uno se dedicara a su deber. Era tan hábil en encontrar el camino de los corazones de los niños hablándoles de sus padres, de la pena que iban a experimentar, de la ofensa que hacían a Dios, que muy pocos se resistían. Esta educación eminentemente cristiana dio los resultados que no tiene jamás una disciplina rígida, que puede hacer ceder los caracteres pero no formarlos. Domar o domesticar no es educar. **El ejemplo y el recuerdo del Santo Cura de Ars,** que siendo niño cuando trabajaba los campos llevaba siempre una pequeña estatua de la Santísima Virgen, a cuya vista cobraba ánimo y no buscaba otra compañía, **inspiró a un alumno que se convirtió en el iniciador de una interesante Congregación de la Santísima Virgen.** Se había conseguido una pequeña estatua de la Virgen, y al comienzo del estudio de la mañana y de la tarde rezaba una breve y fácil oración delante de la estatua escondida en un rincón de su pupitre. Algunos de sus compañeros se dieron cuenta y comenzaron a imitarlo. Fue el principio de una especie de asociación compuesta de 12 miembros y 15 postulantes. Por la mañana y por la tarde debían recitar una pequeña oración compuesta por "el fundador", que murió a los 16 años piadosamente: agradecía a Dios y consolaba a su madre que lloraba a su lado. *"Le agradezco, Hermano, –decía al Hno. Atanasio– todo el bien que me ha hecho".* Esta piadosa asociación contribuyó poderosamente a mantener el buen espíritu del que hemos hablado.

El 3 de agosto el Hermano Gabriel, sin esperar nuevas noticias, se dirigió a Ars, pero no llegó hasta el final de mañana del 4. Pero era ya demasiado tarde para hablar por última vez con el Santo Cura. Había muerto a las dos de la mañana, en los brazos del Hermano Jerónimo. Sus últimas palabras antes de morir fueron: "*¡Hermano Jerónimo!*".

El Hno. Atanasio fue uno de los principales testigos en la causa de beatificación del Rvdo. Vianney. Había escrito una memoria de unas 40 páginas para usarla en la declaración, pero Monseñor de Langalerie, que presidía el tribunal, tomó el cuaderno e invitó al Hno. Atanasio a hablar de memoria sin esta ayuda. El Rvdo. Ball, postulador de la causa, al ir a Roma tuvo la bondad de llevar con él a los Hermanos Amadeo y Atanasio. Fue un favor que agradeció hasta el final de sus días. Veinte años más tarde, el mismo Hermano Atanasio debía rehacer la peregrinación a la Ciudad Eterna por una circunstancia bien emotiva: *la beatificación de aquel que había sido su compañero y que le había demostrado tanto cariño durante su vida.* Cuando la cortina dejó ver el retrato del Bienaventurado encima de la confesión de San Pedro y pudo contemplar en la gloria en medio de una luz difusa a aquel que había huido siempre de los honores, no pudo retener las lágrimas.

Entonces recordó los diez años en que fue secretario del santo Cura de Ars, compartiendo esta tarea con Catalina Lassagne y con el Reverendo Toccanier. Recordó el día en que el Rvdo. Vianney le pidió que redactara la solicitud del cambio de su Vicario, el Rvdo. Raymond... y cómo cuando le presentó el escrito en un día de Viernes Santo se expresó así: "*¡Bah!... Nuestro Señor llevó una Cruz más pesada que la mía*". Y rompió la nota detrás del confesionario.

El Hermano Atanasio fue la memoria viviente del Santo Cura de Ars y contribuyó a mantener entre los hombres y los niños el espíritu y las tradiciones del Santo. En los últimos momento de su vida exclamaba: "*Se muere tranquilo cuando se ha vivido bien...*"

16
4 DE AGOSTO DE 1859

Hasta el último momento...

Julio de 1859[66]. Pasan las doce del mediodía. Un sacerdote toca a la puerta de la casa parroquial. Tiene expresión enérgica, sotana gastada: es el Padre Julio Chevalier[67]. Tiene 35 años de edad. Un amigo lo ha llevado a hacer una peregrinación a la Salette, y quiso, cueste lo que cueste, llegar hasta Ars. Necesita consejo, estímulo: ¿quién mejor que el santo cura, cuya fama es conocida en Francia entera, podría dárselos?...

Cinco años antes, Julio Chevalier ha fundado una pequeña congregación, en Issoudun, con un gran propósito y la certeza de que tiene que cumplir una misión esencial: dar a conocer a los hombres que Dios es amor. No rechaza ningún apostolado, o mejor dicho acepta todo de antemano, pero su fin es más gran-

---

66 Padre Jean Tostain, msc, ***El Padre Julio Chevalier, ¿Quién es?,*** (Issoudunn, Francia, 1995). Traducido al español por el P. Raymundo Savard, msc.

67 El Padre **Julio Chevalier** nació en Richelieu (Turena, Francia), el 15 de marzo de 1824. En sus estudios de seminario descubrió la espiritualidad del Sagrado Corazón. Espiritualidad que está centrada en el amor misericordioso de Dios a los hombres. Ordenado sacerdote el 14 de junio de 1851, dedicará toda su vida a extender el conocimiento del Corazón de Cristo, remedio para los males de los tiempos, entre ellos la indiferencia y el egoísmo. En Cristo-Amor descubrió su compasión, su preocupación por la humanidad. Su propia sensación de impotencia desaparecía con la sensación de que estaba llamado a trabajar como instrumento salvífico de Cristo. Para Julio Chevalier, la devoción al Sagrado Corazón era el compendio de toda la vida cristiana. El Corazón de Cristo representa toda su persona, su Amor por los hombres. Lo que más le atraía de Cristo era su compasión por la humanidad, su misericordia, su valor y fortaleza, la figura del Buen Pastor... Muy anciano, murió el 21 de octubre de 1907 en Issoudun (Indre, Francia), en una casa prestada, puesto que había sido expulsado de la suya por el Gobierno anticlerical francés. Su lema expresa muy bien su actitud: "***Amado sea en todas partes el Sagrado Corazón de Jesús***".

de: ***decir a los hombres que Dios les ama, decirlo en todas partes, decirlo a todos...***

Su obispo lo apoyó, pensando que debía estimular todas las buenas voluntades, y que la diócesis no podía sino aprovechar un nuevo centro que irradiaría en toda la región. Pero, después de cinco años, ¡la "Congregación" de los "Misioneros del Sagrado Corazón" contaba sólo con dos miembros! Los resultados tangibles no parecen responder a las expectativas. Se habla de confiar a los dos sacerdotes la parroquia de Issoudun, y minimizar ese proyecto de familia religiosa que no llega a concretizarse.

Nadie contesta al timbre. Indeciso, Julio Chevalier toca otra vez... Se oye el ruido de un paso precipitado, y la puerta se abre con violencia. Un sacerdote muy enojado se hace presente. Al ver que el que ha tocado el timbre es un sacerdote no lo apacigua, todo lo contrario. "*–No podía ser más que un sacerdote para ser tan sinvergüenza... El Señor Cura no recibe...*" Y da un portazo. Juan María Vianney, el humilde Cura de Ars, parece bien protegido ahora. El P. Chevalier se va, triste por haber fallado en su diligencia...

Pero no tiene tiempo de ir muy lejos... Una voz lo llama:

"*–¡Señor cura, Señor cura!*"

Es el mismo sacerdote de antes:

"*–Excúseme, se lo ruego, por mi mal humor. Pero nos molestan tanto... Entre... Es un momento... Espere que el Sr. Cura podrá recibirlo. Estaba muy cansado, pero a lo mejor...*"

¡Qué cambio tan brusco! Con toda seguridad, el reverendo Vianney oyó la negativa e insistió para recibir al visitante importuno. Está siempre a disposición de todos.

Por una puerta aparece Juan María Vianney con su sobrepelliz sobre el brazo: va a confesar como lo hace todos los días hasta 18 horas al día. Pálido, demacrado, los ojos muy vivos hundidos en sus órbitas... Muy emocionado, el P. Chevalier le explica todo lo referente a su pequeña fundación y del fin que se propone. El Cura de Ars, tras escucharle atentamente, contesta:

"–¡Esta obra es la obra de las obras! ¡Tenga confianza! Usted se encuentra en el comienzo nada más de sus pruebas. Ud. verá muchas más... El infierno utilizará todos sus recursos para destruir su obra, llamada a salvar muchas almas... Pero el Corazón de Jesús y su buena Madre intervendrán..."

Julio Chevalier está emocionado, convencido, reconfortado. Retoma la palabra para pedir al santo Cura que haga con él una novena. Es la costumbre del P. Chevalier: cada vez que se encuentra en un momento importante, que tiene que tomar una decisión, hace una novena. El Cura de Ars se lo promete, hará la novena. Julio Chevalier regresa a Issoudun revigorizado. Algunos días después, se entera de la muerte de Juan María Vianney. Nuestro santo continúa la novena en el cielo. Y como ha entrado en la eternidad donde el tiempo ya no corre, la novena durará hasta el fin de los siglos. ¡Dichosos Misioneros del Sagrado Corazón!

El encuentro de esos dos apóstoles –el uno "acabando la carrera", como decía san Pablo, y el otro entrando en ella– es el encuentro de dos generaciones de sacerdotes que re-evangelizaron a Francia lastimada por la tormenta de la Revolución. La primera, con pocos recursos, ha querido salvar y restablecer lo esencial. La segunda emprendió una tarea en profundidad, con una gran preocupación por la apertura al mundo.

La muerte de un santo

El mes de julio de 1859 fue extremadamente caluroso, los peregrinos se desmayaban en grandes cantidades, pero el santo permanecía en el confesionario. El viernes 29 de julio, fue el último en el que apareció en la iglesia. Esa mañana entró en el confesionario como a la una de la madrugada. Pero después de haberse desmayado en varias ocasiones, le pidieron que descansara. A la once, impartió la clase de catecismo por última vez. Esa noche con mucha dificultad pudo arrastrarse hasta su cuarto. El Hno. Jerónimo le ayudó a subirse a su cama, pero el santo le pidió que le dejase solo.

Una hora después de medianoche, aproximadamente, pidió ayuda: *"Es mi pobre fin, llamen a mi confesor"*. La enfermedad progresó rápidamente. En la tarde del 2 de agosto recibió los últimos sacramentos: *"Qué bueno es Dios: cuando ya nosotros no podemos ir más hacia Él, Él viene a nosotros"*.

Veinte sacerdotes con velas encendidas escoltaron al Santísimo Sacramento, pero el calor era tan sofocante que tuvieron que apagarlas. Con lágrimas en los ojos dijo: ***"Oh, qué triste es recibir la Comunión por última vez"***.

En la noche del 3 de agosto llegó su obispo. El santo lo reconoció pero no pudo decir palabra alguna. Hacia la medianoche el fin era inminente. A las dos de la madrugada del sábado 4 de agosto de 1859, cuando una tormenta azotaba el pueblo de Ars, el Reverendo Monnin leía estas palabras: *"Que los santos ángeles de Dios vengan a su encuentro y lo conduzcan a la Jerusalén celestial"*, el Cura de Ars encomendó su alma a Dios.

Entonces se supo todo

Todo lo que había hecho, poco a poco, se fue conociendo. Entre un tumulto de lamentaciones y de sollozos, hubo una inmensa cosecha de testimonios. Los cuerpos que había curado, las almas que había salvado, las obras que había fundado, las vocaciones que había guiado. Todos quisieron atestiguar el inagotable beneficio que habían recibido.

En el gran cuadro de Paul Borel que representa al Santo Cura de Ars en el umbral de la puerta de la sacristía, indicando a los pecadores que se acerquen, el soplo que agita e hincha sus ropas, expresa maravillosamente la corriente de amor que suscitaba su simple aproximación.

Las exequias se habían señalado para el sábado 6 de agosto. La inmensa muchedumbre que siguió sus restos a través de las calles de Ars –trescientos sacerdotes y religiosos y seis mil fieles– quedó aturdida ante la presencia del cuerpo del santo sacerdote. Cuando apareció el féretro, hubo un silencio tan hermoso y una reverencia tan profunda que se tuvo la impresión de que la muchedumbre no lloraba a un hombre... no se conducía el cuerpo sin vida de Juan María Bautista Vianney a la tumba, sino al triunfo.

Diez días más estuvo expuesto el cuerpo, en la capilla de San Juan Bautista, esperando los permisos para inhumarlo en la iglesia parroquial. La víspera, día de la Asunción, Monseñor Langalerie envió este discurso impreso, en forma de carta circular, a todo el clero de Belley.

> *¡Cuántos años hace, y quizás cuántos siglos, que el mundo no ha presenciado una existencia sacerdotal en condiciones semejantes, tan fructuosa, tan santa, tan constantemente ocupada, consagrada y gastada en el servicio de Dios!... Toda Francia ha perdido un sacerdote que era su honor, y a quien acudían en demanda de consulta fieles de todas las provincias.*

> *Ánimo, siervo bueno y fiel, entra en el gozo de tu Señor; es decir: tu jornada ha terminado; has trabajado ya bastante; ven, he aquí la recompensa y el premio de tus obras... Y que todos sepan, querido y venerado Cura, que el día más feliz y más deseado de mi episcopado será aquel en el cual la voz inefable de la Iglesia me permita proclamar solemnemente y cantar en tu honor: "Euge serve bone et fidelis intra in gaudium Domini tui"*

Ese mismo día, 14 de agosto de 1859, el cuerpo del Santo Cura de Ars, como ya en vida se le conocía, fue depositado en el centro de la nave. Sobre ella se puso una lápida de mármol negro en la que se grabaron en forma de cruz un cáliz y esta sencilla inscripción: *"Aquí yace Juan-María-Bautista Vianney, Cura de*

Ars". Los restos del Siervo de Dios habían de descansar allí por espacio de cincuenta y cinco años.

El 21 de noviembre de 1862, el Obispo de Belley, Monseñor Pedro Gérault de Langalerie, con gran alegría de todos los fieles, instituía el tribunal eclesiástico cuyo cometido era examinar la vida, las virtudes, los milagros y los escritos del Siervo de Dios. Entonces comenzó el llamado *Proceso Diocesano*, durante el cual se celebraron doscientas sesiones y se recogieron las declaraciones de sesenta y seis testigos. Se cerró este proceso el 6 de marzo de 1865. Algunos días más tarde, monseñor Langalerie llevaba toda la documentación a Roma.

El Concilio Vaticano I, la guerra franco-prusiana y la invasión de Roma por parte de las tropas piamontesas, retrasaron la Causa. Finalmente, a partir del 3 de octubre de 1872 se le otorga el título de Venerable.

Al acercarse la beatificación fue exhumado el cuerpo del Venerable Vianney. Cuando a los ancianos de Ars, que habían conocido al Santo Cura, se les mostró el cuerpo con una mascarilla de cera (pues aunque se distinguía bien el rostro era lo más deteriorado) exclamaron derramando lágrimas: *"¡Ah, es él!"*.

Fue beatificado en 1904 y canonizado el 31 de mayo de 1925.

Si se escribieran todas las cosas

Creo que no es exagerado utilizar la expresión joánica referida al Mesías.: *"Hay además otras muchas cosas que hizo Jesús. Si se escribieran una por una, pienso que ni todo el mundo bastaría para contener los libros que se escribieran"* (Jn 21, 25).

Bien queridos amigos, al llegar al final de la vida del Santo Cura de Ars, muchas cosas se quedan sin decir. Sobre todo muchos personajes podían haber seguido jalonando la historia de estas páginas: el reverendo **Luis Beau**, cura de Jassan, que fue confesor del reverendo Vianney desde 1846; **Juana María**

Chanay, convertida por el Cura de Ars y que trabajó de cocinera en *"La Providencia"*; los habitantes del castillo de Ars: primero la señorita de Ars, doña **Ana-Colomba Garnier des Garets**, y a su muerte **Claudio Prosper Conde des Garets de Ars**, primo lejano, que vendría a vivir al castillo y llegaría a ser alcalde de Ars de 1838 a 1879; el **reverendo Alfredo Monnin**, que fue a ayudar varias veces durante algunos meses al Cura de Ars hacia el final de su vida, y que escribió la primera vida oficial que tuvo un gran éxito; el **reverendo Antonio Raymond**, vicario de 1845 a 1853, y que tanto hizo sufrir al reverendo Vianney; o, el **reverendo José Toccanier**, que sustituyó como vicario a Raymond desde 1853 y que llegaría a ser sucesor del Santo Cura de Ars.

La actualidad del Santo Cura de Ars resulta aplastante... La Iglesia está necesitada, en primer lugar, de santos. Ahora bien, las exigencias del sacerdocio siguen siendo las mismas. Él supo resumir en su persona lo que constituye y constituirá siempre la esencia misma de un sacerdote. Y, como escribe Michel de San Pierre[68] en su ***Vida prodigiosa del Cura de Ars***, me regocija repetir hoy con toda certeza la afirmación que sostuve con un padre jesuita, que afirmaba:

"–Hoy harían falta al menos diez curas de Ars".

A lo que repuse *–¡Uno sólo nos bastaría!*

---

68 Michel de Saint Pierre, ***La vida prodigiosa del Cura de Ars*** en el prefacio (Madrid 2008).

SEGUNDA PARTE

SANTO PROPUESTO COMO MODELO POR LOS PAPAS. DESDE PÍO XI HASTA FRANCISCO

8 de enero de 1905

Angelo Giuseppe Roncalli[69], que había sido ordenado sacerdote el 10 de agosto de 1904, asistía en la Basílica de San Pedro de Roma a la **beatificación de Juan María Bautista Vianney**. Con profunda emoción, aquel día fue cautivado por tan admirable figura sacerdotal que el papa **Pío X** proponía a todos los pastores de almas y al que nombraba *"patrono de los sacerdotes de Francia"*.

Días atrás, el 5 de enero, el Papa había nombrado obispo de Bérgamo a Giacomo María Radini Tedeschi. Y éste le había pedido al joven Roncalli que fuera su secretario. Consagrado semanas después, el 29 de enero, en la Capilla Sixtina, aquel gran obispo que, fue para Roncalli un verdadero padre y un auténtico maestro, le pidió a principios de ese 1905 que le acompañara como peregrino a Ars, la modesta aldea que su Santo Cura hizo para siempre tan célebre.

San Pío X exigió a los que se disponían a edificar una basílica en Ars en honor del beato Juan María, que conservasen intacta la iglesia como él la había dejado. Así los peregrinos, cuando accediesen al nuevo templo, podrían después estar en verdad en la parroquia donde el modélico sacerdote se entregó a sus fieles, como si de un precioso joyero se tratase.

31 de mayo de 1925

Por una nueva disposición de la Providencia, meses después de la ordenación episcopal de Angelo Roncalli, el papa **Pío XI canonizaba**, el 31 de mayo de 1925, **al Cura de Ars.** En su homilía se complacía el Pontífice en describir *"la grácil figura corpórea de Juan Bautista Vianney, resplandeciente la cabeza con una especie de blanca corona de sus largos cabellos, su cara menuda y demacrada por los ayunos, de la que de tal modo irradiaban la inocen-*

---

69 San Juan XXIII, *Sacerdotii Nostri Primordia*, encíclica con motivo del centenario de la muerte del Santo Cura de Ars. Publicada el 1 de agosto de 1959.

cia y la santidad de un espíritu tan humilde y tan dulce, que las muchedumbres, ya desde el primer momento de verle, se sentían arrastradas a saludables pensamientos".

Luego, el 3 de junio de 1925, el Papa recibía en audiencia a dos mil peregrinos franceses tras la canonización de san Juan María Bautista Vianney y les exhortó así: *"Que cuantos justamente le admiran, le correspondan con la imitación, para que no se retrasen en imitar aquello que gozan en glorificar"*.

23 de abril de 1929

La medida de la importancia de lo que podemos llamar un "magisterio espiritual" en el papa **Pío XI** lo da el gran número de beatificaciones y canonizaciones que llevó a cabo durante su pontificado[70]. También el hecho de que llamara a santa Teresita del Niño Jesús, *"la estrella de mi pontificado"* y que llevara, igualmente, a los altares a **dos de los santos que más han influido en la espiritualidad sacerdotal**: **San Juan María Bautista Vianney** y **san Juan Bosco**. Algún autor ha destacado cómo Pío XI elaboró una didáctica de la santidad a través de los discursos de canonización y beatificación. Algunas de las más significativas canonizaciones las hizo coincidir con varios de los jubileos que jalonaron su pontificado (1925, 1929, 1933), como un modo de lograr mayor eco.

Así, el 23 de abril de 1929, firmaba la Carta Apostólica *Anno Iubilari*, por la que proclamaba al Santo Cura de Ars **patrono de todos los párrocos del mundo.**

16 de marzo de 1946

El papa **Pío XII**, el 16 de marzo de 1946, durante un *Discurso sobre la predicación y la vida pública*, propuso a este humilde

---

70 En total, Pío XI realizó 42 beatificaciones con 496 beatos y seis canonizaciones con 33 santos; el mayor número de beatificaciones de la historia de la Iglesia hasta el papa Juan Pablo II.

cura de pueblo como modelo para los predicadores de la Ciudad Eterna: *"El Santo Cura de Ars no tenía ciertamente el genio natural de un Segneri o de un Bossuet, pero la convicción viva, clara, profunda de que estaba animado, vibraba, brillaba en sus ojos, sugería a su fantasía y a su sensibilidad ideas, imágenes, comparaciones justas, apropiadas, deliciosas, que habrían cautivado a un San Francisco de Sales. Tales predicadores conquistan verdaderamente a su auditorio. Quien está lleno de Cristo no encontrará difícil ganar a los demás para Cristo".*

Más adelante, en otra ocasión, afirmó que el admirable ejemplo del Santo Cura de Ars seguía conservando todo su valor.

26 de octubre de 1947

Hace menos de un año que el joven sacerdote polaco **Karol Wojtyla** ha sido ordenado sacerdote. Enseguida sus superiores le han mandado a Roma para graduarse en estudios teológicos y durante los descansos académicos, Wojtyla aprovecha para conocer Italia. En la Pascua de 1947, visitó san Giovanni Rotondo, en el sur, y se confesó con el famoso y estigmatizado capuchino padre Pío de Pietralcina, del que dirá: *"era un confesor muy simple, claro y breve"*. La mayor impresión causada por el padre Pío en el joven sacerdote polaco fue durante la Misa, en la cual, el Padre Pío sufrió físicamente.

En una ocasión regresando de Bélgica a Roma, tuvo la suerte de detenerse en Ars. Era a **finales del mes de octubre de 1947**, el domingo de Cristo Rey. Con gran emoción visitó la vieja iglesita donde San Juan María Vianney confesaba, enseñaba el catecismo y predicaba sus homilías. Fue una experiencia inolvidable. Como tantos, desde los años del seminario, había quedado impresionado por la figura del Cura de Ars, sobre todo por la lectura de su biografía escrita por monseñor Trochu.

Wojtyla estaba sorprendido, *"en especial porque en San Juan María Vianney se manifiesta el poder de la gracia que actúa en la pobreza de los medios humanos"*. Quedó profundamente impresionado; en particular, por su heroico servicio en el confesionario[71].

Del encuentro con su figura llegará a la convicción de que el sacerdote realiza una parte esencial de su misión en el confesionario, por medio de aquel voluntario "***hacerse prisionero del confesionario***". Luego, siendo Papa, escribirá: "*Muchas veces, confesando en Niegowic, en mi primera parroquia, y después en Cracovia, volvía con el pensamiento a esta experiencia inolvidable. He procurado mantener siempre el vínculo con el confesionario*".

1 de agosto de 1959

El 28 de octubre de 1958, el cardenal Roncalli, Patriarca de Venecia, es elegido Sumo Pontífice de la Iglesia Católica, y toma el nombre de Juan XXIII. Antes de su primer año de Papa, con motivo de cumplirse cien años de la muerte de san Juan María Bautista Vianney, se dirige a los sacerdotes del mundo entero a través de la encíclica ***Sacerdotii Nostri Primordia***, en donde narra cómo, desde el principio, su vida sacerdotal estuvo vinculada al Santo Cura de Ars. Allí podemos leer:

"Hablar de san Juan María Vianney es recordar la figura de un sacerdote extraordinariamente mortificado que, por amor de Dios y por la conversión de los pecadores, se privaba de alimento y de sueño, se imponía duras disciplinas y que, sobre todo, practicaba la renuncia de sí mismo en grado heroico. Si es verdad que en general no se requiere a los fieles seguir esta vía excepcional, sin embargo, la Providencia divina ha dispuesto que en su Iglesia nunca falten

---

71 San Juan Pablo II, ***Don y misterio*** (1996). "*Este humilde sacerdote, que confesaba más de diez horas al día, comiendo poco y dedicando al descanso apenas unas horas, había logrado, en un difícil período histórico, provocar una especie de revolución espiritual en Francia y fuera de ella. Millares de personas pasaban por Ars y se arrodillaban en su confesionario. En medio del laicismo y del anticlericalismo del siglo XIX, su testimonio constituye un acontecimiento verdaderamente revolucionario*" (cap. 5).

pastores de almas que, movidos por el Espíritu Santo, no dudan en encaminarse por esta senda, pues
que tales hombres especialmente son los que obran
milagros de conversiones. El admirable ejemplo de
renuncia del Cura de Ars, "**severo consigo y dulce
con los demás**," recuerda a todos, en forma elocuente e insistente, el puesto primordial de la ascesis en la
vida sacerdotal" (nº 4).

"Ante todo, observad la pobreza del humilde Cura de
Ars, digno émulo de san Francisco de Asís, de quien
fue fiel discípulo en la Orden Tercera. Rico para dar a
los demás, más pobre para sí, vivió con total despego
de los bienes de este mundo; y su corazón verdaderamente libre se abría generosamente a todas las
miserias materiales y espirituales que a él llegaban.
"*Mi secreto* –decía él– *es sencillísimo: **dar todo y no
conservar nada**". Su desinterés le hacía muy atento
hacia los pobres, sobre todo a los de su parroquia,
con los cuales mostraba una extremada delicadeza,
tratándolos con verdadera ternura, con muchas aten-
ciones y, en cierto modo, con respeto. Recomendaba
que nunca se dejara de atender a los pobres, pues
tal falta sería contra Dios; y cuando un pordiosero
llamaba a su puerta, se consideraba feliz en poder
decirle, al acogerlo con bondad: "**Yo soy pobre como
vosotros; hoy soy uno de los vuestros**". Al final de su
vida le gustaba repetir: "**Estoy contentísimo; ya no
tengo nada y el buen Dios me puede llamar cuando quiera**" (nº 6).

"*En su mirada brillaba la castidad*", se ha dicho del
Cura de Ars. En verdad, quien le estudia queda mara-
villado no sólo por el heroísmo con que este sacerdote redujo su cuerpo a servidumbre, sino también por
el acento de convicción con que lograba atraer tras
de sí a la muchedumbre de sus penitentes. Él conocía,
a través de una larga práctica del confesionario, las

tristes ruinas de los pecados de la carne: *"Si no hubiera algunas almas puras –suspiraba él– para aplacar a Dios... veríais cómo éramos castigados"*.

Esta ascesis (la mortificación) necesaria de la castidad, lejos de encerrar al sacerdote en un estéril egoísmo, lo hace de corazón más abierto y más dispuesto a todas las necesidades de sus hermanos: *"Cuando el corazón es puro –decía muy bien el Cura de Ars–, no puede menos de amar, porque ha vuelto a encontrar la fuente del amor que es Dios"*.

Con Pío XI, consideramos a san Juan Mª Vianney como *"la gloria más pura del sacerdocio católico y como la mejor respuesta a los deseos del Corazón Sacratísimo de Jesús y sus designios sobre el alma sacerdotal"*. En estos designios del amor divino pensaba el Santo Cura de Ars, cuando exclamaba: ***"El sacerdocio, he aquí el amor del Corazón de Jesús"*** (nº 10).

Del espíritu de obediencia del Santo son innumerables los testimonios, pudiendo afirmarse que para él la exacta fidelidad a la "promesa" de la Ordenación fue la ocasión para una renuncia continuada durante cuarenta años. En efecto, durante toda su vida aspiró a la soledad de un santo retiro y la responsabilidad pastoral fue carga demasiado pesada, de la que muchas veces intentó liberarse. Mas su obediencia total al Obispo fue todavía más admirable (nº 11).

Hombre de penitencia, san Juan María Vianney había comprendido igualmente que *"el sacerdote ante todo ha de ser hombre de oración"*. Todos conocen las largas noches de adoración que, siendo joven cura de una aldea entonces poco cristiana, pasaba ante el Santísimo Sacramento.

El tabernáculo de su iglesia se convirtió muy pronto en el **foco de su vida personal y de su apostolado**, de tal suerte que no sería posible recordar mejor la parroquia de Ars, en los tiempos del Santo, que con estas palabras de Pío XII sobre la parroquia cristiana: *"El centro es la iglesia, y en la iglesia el tabernáculo, y a su lado el confesionario: allí las almas muertas retornan a la vida y las enfermas recobran la salud"* (nº 12).

El Santo Cura de Ars conservaba una unión constante con Dios en medio de una vida excesivamente ocupada. Inagotable es cuando habla de las alegrías y de los beneficios de la oración. *"El hombre es un pobre que tiene necesidad de pedirlo todo a Dios". "¡Cuántas almas podríamos convertir con nuestras oraciones!".* Y repetía: *"La oración, ¡esa es la felicidad del hombre sobre la tierra!".* Y los peregrinos que llenaban la iglesia de Ars comprendían que el humilde sacerdote les manifestaba algo del secreto de su vida interior en aquella frecuente exclamación, que le era tan familiar: ***"Ser amado por Dios, estar unido a Dios, vivir en la presencia de Dios, vivir para Dios: ¡cuán hermosa vida, cuán bella muerte!"*** (nº 13).

Quisiera que todos los sacerdotes se dejaran convencer por el testimonio del Santo Cura de Ars de **la necesidad de ser hombres de oración y de la posibilidad de serlo**, por grande que sea el peso, a veces agobiante, de las ocupaciones ministeriales. Más se necesita una fe viva, como la que animaba a Juan María Vianney y que le llevaba a hacer maravillas: *"¡Qué fe* —exclamaba uno de sus compañeros—, *con ella bastaría para enriquecer a toda una diócesis".* "Trabajando continuamente por el bien de las almas, Vianney no olvidaba la suya. Se santificaba a sí mismo, para mejor poder santificar a los demás" (nº 14).

La oración del Cura de Ars, que pasó, digámoslo así, los últimos treinta años de su vida en su iglesia, donde le retenían sus innumerables penitentes, era, sobre todo, una oración eucarística. Su devoción a nuestro Señor, presente en el Santísimo Sacramento del altar, era verdaderamente extraordinaria. Él decía: *"Allí está aquel que tanto nos ama; ¿por qué, pues no habremos de amarle nosotros?"*. Y ciertamente que él le amaba y se sentía irresistiblemente atraído hacia el Sagrario: *"No es necesario hablar mucho para orar bien, explicaba a sus parroquianos. Sabemos que el buen Dios está allí, en el santo Tabernáculo: abrámosle el corazón, alegrémonos de su presencia. Esta es la mejor oración"*. En todo momento inculcaba a los fieles el respeto y el amor a la divina presencia eucarística, invitándoles a acercarse con frecuencia a la santa mesa, y él mismo les daba ejemplo de esta tan profunda piedad: *"Para convencerse de ello* –refieren los testigos– *bastaba verle celebrar la santa Misa, y verle cómo se arrodillaba cuando pasaba ante el Tabernáculo"* (nº 16).

La oración fue, por excelencia, el arma apostólica del joven Cura de Ars (nº 18).

Conviene mostrar en esta encíclica el sentido profundo con que el Santo Cura de Ars, heroicamente fiel a los deberes de su ministerio, mereció en verdad ser propuesto a los pastores de almas como ejemplo suyo y ser proclamado su celestial patrono (nº 19).

A este propósito, puesto que el Santo Cura de Ars cada día estuvo más exclusivamente entregado a la enseñanza de la fe y a la purificación de las conciencias, y porque todos los actos de su ministerio convergían hacia el altar, su vida debe ser proclamada como eminentemente sacerdotal y pastoral. Verdad es que en Ars los pecadores afluían espontáneamente a la iglesia, atraídos por la fama espiritual del pastor, mientras otros sacerdotes han de emplear esfuerzos muy largos y laboriosos para reunir a su grey; verdad es también que otros tienen un cometido más misionero, y se encuentran apenas en el primer anuncio de la buena nueva del Salvador; mas estos trabajos apostólicos y, a veces, tan difíciles no pueden hacer olvidar a los apóstoles el fin al que deben tender y al que llegaba el Cura de Ars cuando en su humilde iglesia rural se consagraba a las tareas esenciales de la acción pastoral (nº 21).

Tal era la experiencia del Cura de Ars. *"La causa de la tibieza en el sacerdocio* –decía él– *es que no se pone atención a la Misa"*. Y el Santo, que tenía esta costumbre de ofrecerse en sacrificio por los pecadores, derramaba abundantes lágrimas pensando en la desgracia de los sacerdotes que no corresponden a la santidad de su vocación.

El Centenario de este admirable sacerdote, que del *"consuelo y fortuna de celebrar la santa Misa"* lograba ánimos para su propio sacrificio, invita a todos los sacerdotes a ello; abrigamos la firme esperanza de que su intercesión les obtendrá abundantes gracias de luz y de fuerza (nº 22).

La vida fervorosa de ascesis y oración, de que os hemos hablado, Venerables Hermanos, manifiesta además **el secreto del celo pastoral** de san Juan María Vianney y **la sorprendente eficacia sobrenatural de su ministerio**... La vida del Cura de Ars confirma una vez más esta gran ley de todo apostolado, fundado en la palabra misma de Jesucristo: *"Sin mí, nada podéis hacer"*.

Es evidente que no se trata aquí de recordar toda la admirable historia de este humilde cura de pueblo, cuyo confesionario durante treinta años se vio asediado por multitudes tan numerosas que algunos espíritus fuertes de la época osaron acusarle de perturbar el siglo XIX; tampoco creemos oportuno tratar aquí de sus métodos de apostolado, no siempre aplicables al apostolado contemporáneo. Nos basta recordar sobre este punto que el **Santo Cura fue en su tiempo un modelo de celo pastoral** en aquella aldea de Francia, donde la fe y las costumbres se resentían todavía de los trastornos de la Revolución. *"No hay mucho amor de Dios en esa parroquia. Usted ya lo introducirá"*, le dijeron al enviarle a ella. **Apóstol infatigable, lleno de iniciativas para ganar a la juventud y santificar los hogares, atento a las humanas necesidades** de sus ovejas, cercano a su vida, solícito en prodigarse sin medida por la fundación de escuelas cristianas y en favor de las misiones parroquiales, **él fue**, en verdad, para su pequeña grey, **el buen pastor que conoce a sus ovejas**, que las libera de los peligros y las guía con autoridad y con prudencia. Sin darse cuenta, tejía tal vez su propio elogio cuando así exclamó en uno de sus sermones: *"Un buen pastor, un pastor según el Corazón de Dios: ved el mayor tesoro que la bondad de Dios puede conceder a una parroquia"* (nº 23).

El ejemplo del Cura de Ars conserva un valor permanente y universal en tres puntos esenciales que proponemos ahora a vuestra consideración.

1. La responsabilidad de Buen Pastor

Lo que primeramente llama la atención es el sentido profundo que él tenía de su **responsabilidad pastoral**. La humildad y el conocimiento sobrenatural que tenía sobre el valor de las almas, le hicieron llevar con temor su oficio de párroco. *"Amigo mío* –confiaba en cierto día a un compañero–, *¡no sabéis lo que es para un párroco presentarse ante el tribunal de Dios!"*. Y bien conocido es su deseo, que tanto tiempo le atormentó, de retirarse a un lugar solitario para llorar allí su pobre vida, y cómo la obediencia y el celo de las almas le hicieron volver cada vez a su puesto.

Pero si en algunos momentos estuvo tan agobiado por la carga que le resultaba excepcionalmente pesada, fue, en verdad, a causa de la idea heroica que tenía de su deber y de su responsabilidad de pastor. "**Dios mío** –oraba en sus primeros años–, **concediendo la conversión de mi parroquia, acepto el sufrir lo que queráis durante todo el tiempo de mi vida**". Obtuvo del cielo aquella conversión. Pero más tarde declaraba él mismo: "*Si cuando vine a Ars hubiese previsto los sufrimientos que me esperaban, en el acto me hubiese muerto de aprensión*". A ejemplo de los apóstoles de todos los tiempos, él veía en la cruz el gran medio sobrenatural para cooperar a la salvación de las almas que le estaban confiadas. Sin lamentarse, por ellas sufría las calumnias, las incomprensiones, las contradicciones; por ellas aceptó el verdadero martirio físico y moral de una presencia casi ininterrumpida en el confesionario, día por día, durante treinta años; por ellas luchó como atleta del Señor contra los poderes infernales; por ellas mortificó su cuerpo. Y bien conocida es la respuesta que dio a un compañero, cuando éste se quejaba de la poca eficacia de su ministerio: "*Habéis orado, habéis gemido y suspirado. Pero ¿habéis ayunado, habéis velado, habéis dormido en el suelo, os habéis disciplinado? Mientras a ello no lleguéis, no creáis haberlo hecho todo*" (n° 24).

Sin dudar nunca de la divina misericordia que viene en ayuda de nuestra debilidad, consideremos a la luz de los ejemplos de san Juan María Vianney su propia responsabilidad. "*La gran desgracia para nosotros los párrocos –deploraba el santo–, es que el alma se atrofia*"; y él entendía por esto un peligroso habituarse del pastor al estado de pecado en que viven muchas de sus ovejas. Y aún más, para mejor seguir en la escuela del Cura de Ars, que *"estaba convencido de que para hacer bien a los hombres es necesario amarles"* (nº 25).

2. La predicación y la catequesis

"Siempre dispuesto a responder a las necesidades de las almas", san Juan María Vianney brilló como buen pastor en procurarles con abundancia el alimento primordial de la verdad religiosa. Durante toda su vida fue predicador y catequista.

Bien conocido es el trabajo ímprobo y perseverante que se impuso para satisfacer plenamente a este deber de oficio, *primum et maximum officium*, según el Concilio de Trento. Sus estudios, hechos tardíamente, fueron laboriosos; y sus sermones le costaron al principio muchas vigilias. Pero ¡qué ejemplo para los ministros de la palabra de Dios! Algunos se apoyarían de buen grado en la poca instrucción de san Juan María, para disculparse a sí mismos de la falta de interés por los estudios. **Mejor sería que imitasen el esfuerzo del Santo Cura** para hacerse digno de un tan gran ministerio, según la medida de los dones que le habían sido conferidos; por otra parte, éstos no eran tan escasos como a veces se anda diciendo, porque *"él tenía una inteligencia muy serena y clara"*. Su Obispo decía de él a algunos de sus detractores: *"No sé si es docto, pero él es claro"*.

Y cuando, al final ya de su vida, su voz debilitada no podía llegar a todo el auditorio, todavía su mirada de fuego, sus lágrimas, sus exclamaciones de amor a Dios, y sus expresiones de dolor ante el solo pensamiento del pecado, convertían a los fieles aglomerados a los pies del púlpito. ¿Cómo no quedar cautivados por el testimonio de una vida tan totalmente consagrada al amor de Cristo? (nº 26).

Hasta su santa muerte, san Juan María Vianney fue de ese modo fiel en instruir a su pueblo y a los peregrinos que llenaban su iglesia, denunciando *"opportune, importune"* el mal bajo todas sus formas; y, sobre todo, elevando las almas hacia Dios, porque *"prefería mostrar el aspecto atrayente de la virtud más bien que la fealdad del vicio"*. Este humilde sacerdote había en realidad comprendido en grado no común la dignidad y la grandeza del ministerio de la palabra de Dios: *"Nuestro Señor, que es la misma Verdad, –decía él– no tiene menor cuidado de su palabra que de su Cuerpo"* (nº 27).

Dios nos recuerda en este Centenario del Cura de Ars el irresistible poder apostólico de un sacerdote que, tanto con su vida como con sus palabras, da testimonio de Cristo crucificado *"non in persuasibilibus humanae sapientiae verbis, sed in ostensione spiritus et virtutis"* (apoyado no en una elocuencia inteligente y persuasiva, sino que era el Espíritu quien con su poder os convencía) (nº 28).

3. El confesionario

Nos queda, finalmente, evocar, en la vida de san Juan María Vianney, aquella forma de ministerio pastoral que le fue como un largo martirio y es su gloria: **la administración del sacramento de la Penitencia,** donde brilló con particular esplendor y produjo frutos muy copiosos y saludables. *"Ordinariamente pasaba unas quince horas en el confesionario. Este trabajo cotidiano comenzaba a la una o dos de la mañana y no terminaba sino de noche"*. Y cuando cayó, agotado ya, cinco días antes de su muerte, los últimos penitentes se apiñaban junto a la cabecera del moribundo. Se calcula que hacia el final de su vida el número anual de los peregrinos alcanzaba la cifra de ochenta mil.

Con dificultad podemos imaginarnos las molestias, las incomodidades, los sufrimientos físicos de estas interminables *"sentadas"* en el confesionario para un hombre ya agotado por los ayunos, mortificaciones, enfermedades, falta de reposo y de sueño. Pero, sobre todo, él estuvo moralmente como oprimido por el dolor. Escuchad este su lamento: *"Se ofende tanto al buen Dios, que vendría la tentación de invocar el fin del mundo. Necesario es venir a Ars, para saber lo que es el pecado... No se sabe qué hacer, nada se puede hacer sino llorar y rezar"*. Se olvidaba el Santo de añadir que también él tomaba sobre sí mismo una parte de la expiación: *"Cuanto a mí* –confiaba a uno que le pedía consejo–, *les señalo una pequeña penitencia y el resto lo cumplo yo en su lugar"*.

Y en verdad que el Cura de Ars **no vivía sino para los pobres pecadores**, como él decía, con la esperanza de verlos convertirse y llorar. Su conversión era el fin al que convergían todos sus pensamientos y la obra en la que consumía todo su tiempo y todas sus fuerzas. Y todo esto porque bien conocía él, por la práctica del confesionario, toda la malicia del pecado y sus ruinas espantosas en el mundo de las almas. Hablaba de ello en términos terribles: *"Si tuviésemos fe y si viésemos un alma en estado de pecado mortal, nos moriríamos de terror"*.

Mas lo acerbo de su pena y la vehemencia de su palabra provienen menos del temor de las penas eternas que amenazan al pecador impenitente, que de la emoción experimentada por el pensamiento del amor divino desconocido y ofendido. Ante la obstinación del pecador y su ingratitud hacia un Dios tan bueno, las lágrimas manaban de sus ojos. *"Oh, amigo mío* –decía–, *lloro yo precisamente por lo que no lloráis vos"*. En cambio, ¡con qué delicadeza y con qué fervor hace renacer la esperanza en los corazones arrepentidos! Para ellos se hace incansablemente ministro de la misericordia divina, la cual, como él decía, es poderosa *"como un torrente desbordado que arrastra los corazones a su paso"* y más tierna que la solicitud de una madre, porque Dios está *"pronto a perdonar más aún que lo estaría una madre para sacar del fuego a un hijo suyo"* (nº 29).

Avalan nuestro llamamiento estas palabras, llenas de sabiduría, de san Pío X: *"Para hacer reinar a Jesucristo en el mundo, ninguna cosa es tan necesaria como la santidad del clero, para que con su ejemplo, con la palabra y con la ciencia sea guía de los fieles"*. Casi lo mismo decía san Juan María Vianney a su Obispo: *"Si queréis convertir vuestra diócesis, habéis de hacer santos a todos vuestros párrocos"* (nº 31).

Y ahora dirigimos nuestra mirada hacia la Virgen Inmaculada. Poco antes de que el Cura de Ars terminase su carrera tan llena de méritos, Ella se había aparecido en otra región de Francia a una joven humilde y pura, para comunicarle un mensaje de oración y de penitencia, cuya inmensa resonancia espiritual es bien conocida desde hace un siglo. En realidad, la vida de este sacerdote cuya memoria celebramos, era anticipadamente una viva ilustración de las grandes verdades sobrenaturales enseñadas a la vidente de Massabielle. Él mismo sentía una devoción vivísima hacia la Inmaculada Concepción de la Santísima Virgen; él, que ya en 1836 había consagrado su parroquia a María concebida sin pecado, y que con tanta fe y alegría había de acoger la definición dogmática de 1854.

También nos complacemos en unir nuestro pensamiento y nuestra gratitud hacia Dios en estos dos Centenarios, de Lourdes y de Ars, que providencialmente se suceden y que tanto honran a la Nación querida de nuestro corazón, a la que pertenecen aquellos lugares santísimos. Acordándonos de los muchos beneficios recibidos y con la esperanza de nuevos favores, hacemos nuestra la invocación mariana que era tan familiar al Santo Cura de Ars: *"¡Sea bendita la Santísima e Inmaculada Concepción de la Bienaventurada Virgen María, Madre de Dios! ¡Que las naciones todas glorifiquen, que toda la tierra invoque y bendiga a vuestro Corazón Inmaculado!"* (nº 35).

29 de enero de 1960

San Juan XXIII, durante el I Sínodo Diocesano de Roma, al dirigirse a las religiosas en la iglesia de San Ignacio de Roma, recoge una hermosa cita de san Juan María Vianney.

El Señor sabe lo que necesitamos. ¡Qué hermosas son las palabras del cura de Ars, san Juan María Vianney, **sobre la oración del alma virgen**!

"Dios contempla con amor —dice— un alma pura y le otorga todo lo que pide. ¿Cómo podría resistir a un alma que vive sólo para Él y en Él? Ella le busca y Dios se manifiesta a ella; ella le invoca y Dios responde; ella forma una sola cosa con Él...; ella está cerca de Dios como un niño junto a su madre" (A. Monnin, **El Espíritu del Cura de Ars**, Roma, 1956, pág. 57-58).

Por lo tanto, queridas hijas, quisiéramos invitaros con paternal insistencia a meditar sobre este punto de la oración, porque no podríais enseñar a hacer oración —y con mucha frecuencia es misión vuestra para ayudar a los padres y a los sacerdotes— si vosotras no la habéis antes aprendido. Tenéis que ser también sobre este punto vigilantes y delicadísimas de conciencia, de manera que no favorezcáis la dispersión de las devociones, cuando es tan necesario aprender no sólo la recitación sino la práctica del *Pater Noster* y del *Credo* apostólico.

16 de marzo de 1986

1986 fue precisamente el año de la celebración del 200 aniversario del nacimiento de san Juan María Vianney. Dicho acontecimiento dio al Episcopado francés la oportunidad de volver a invitar al papa Juan Pablo II a su país. "***La figura del Santo Cura de Ars*** –declaró el Pontífice a su regreso de esta visita en la Audiencia General del 15 de octubre de 1986– *no deja de hablar también al hombre de hoy. Su extraordinaria vida llena de oración y de mortificación, el heroico servicio a la Palabra de Dios y a los sacramentos, especialmente el de la penitencia, continúan siendo un punto de viva referencia para los sacerdotes de la Iglesia contemporánea*". Sin duda, podemos afirmar que san Juan Pablo II hizo de 1986 el año del Santo Cura de Ars. Y lo comenzó escribiendo de él a los sacerdotes del mundo entero en la famosa Carta que ocasión del Jueves Santo cada año les dirigía. Entresacamos los extensos párrafos que el Papa dedicó al Santo Cura de Ars.

> **El ejemplo sin igual del Cura de Ars.** Uno de estos sacerdotes que está muy presente en la memoria de la Iglesia, que será especialmente conmemorado este año en el segundo centenario de su nacimiento es san Juan María Vianney.
>
> **¡Cuántos de nosotros se han preparado al sacerdocio, o ejercen hoy su difícil labor de cura de almas, teniendo a la vista la figura de san Juan María Vianney!** Su ejemplo no debería caer en el olvido. Hoy más que nunca tenemos necesidad de su testimonio y de su intercesión... El Cura de Ars debió afrontar en el siglo pasado dificultades que, posiblemente, tenían otro cariz, pero que no eran menos grandes. Por su vida y por su actividad, él representó, para la sociedad de su tiempo, como un gran reto

evangélico que ha dado frutos de conversión sorprendentes. No dudamos de que nos ofrece todavía hoy ese gran reto evangélico (nº2).

Su voluntad tenaz de prepararse al sacerdocio. El Cura de Ars es, en primer lugar, un modelo de voluntad para los que se preparan al sacerdocio. **Muchas pruebas que encontraría posteriormente habrían podido descorazonarlo**: los efectos de la Revolución, la falta de instrucción en el ambiente rural, la reticencia de su padre, la necesidad de hacer su parte en los trabajos agrícolas, los azares de la vida militar, y, sobre todo, a pesar de su inteligencia intuitiva y su viva sensibilidad, su gran dificultad en aprender y memorizar y, por tanto, de seguir los cursos de teología en latín. Por esta razón, fue apartado temporalmente del seminario de Lyon.

Sin embargo, habiendo comprobado la autenticidad de su vocación, a los 29 años pudo ser ordenado sacerdote. **Por su tenacidad en el trabajo y en la oración, triunfó sobre todos los obstáculos y limitaciones**, como más tarde en su vida sacerdotal lo lograría preparando laboriosamente sus sermones y continuando por la noche la lectura de obras teológicas y de autores espirituales. Ya desde su juventud le movía un gran deseo de *"ganar almas para Dios"* haciéndose sacerdote, y estaba apoyado por el vecino párroco de Ecully, el cual, no dudando de su vocación, tomó a su cargo una parte de su preparación. ¡Qué ejemplo de valentía para aquellos que, actualmente, reciben la gracia de ser llamados al sacerdocio! (nº 3).

Profundidad de su amor a Cristo y a las almas. El Cura de Ars es un modelo de celo sacerdotal para todos los pastores. El secreto de su generosidad se encuentra, sin duda alguna, en su amor a Dios, vivido sin límites, en respuesta constante al amor manifestado en Cristo crucificado. En ello funda su deseo de hacer todas las cosas para salvar las almas rescatadas por Cristo a tan gran precio y encaminarlas hacia el amor de Dios. Recordemos una de aquellas frases lapidarias cuyo secreto bien conocía: «***El sacerdocio es el amor del Corazón de Jesús***». En sus sermones y catequesis se refería siempre a este amor: «***Oh Dios mío, prefiero morir amándoos que vivir un solo instante sin amaros... Os amo, mi divino Salvador, porque habéis sido crucificado por mí... Porque me tenéis crucificado para vos***».

Por Cristo, trata de conformarse fielmente a las exigencias radicales que Jesús propone en el Evangelio a los discípulos que envía en misión: **oración, pobreza, humildad, renuncia a sí mismo y penitencia voluntaria**. Y, como Cristo, siente por sus fieles un amor que le lleva a una entrega pastoral sin límites y al sacrificio de sí mismo. Raramente, un pastor ha sido hasta este punto consciente de sus responsabilidades, devorado por el deseo de arrancar a sus fieles del pecado o de la tibieza. «*Oh Dios mío, concédeme la conversión de mi parroquia: acepto sufrir todo lo que queráis, toda mi vida*» (nº 4).

Frutos sorprendentes y abundantes de su ministerio. Precisamente, en el caso del Cura de Ars, los frutos han sido sorprendentes; un poco como con Jesús en el Evangelio. A Juan María Vianney, que consagra a Jesús todas sus fuerzas y todo su corazón, el Salvador, en cierto modo, le entrega las almas. Y se las confía en abundancia. Su parroquia, que solamente tenía 230 personas a su llegada, será cambiada profundamente. Ahora bien, se recuerda que en aquel pueblo había mucha indiferencia y muy poca práctica religiosa entre los hombres. El Obispo había advertido a Juan María Vianney: «*No hay mucho amor a Dios en esta parroquia; tú lo pondrás*». Pero muy pronto, incluso fuera de su pueblo, el Cura llega a ser el pastor de una multitud que llega de toda la región, de diversas partes de Francia y de otros países. **Se habla de 80.000 personas en el año 1858**. Tienen que esperar a veces muchos días para poder verlo y confesarse. Lo que atrae no es ciertamente la curiosidad ni la misma reputación, justificada por unos milagros y curaciones extraordinarias que el santo trataba de ocultar. Es más bien el presentimiento de encontrar un santo, sorprendente por su penitencia, tan familiar con Dios en la oración, sobresaliente por su paz y su humildad en medio de los éxitos populares, y, sobre todo, tan intuitivo para corresponder a las disposiciones interiores de las almas y librarlas de su carga, particularmente en el confesionario. Si Dios escogió como modelo de pastores a aquel que habría podido parecer pobre, débil, sin defensa y menospreciable a los ojos de los hombres, **Dios lo gratificó con sus mejores dones como guía y médico de almas** (nº 5).

Actividades apostólicas diversas orientadas hacia lo esencial. Juan María Vianney se consagró esencialmente a la **enseñanza de la fe** y a la **purificación de las conciencias**; estos dos ministerios convergían hacia la **Eucaristía**. ¿No habrá que ver en ello, también hoy, los tres polos del servicio pastoral del sacerdote?

El Cura de Ars se las ingeniaba en tomar iniciativas adecuadas a su tiempo y a sus feligreses. Sin embargo, todas sus actividades sacerdotales estaban centradas en la Eucaristía, la catequesis y el sacramento de la reconciliación (nº 6).

El sacramento de la reconciliación. Es, sin duda alguna, su incansable entrega al sacramento de la penitencia lo que ha puesto de manifiesto el carisma principal del Cura de Ars y le ha dado justamente su fama.

El Cura de Ars trataba de formar a los fieles **en el deseo del arrepentimiento**. Subrayaba **la bondad del perdón de Dios**. Toda su vida sacerdotal y sus fuerzas, ¿no estaban consagradas a la conversión de los pecadores? Ahora bien, es en el confesionario donde se manifiesta sobre todo la misericordia de Dios. **Estaba totalmente disponible a los penitentes que venían de todas partes y a los que dedicaba, a menudo, diez horas al día, y a veces quince o más**. Esta era sin duda para él la mayor de su ascesis, un verdadero *"martirio"*; físicamente, por el calor, el frío o la atmósfera sofocante; también sufría moralmente por los pecados de que se acusaban y, más aún, por la falta de arrepentimiento: *«Lloro por todo lo que vosotros no lloráis»*. Además de los indiferentes, a quienes acogía de la mejor manera posible, tratando de despertarlos al amor de Dios, el Señor le concedía reconciliar a grandes pecadores arrepentidos, y guiar hacia la perfección a las almas que lo deseaban. Era, sobre todo en esto, en lo que Dios le pedía su participación en la Redención (nº 7).

La Eucaristía: ofrecimiento de la Misa, comunión y adoración. El Cura de Ars comenzaba generalmente su actividad diaria con el sacramento del perdón. Más él gozaba conduciendo a la Eucaristía a sus penitentes ya reconciliados. La Eucaristía ocupaba, ciertamente, el centro de su vida espiritual y de su labor pastoral. Acostumbraba a decir: *«Todas las buenas obras juntas no pueden compararse con el sacrificio de la Misa, pues son obras de hombres, mientras que la Santa Misa es obra de Dios»*... *«Por tanto, es bueno que el sacerdote se ofrezca a Dios en sacrificio todas las mañanas»*. *«La comunión y el santo sacrificio de la*

Misa son los dos actos más eficaces para conseguir la transformación de los corazones».

De este modo, **la Misa era para Juan María Vianney la gran alegría y aliento en su vida de sacerdote**. A pesar de la afluencia de penitentes, se preparaba con toda diligencia y en silencio durante más de un cuarto de hora. Celebraba con recogimiento, dejando entrever su actitud de adoración en los momentos de la consagración y de la comunión. Con gran realismo hacía notar: *«La causa del relajamiento del sacerdote está en que no dedica suficiente atención a la Misa».*

El Cura de Ars se dejaba embargar particularmente ante la presencia real de Cristo en la Eucaristía. Ante el tabernáculo pasaba frecuentemente largas horas de adoración, antes de amanecer o durante la noche; durante sus homilías solía señalar al Sagrario diciendo con emoción: ***«Él está ahí»***. Por ello, él, que tan pobremente vivía en su casa rectoral, no dudaba en gastar cuanto fuera necesario para embellecer la iglesia. Pronto pudo verse el buen resultado: **los feligreses tomaron por costumbre el venir a rezar ante el Santísimo Sacramento** descubriendo, a través de la actitud de su párroco, el gran misterio de la fe.

Queridos hermanos sacerdotes, el ejemplo del Cura de Ars nos invita a un **serio examen de conciencia**.

– ¿Qué lugar ocupa la Santa Misa en nuestra vida cotidiana?

– ¿Continúa siendo la Misa, como en el día de nuestra Ordenación –¡fue nuestro primer acto como sacerdotes!– el principio de nuestra labor apostólica y de nuestra santificación personal?

– ¿Cómo es nuestra oración ante el Santísimo Sacramento y cómo la inculcamos a los fieles?

– ¿Cuál es nuestro empeño en hacer de nuestras iglesias la Casa de Dios, para que la presencia divina atraiga a los hombres de hoy, que con tanta frecuencia sienten que el mundo está vacío de Dios? (nº 8).

Predicación y catequesis. El Cura de Ars ponía toda su atención en no descuidar nunca el ministerio de la Palabra, absolutamente necesario para acoger la fe y la conversión. Y solía decir: «***Nuestro Señor, que es la verdad misma, no da menos importancia a su Palabra que a su Cuerpo***». Es bien sabido cuánto tiempo consagraba él, sobre todo al principio, a elaborar cuidadosamente **sus predicaciones del domingo**. Más tarde, podía ya expresarse con mayor espontaneidad, con convicción viva y clara, y con comparaciones sacadas de la experiencia cotidiana, tan sugestivas para los fieles. **El catecismo a los niños** constituía igualmente una parte importante de su ministerio, y no era raro ver a adultos que con gusto se unían a los niños para aprovecharse también de aquel testimonio sin par, que brotaba del corazón.

Tenía la valentía de denunciar el mal bajo todas sus formas y sin condescendencias, pues estaba en juego la salvación eterna de sus fieles: «*Si un pastor permanece mudo viendo a Dios ultrajado y que las almas se descarrían, ¡ay de él! Si no quiere condenarse, ante cualquier clase de desorden en su parroquia deberá pasar por encima del respeto humano y del temor a ser menospreciado u odiado*». Esta responsabilidad constituía para él su angustia como párroco. Pero, generalmente, «**él prefería presentar la cara atractiva de la virtud** más que la fealdad del vicio». Y si ponía ante los ojos, a veces incluso llorando, el pecado y sus peligros para la salvación, no dejaba de insistir en la ternura de Dios ofendido, y en la dicha de sentirse amado por Dios, unido a Él y vivir en su presencia (nº 9).

Ministerio específico del sacerdote. San Juan María Vianney viene a darnos una elocuente respuesta a algunos interrogantes sobre la identidad del sacerdote... «*El sacerdote debe estar siempre dispuesto a responder a las necesidades de las almas*», acostumbraba a decir el Cura de Ars. «*Él no es para sí mismo, sino para vosotros*» (nº 10).

Su configuración íntima con Cristo y su solidaridad con los pecadores. San Juan María Vianney no se contentó con el cumplimiento ritual de los actos propios de su ministerio. Trató de **conformar su corazón y su vida al modelo de Cristo**. La oración fue el alma de su vida. Una oración silenciosa, contemplativa; las más de las veces en su iglesia, al pie del tabernáculo. Por Cristo, su alma se abría a las tres Personas Divinas, a las que en el testamento él entregaría «*su pobre alma*». Él conservó una unión constante con Dios en medio de una vida sumamente ocupada. **Y nunca descuidó ni el oficio divino ni el rosario**. De modo espontáneo se dirigía constantemente a la Virgen.

Su pobreza era extraordinaria. Se despojó literalmente en favor de los pobres. Rehuía los honores. La castidad brillaba en su rostro. Sabía lo que costaba la pureza para «*encontrar la fuente del amor, que está en Dios*». La obediencia a Cristo se traducía, para Juan María Vianney, en obediencia a la Iglesia y especialmente a su Obispo. La encarnaba en la aceptación de la pesada carga de párroco, que con frecuencia le sobrecogía.

Pero el Evangelio insiste especialmente en la renuncia a sí mismo, en la aceptación de la cruz... Cuántas cruces se le presentaron al Cura de Ars en su ministerio: **calumnias de la gente, incomprensiones de un vicario coadjutor o de otros sacerdotes, contradicciones, una lucha misteriosa contra los poderes del infierno y, a veces, incluso la tentación de la desesperanza en la noche espiritual del alma**. No obstante, no se contentó con aceptar estas pruebas sin quejarse; salía al encuentro de la mortificación imponiéndose ayunos continuos, así como otras rigurosas maneras de «*reducir su cuerpo a servidumbre*», como dice san Pablo. Mas lo que hay que ver en estas formas de penitencia, a las que, por desgracia, nuestro tiempo no está acostumbrado, son sus motivaciones: **el amor a Dios y la conversión de los pecadores**. Así interpela a un hermano sacerdote desanimado: «*Ha rezado... Ha gemido... Pero ¿ha ayunado, ha pasado noches en vela...?*».

En definitiva, Juan María Vianney **se santificaba para ser más apto para santificar a los demás**. Podría decirse que Juan María Vianney quería, en cierto modo, arrancar a Dios las gracias de la conversión no solamente con sus oraciones, sino también con el sacrificio de toda su vida. **Quería amar a Dios por todos aquellos que no le amaban y, a la vez, suplir en buena parte las penitencias que ellos no hacían**. Era realmente el pastor siempre solidario con su pueblo pecador.

Por todas estas razones, san Juan María Vianney **no cesa de ser un testimonio vivo y actual** de la verdad sobre la vocación y sobre el servicio sacerdotal. Conviene recordar la convicción con la que solía hablar de la grandeza del sacerdocio y de la absoluta necesidad de los sacerdotes. Ellos, al igual que quienes se preparan al sacerdocio y aquellos que recibirán la llamada, necesitan fijar la mirada en su ejemplo para seguirlo. También los fieles, gracias a él, comprenderán mejor el misterio del sacerdocio de sus sacerdotes. **La figura del Cura de Ars sigue siendo actual** (nº 11).

Conclusión para el Jueves Santo. Queridos hermanos, que estas reflexiones reaviven vuestro gozo de ser sacerdotes, vuestro deseo de serlo todavía más profundamente. El testimonio del Cura de Ars contiene aún muchas otras riquezas por profundizar. Volveremos nuevamente, y con mayor amplitud, sobre estos temas con ocasión de la peregrinación que, Dios mediante, tendré la dicha de llevar a cabo en octubre próximo, acogiendo la invitación que los Obispos franceses me han hecho **para celebrar en Ars el segundo centenario del nacimiento de Juan María Vianney**.

Os dirijo esta primera meditación, amados hermanos, en la solemnidad del Jueves Santo. Confiemos nuestro sacerdocio a la Virgen María, Madre de los sacerdotes, a quien Juan María Vianney recurría sin cesar con tierno afecto y total confianza. Para él esto era un ulterior motivo de acción de gracias: «*Jesucristo –decía–, tras habernos dado cuanto nos podía dar, quiere aún dejarnos en herencia lo más precioso que Él tenía: su Santa Madre*» (nº 12).

6 de octubre de 1986 (1)

El papa Juan Pablo II estuvo en Francia en junio de 1980, en agosto de 1983, en octubre de 1986, en octubre de 1988, en septiembre de 1996, en agosto de 1997 –con ocasión de la XII Jornada Mundial de la Juventud de París– y en agosto de 2004. Precisamente, Lourdes fue el destino los días 14 y 15 de agosto de este viaje de Juan Pablo, su 104 y última –hasta agónica– visita apostólica. Meses después fallecía. Octubre de 1986 fue su XXXI viaje apostólico internacional. Durante los tres días que duró la visita, recorrió 2.031 kilómetros y pronunció 35 discursos. Lyon, Annecy, Paray-le-Monial y Ars.

El 6 de octubre de 1986, casi cuarenta años después de la peregrinación del joven sacerdote, Wojtyla regresaba convertido en Sumo Pontífice. El primer acto fue dirigirse a la población de Ars:

"Vengo como peregrino por el II centenario del nacimiento del Cura de Ars, vuestro cura. Personalmente estoy muy golpeado por su mensaje, siempre lo he estado; y por esto vengo hasta aquí como peregrino, para arrodillarme ante esta maravilla de Dios: **los santos son siempre las maravillas de Dios**. Este es el incesante mensaje que Dios nos manda a todos, porque todos estamos llamados a la santidad. Por eso, el Concilio Vaticano II proclama que todos estamos llamados a la santidad; y así, vuestro párroco **san Juan María Vianney** hace este llamamiento no sólo a sus contemporáneos, sino también a sus descendientes, a nosotros, que vivimos después de su muerte.

Estoy muy contento de encontrarme junto a vosotros, aquí en Ars. Mis predecesores declararon a vuestro célebre párroco primero beato, luego santo y patrono de todos los párrocos del mundo. Hoy el Obispo de Roma, sucesor del apóstol San Pedro, se hace peregrino entre vosotros.

Desde la época en que me preparaba al sacerdocio en Cracovia, leía la vida del Cura de Ars. El ejemplo de este sacerdote me reforzaba en el deseo de consagrarme totalmente a la salvación de las almas. Desde entonces no he dejado de pensar en venir a rezar al lugar de su ministerio, a rezar en su sepulcro. Se lo dije a Nuestra Señora en mi primera visita a París. ¡Alabado sea Dios, que hoy me lo concede! (nº 1).

En la época en que Juan María Vianney vino aquí, había apenas 230 habitantes. La modestia de este pueblo, en Dombes, no permitía pensar en la notoriedad de la que goza hoy en día. **Pero un santo ha llegado hasta vosotros**, **manifestando, como sacerdote, todo el amor del Corazón de Jesús**. Y esta parroquia cambió. Ya en 1827, después de nueve años de ministerio, podía decir que *"Ars ya no era Ars"*. *"Una revolución en los corazones"*, decía Catalina Lassagne. La fe, la oración, la vida según el Evangelio dieron una imagen nueva a este pueblo.

Ah, queridos amigos, es esto lo que cualquier párroco del mundo, cualquier obispo, sueña realizar en su propia parroquia, en su propia diócesis, con la gracia de Dios: ¡convertir y conducir libremente a las almas hacia el amor de Dios, que salva y oye favorablemente la más alta aspiración del corazón humano! (nº 2).

Es este un gran día, un día memorable que empieza en Ars. Hoy hemos confluido en Ars todos los seminaristas de Francia, los diáconos, numerosos sacerdotes de Francia y del mundo, con algunos obispos, para meditar juntos sobre el sacerdocio. Puesto que, en las diversas circunstancias de nuestro siglo, **la misión del santo Cura de Ars debe proseguir**, adaptada a las nuevas necesidades espirituales. Nosotros venimos a sacar agua de la fuente del dinamismo de su santidad. Os invito a rezar por nosotros (nº 3).

He querido encontrarme en primer lugar con vosotros, queridos habitantes de Ars y de sus contornos. Vuestra ciudad ha heredado los frutos de un maravilloso ministerio. Cierto que los tiempos han cambiado y la población se ha renovado después de un siglo y medio. Pero estoy seguro de que las familias han quedado marcadas por esta gracia inmensa que ha recibido Ars. Juan María Vianney amó a sus feligreses, se dio totalmente por su bien, como prometió al joven pastor que se encontró cerca de aquí: *"Yo te mostraré el camino del cielo..."*. Él continúa rezando por vosotros. ¡Qué Ars continúe brillando como una luz desde lo alto!" (n° 4).

6 de octubre de 1986 (2)

El mismo Juan Pablo II recordaba días después[72] la naturaleza de este acto. *"La meditación que ante cardenales, obispos, sacerdotes, diáconos y seminaristas, que provenían de toda Francia y también de otros muchos países de varios continentes, desarrollé en* **tres momentos sucesivos**, *alternados con el silencio, la oración cantada y las lecturas, puso de relieve la grandeza de* **la misión insustituible del sacerdote**, *con su identidad específica, su colaboración en la salvación de las almas, mediante la predicación de la conversión, el ministerio de la Reconciliación y la Eucaristía. Frente a las diversas dificultades, indiqué allí los medios para una renovación espiritual, un constante alimento intelectual, una ayuda fraterna, una pastoral misionera, subrayando que las exigencias de los compromisos sacerdotales aseguran libertad y arrojo apostólico. También la formación de los seminaristas y el ministerio de los diáconos fueron objeto de una atención especial. Por lo tanto,* **el sacerdocio ministerial de Cristo** *ha ocupado el centro de la peregrinación a Ars. Ciertamente la temática fundamental de este encuentro inolvidable del 6 de octubre de 1986 se proyectó sobre los sacerdotes, a los cuales rendí solemnemente un* **homenaje de gratitud haciéndoles una apremiante invitación a la fidelidad**, *mientras tenía presentes en la mente y en el corazón* **a los sacerdotes del mundo entero**.

Como en las páginas oficiales el retiro presidido por el Santo Padre y sus intervenciones no aparecen en español, ofrecemos su traducción íntegramente.

I. Cuando más conciencia toma el pueblo cristiano de su propia dignidad, más siente la necesidad de sacerdotes que sean verdaderamente sacerdotes.

---

72 *Audiencia general*, miércoles 15 de octubre de 1986.

Después de la primera lectura, *Jn 20,19-23:*

1. *"Como el Padre me envió, también yo os envío... Recibid el Espíritu Santo".*

Queridos hermanos, es Cristo quien nos elige, nos envía como Él ha sido enviado por el Padre, y nos comunica el Espíritu Santo. Nuestro sacerdocio se enraíza en las misiones de las personas divinas, en su recíproco don en el corazón de la Santa Trinidad. "La gracia del Espíritu Santo... se sigue transmitiendo por medio de la consagración episcopal. Luego, por medio del sacramento del Orden, los Obispos hacen partícipes de este don espiritual a los ministros consagrados". Los sacerdotes participan de esta gracia, así como también los diáconos.

Nuestra misión es una misión de salvación. "Dios no ha enviado a su Hijo al mundo para juzgar al mundo, sino para que el mundo se salve por él" (*Jn* 3, 17). Jesús ha predicado la Buena Nueva del Reino; ha elegido e instruido a sus propios apóstoles; ha llevado a cabo, a través de la cruz y la resurrección la obra de la redención; siguiendo a los apóstoles, nosotros somos asociados de modo particular a su obra de salvación, a fin de hacerla presente y eficaz por todo el mundo. San Juan María Vianney llegaba a decir: **"Sin el sacerdote, la muerte y la pasión de Nuestro Señor no servirían para nada. Es el sacerdote el que continúa la obra de la redención sobre la tierra"** (*"Juan María Vianney, Cura de Ars. Su pensamiento, su corazón"*, recogido por su sucesor Bernard Nodet, Barcelona 1994, pág. 100; de aquí en adelante: *Nodet*). Todo lo que nosotros debemos hacer, no es, por consiguiente, nuestra obra, es el designio del Padre, es la obra de salvación del Hijo. El Espíritu Santo se sirve de nuestro espíritu, de nuestra boca, de nuestras manos. Particularmente es nuestra obligación proclamar incesantemente la Palabra para evangelizar; traducirla de tal modo que toquemos los corazones, sin alterarla ni disminuirla; y repetir el gesto de ofrenda de Jesús en la última Cena, sus gestos de perdón hacia los pecadores.

2. "No es solo una tarea que hemos recibido, una función cualificada para cumplir al servicio del pueblo de Dios. Alguno puede hablar del sacerdocio como de un trabajo, de una función, donde está comprendida la tarea de presidir la reunión eucarística. Pero nosotros no podemos reducirnos a ser funcionarios. Sobre todo porque es en nuestro propio ser en el que, por medio de la ordenación, somos marcados por un carácter especial que nos configura con Cristo Sacerdote para hacernos capaces de obrar en nombre de Cristo cabeza en persona. Es cierto, somos tomados de en medio de los hombres y permanecemos como sus prójimos, "cristianos en medio de ellos", decía san Agustín. Pero nosotros estamos "colocados aparte", absolutamente, consagrados a la obra de la salvación. "El ministerio de los presbíteros, por estar unido con el orden episcopal, participa de la autoridad con que Cristo mismo edifica, santifica y gobierna su cuerpo (*Presbyterorum Ordinis*, 2-3). Ha sido el Concilio Vaticano II el que nos lo recuerda.

Nosotros estamos a la vez en el seno de la asamblea cristiana y al frente de la misma, para mostrar que la iniciativa de la santificación viene de Dios, de la cabeza del cuerpo, y que la Iglesia la recibe. Enviados en el nombre de Cristo, hemos sido por Él santificados específicamente: esto permanece y toca en profundidad nuestro ser de bautizados. El Cura de Ars tenía respecto a este argumento expresiones llenas de significado: "***Dios coloca al sacerdote como otro mediador entre el Señor y el pobre pecador***" (*Nodet*,

99); hoy diremos: él participa de modo específico en la misión del único Mediador, Jesucristo.

Esto comporta una consecuencia en nuestra vida de cada día. Es normal que nosotros busquemos continuamente conformarnos con Cristo, de quien somos ministros, no solo en lo relativo al ministerio, también en nuestros pensamientos, en la adhesión de nuestro corazón, en nuestra conducta, como discípulos que llegan a encarnar los misterios de su vida, como decía el padre Chevrier. Esto evidentemente presupone una verdadera intimidad con Cristo en la oración. Toda nuestra persona y toda nuestra vida hacen referencia a Cristo. *"Imitamini quod tractatis"*. Todos los bautizados están llamados a la santidad, pero nuestra consagración y nuestra misión nos imponen un deber particular de ofrecernos, seamos seculares o religiosos, a través de las riquezas inherentes a nuestro sacerdocio y a las exigencias de nuestro ministerio en el seno del pueblo de Dios.

Ciertamente, los sacramentos deben su eficacia a Cristo y no a nuestra dignidad. Nosotros somos sus instrumentos, pobres y humildes, que no deben atribuirse el mérito de la gracia transmitida, pero instrumentos responsables, y a través de la santidad del ministro, las almas están en mejor disposición para cooperar con la gracia. Vemos exactamente en el Cura de Ars a un sacerdote que no se contentó con cumplir exteriormente los gestos de la redención; él ha participado en su mismo ser, en su amor por Cristo, en la oración constante, en el ofrecimiento de sus pruebas o de sus mortificaciones voluntarias. Lo decía ya a los sacerdotes en Notre Dame de París el 30 de mayo de 1980: ***El Cura de Ars es para todos los países un modelo incomparable, al mismo tiempo de cumplimiento del ministerio y de la santidad del ministro***".

3. Esto significa deciros, queridos amigos, que con derecho podemos admirar el esplendor del sacerdocio ministerial, como también la vocación religiosa, porque aquí hay una cierta relación entre las dos cosas. Conocéis las palabras del Cura de Ars: *"¡Oh! ¡Qué cosa tan grande es ser sacerdote! Si el sacerdote mismo lo comprendiese, se moriría..."* (*Nodet*, 99).

Qué maravilla es, en efecto, ejercitar, como obispos o como sacerdotes, nuestra triple misión sacerdotal, indispensable en la Iglesia:

1) "La de ser anunciador de la buena nueva: hacer conocer a Jesucristo; tratar realmente con él; velar sobre la autenticidad y fidelidad de la fe, para que no se hunda, no sea alterada, ni esclerotizada; y también mantener en la Iglesia el impulso evangelizador, formar en el apostolado.

2) La de ser dispensador de los misterios de Dios: hacerlos presentes de modo auténtico, en particular el misterio pascual a través de la Eucaristía y el perdón; permitir a los bautizados acceder y prepararlos para ello. Los laicos no podrán nunca ser delegados para tales ministerios; es necesaria una ordenación sacerdotal, que permita actuar en nombre de Cristo-Cabeza.

3) La misión propia del pastor: construir y mantener la comunión entre los cristianos, en la comunidad que nos ha sido confiada, junto a las otras comunidades diocesanas, todas en unión con el sucesor de Pedro. Antes de ser designado, en función de sus competencias personales y de acuerdo con su obispo, el sacerdote es en realidad el ministro de la comunión: en una comunidad cristiana que, a menudo, corre el riesgo de desintegrarse o de cerrarse, él asegura al mismo tiempo el encuentro de la familia de Dios y su apertura. Su sacerdocio

le confiere el poder de guiar al pueblo sacerdotal (cf. *Carta del Jueves Santo 1979*, nº 5).

4. La identidad específica del sacerdote aparece así claramente. Por lo demás, después de los debates de los últimos veinte años, es ahora cada vez menos controvertida. Pero el número muy exiguo de sacerdotes y de ordenaciones sacerdotales en muchos países podría llevar a algunos fieles y también a sacerdotes, a resignarse ante esta carencia, con el pretexto de que se ha redescubierto y puesto en práctica el papel de los laicos.

Es verdad que el Concilio ha situado felizmente el sacerdocio ministerial en la perspectiva de la misión apostólica de todo el pueblo de Dios. Ello ha evitado que se produzca el enriquecimiento "de uno mismo", separado de este pueblo. Ha puesto de relieve la tarea primordial de anunciar la Palabra que prepara el camino a la fe y a los sacramentos. Ha vinculado mejor el sacerdocio del sacerdote al del obispo, y ha mostrado su relación con el ministerio ordinario de los diáconos y con el sacerdocio común de todos los bautizados, gracias al cual todos pueden y deben tener acceso a las riquezas de la gracia (adopción filial, vida de Cristo, Espíritu Santo, sacramentos), hacer de su vida una ofrenda espiritual, testimoniar como discípulos de Cristo en el mundo, y asumir su tarea en el apostolado y en el servicio de la Iglesia.

Pero precisamente para que ejerzan plenamente este papel profético, sacerdotal y real, los bautizados necesitan del sacerdocio ministerial, por medio del cual les es transmitido, de modo privilegiado y tangible, el don de la vida divina recibido de Cristo, cabeza de todo el cuerpo. Cuanto más cristiano es el pueblo y más toma conciencia de la propia dignidad y del propio ministerio activo en la Iglesia, más siente la necesidad de sacerdotes que sean verdaderamente sacerdotes.

Y de igual modo, esto sirve para las regiones descristianizadas y para los ambientes sociales alejados de la Iglesia (cf. *Discurso en Notre-Dame de París*, 30 de mayo de 1980, nº 3). Laicos y sacerdotes no podrán nunca resignarse a ver cómo se reduce el número de vocaciones y ordenaciones sacerdotales, como hoy ocurre en muchas diócesis. Esta resignación sería una mala señal para la vitalidad del pueblo cristiano, sería peligrosa para su porvenir y para su misión. Y sería confuso, con el pretexto de afrontar con realismo el futuro próximo, organizar las comunidades cristianas como si pudieran hacer, en gran parte, la labor del ministerio sacerdotal. Preguntémonos, en cambio, si hacemos todo lo posible para reavivar en el pueblo cristiano la conciencia de la belleza y de la necesidad del sacerdocio, para suscitar vocaciones, animarlas y hacerlas madurar.

Soy feliz al saber que en vuestros trabajos por las vocaciones, surgen nuevas iniciativas para impulsar dicha llamada. No nos cansemos de hacer rezar para que el Padre de la mies mande operarios.

Queridos hermanos, seamos sencillos y humildes, porque se trata de una gracia del Señor, recibida para el servicio de los demás, de la cual no somos nunca realmente dignos. El Cura de Ars decía: "***El sacerdote no es para sí, es para vosotros***" (Nodet, 102). Sin embargo, como él, no cesemos nunca de admirar la grandeza de nuestro sacerdocio y de dar gracias en cada instante. Y vosotros podéis, queridos seminaristas, aspirar todavía más, en la alegría y en la esperanza, a este altísimo servicio al Señor y a su Iglesia.

Oración: Señor, como el apóstol Pedro, todos nosotros hemos sentido, en lo profundo de nues-

tra vida, la llamada a dejar las orillas tranquilas para ir lejos; a dejar las redes de un trabajo humano para ser pescadores de hombres. Por medio de la Iglesia, Tú nos has llamado, consagrado, ungido por tu Espíritu, y nos has enviado delante de ti para actuar en tu nombre, al servicio de todos los miembros del pueblo de Dios, para que así reciban cada vez más tu mensaje y tu vida divina. Haz que vivamos incesantemente en acción de gracias y atentos para conformar toda nuestra vida con la santidad de este ministerio. Tú que vives con el Padre y el Espíritu Santo, por los siglos de los siglos.

II. Convertir, sanar, salvar: tres palabras clave de nuestra misión.

Después de la segunda lectura, *1 Cor 9, 16-23 y 2 Cor 5, 14-6,2.*

5. "Me hice débil con los débiles, para ganar a los débiles" *(1 Cor 9, 22).*

La palabra "salvación" es utilizada frecuentemente por el cura de Ars. ¿Qué significa para él? Ser salvado significa ser liberado del pecado, que aleja de Dios, endurece el corazón y nos expone al alejamiento del amor de Dios para siempre, lo que sería la desgracia más grande. Ser salvado es vivir unido a Dios, es ver a Dios. Ser salvado significa también estar introducido en una verdadera comunión con los demás, porque nuestros pecados, muy frecuentemente, consisten en herir el amor del prójimo, la justicia, la verdad, el respeto de los propios bienes y del propio cuerpo, los derechos humanos; todo esto es contrario a la voluntad de Dios.

Y hay una unión profunda entre todos los miembros del cuerpo de Cristo: no se le puede amar a Él sin amar a los hermanos. La salvación permite además, encontrar una relación filial con Dios y fraternal con los demás.

La redención de Cristo ha abierto a todos la posibilidad de la salvación. El sacerdote coopera en la redención, dispone a las almas predicando la conversión, dando el perdón. Por esa salvación, el Cura de Ars quiso ser sacerdote: *"Ganar almas para el buen Dios"*, declaraba anunciando la propia vocación con dieciocho años, así como san Pablo decía: *"Ganar el mayor número"*.

Por esto, Juan María Vianney se entregó hasta el límite de sus fuerzas; por esto, aceptaba hacer penitencia, como para arrancar a Dios las gracias de conversión. Por su salvación temía, lloraba. Y cuando era tentado de huir de su pesado encargo de sacerdote, volvía por la salvación de los parroquianos. Leemos en san Pablo: "El amor de Cristo nos apremia... Ahora es el día de la salvación". "***El sacerdocio***, decía también Juan María Vianney, ***es el amor del Corazón de Cristo***" (Nodet, 100).

Queridos hermanos, muchos de nuestros contemporáneos parecen volverse indiferentes a la salvación de su alma. ¿Nos preocupamos nosotros lo suficiente ante esta pérdida de fe, o por el contrario, nos resignamos? Ciertamente tenemos razones para insistir hoy sobre el amor de Dios, que ha mandado a su Hijo para salvar y no para condenar. Tenemos razón para apuntar al amor, antes que al temor y al miedo. Por lo demás, también es lo que hizo el Cura de Ars.

Además, los hombres son libres de adherirse o no a la fe y a la salvación; reclaman en voz alta esta libertad, y también la Iglesia quiere que su paso esté libre de obligaciones externas, hecho bajo la obligación moral de cada uno de buscar la verdad y adherirse, de actuar según la propia conciencia.

Finalmente, Dios mismo es libre ante sus dones. La conversión es una gracia. En la encíclica *Dominum et vivificantem* he mostrado que solo el Espíritu Santo hace tomar conciencia de la gravedad del pecado, del drama de la pérdida del sentido de Dios, y concede el deseo de la conversión.

Pero nuestro amor por los hombres no puede resignarse al hecho de que ellos se priven de la salvación. Nos ocupamos directamente de la conversión de las almas. Somos responsables del anuncio de la fe, de la totalidad de la fe y de sus exigencias. Debemos invitar a nuestros fieles a la conversión y a la santidad, decir la verdad, advertir, aconsejar y hacer desear los sacramentos, que les restablecen en la gracia de Dios. El Cura de Ars consideraba que esto era un ministerio difícil, pero necesario: "***Si un pastor queda mudo viendo a Dios ultrajado y las almas que se pierden, es malo para él***". Sabemos con cuánto esmero preparaba sus homilías dominicales y sus catequesis, con qué coraje recordaba las exigencias del Evangelio, denunciaba el pecado e invitaba a reparar el mal cometido.

Convertir, sanar, salvar: tres palabras clave de nuestra misión. El Cura de Ars se mostró verdaderamente solícito con su pueblo pecador; hizo todo por separar a las almas del pecado, de la tibieza, por devolverlas al amor: "**Concededme la conversión de mi parroquia y estoy dispuesto a sufrir lo que queráis el resto de mi vida**". Tenía, según se ha dicho, "una visión trágica de la salvación"; quizá el jansenismo le inspiró unas expresiones y un tono severo. Pero supo superar este rigorismo. Prefería insistir sobre el lado atrayente de la virtud, sobre la misericordia de Dios, junto a la cual nuestros pecados son "como granos de arena". Mostraba la ternura del Dios ofendido. Sus llamadas se inscriben completamente en la línea de las llamadas de los profetas (cf. *Ef.* 3, 16-21), de Jesús, de san Pablo, de san Agustín, sobre la importancia de la salvación y la urgencia de la conversión. Temía que los sacerdotes "se entumecieran", se habituaran a la indiferencia de sus fieles. ¿Cómo podríamos hoy desatender su advertencia?

6. *"Dejaos reconciliar con Dios"*. Esta frase de san Pablo define exactamente el ministerio de san Juan María Vianney. Él es conocido en el mundo entero como aquel que confesaba hasta diez o quince horas al día, o más, y esto hasta cinco días antes de su muerte. No se trata, ciertamente, de llevar al pie de la letra en nuestras vidas de sacerdotes su ritmo de confesión; sin embargo, su actitud y sus motivaciones nos suscitan poderosas cuestiones.

Ofrecer el perdón a las almas arrepentidas era la esencia de su ministerio de salvación, a costa de un cansancio que no deja de impresionarnos. ¿Otorgamos nosotros la misma importancia al sacramento de la reconciliación? ¿Estamos dispuestos a dedicarle tiempo? ¿Formamos lo suficiente a los fieles para que lo deseen, para que se preparen para ello? ¿Buscamos lo suficiente los medios prácticos en nuestra ciudad y en nuestros países para ofrecerles concretamente esta posibilidad? ¿Tratamos de renovar la celebración del sacramento, en conformidad con las sugerencias de la Iglesia (según el Evangelio, preparación comunitaria asegurada periódicamente...), sin dejar nunca de tener presente el paso personal de la confesión, por lo menos de los pecados graves? ¿Buscamos hacer comprender que se trata, en este último caso, de una condición para participar en la Eucaristía y también para celebrar dignamente el sacramento del matrimonio? ¿Apreciamos la ocasión maravillosa, que así se ofrece, de formar las conciencias y de guiar a las almas hacia un progreso espiritual?

Sé, queridos amigos, que después de un periodo difícil, muchos sacerdotes junto a su obispo han intentado una renovación. Os apremio a esto con todas mis fuerzas. Era el objeto del documento post-sinodal *Reconciliatio et paenitentia*. Sé también que vosotros encontráis muchas dificultades: la falta de sacerdotes y, sobre todo, el desafecto de los fieles al sacramento del perdón. Decís: "Desde hace mucho tiempo, no vienen a confesarse". Precisamente este es el problema. ¿No esconde esto, quizás, una falta de fe, una falta de sentido del pecado, del sentido de la mediación de Cristo y de la Iglesia, un desprecio hacia una práctica de la que solo se han mantenido las deformaciones ligadas a la costumbre?

Advirtamos que su vicario general había dicho al Cura de Ars: "**No hay mucho amor de Dios en esta parroquia, debéis ponerlo**". Y el santo cura encontró también penitentes poco fervientes. Sin embargo, gracias a su actitud sacerdotal, a su santidad, una considerable multitud comprendió la importancia del sacramento del perdón. ¿Gracias a qué secreto atraía al mismo tiempo a creyentes y no creyentes, a santos y a pecadores? En realidad el Cura de Ars, que era tan rudo en algunas predicaciones para fustigar el pecado, era, como Jesús, muy misericordioso en el encuentro con cualquier pecador. El abad Monnin decía de él: es un "**fuego de ternura y de misericordia**". Ardía en la misericordia de Cristo.

Se trata aquí de un aspecto capital de la evangelización. A partir de la tarde de Pascua, los apóstoles son enviados a perdonar los pecados. El don del Espíritu Santo está ligado a este poder. Y el libro de los Hechos vuelve incesantemente sobre la remisión de los pecados, como gracia de la nueva alianza (cf. *Hch* 2, 38; 5,31; 10,43; 13,38). Es el hilo conductor de la predicación apostólica: "Dejaos reconciliar".

Estas palabras se dirigen también a nosotros, queridos amigos. ¿Somos fieles para acoger personalmente el perdón a través de la mediación de otro sacerdote?

7. Juan María Vianney quería conducir a sus fieles arrepentidos hacia la Eucaristía. Conocéis el lugar central que ocupaba la Misa en cualquiera de sus jornadas, con cuánto esmero se preparaba, la celebraba. Era bien consciente de que la renovación del sacrificio de Cristo era la fuente de las gracias de conversión. Insistía también en la Comunión, invitando a los hombres debidamente preparados a que comulgasen más a menudo, contrariamente a la pastoral de aquellos tiempos. Sabéis también que la presencia real de Cristo en la Eucaristía lo fascinaba, durante y fuera de la Misa. ¡Se le encontraba tan a menudo a los pies del tabernáculo, en adoración! Y sus pobres parroquianos no tardaron en ir ellos mismos a saludar y adorar a Cristo en su santísimo sacramento.

El Concilio nos ha permitido renovar nuestras celebraciones eucarísticas, abrirlas a una participación comunitaria, hacerlas vivas, expresivas, fáciles de seguir. Pienso que el Cura de Ars se alegraría. Sin embargo, nosotros nos damos cuenta de que no todo ha progresado por el camino adecuado. El notable descenso de la práctica religiosa, debido a múltiples causas que no quiero analizar aquí, es un hecho muy preocupante. Nuestros fieles deben volver a tomar su puesto en la vida cristiana. Esta era una catequesis fundamental para el Cura de Ars. Por otra parte, la dignidad de la celebración, el recogimiento, son valores que no siempre se han respetado. El Cura de Ars creaba en su iglesia todo un clima de oración accesible al pueblo y tal que favoreciera la adoración, también fuera de la Misa. ¿Quién no desearía promover este gusto por la oración silenciosa en nuestras iglesias, este sentido de interioridad?

Todavía una cosa nos sacude: el Cura de Ars trabajó mucho por restablecer el sentido del domingo, para liberar a las madres de familia y a las sirvientas para que pudieran acudir al encuentro eucarístico. Os incito a continuar promoviendo el domingo cristiano.

Os dejo meditar sobre esta gracia que nos hace el Señor de perdonar los pecados en su nombre y ofrecer su cuerpo como alimento para nuestros hermanos y hermanas. "***Salvar con Cristo***".

Oración: Señor Jesucristo, que has dado tu vida para que todos los hombres se salven y tengan vida en abundancia, mantén en nosotros el deseo de la salvación de todos los que has confiado a nuestro ministerio. Renueva nuestra disponibilidad para ofrecer la reconciliación con Dios y con los hermanos, como san Pablo y san Juan María Vianney. Te damos gracias por tu cuerpo y tu sangre, que cada día nos permites ofrecer por la salvación del mundo, recibirlo en nosotros, darlo a nuestros hermanos y hermanas y venerarlo en nuestras iglesias. No permitas que nuestros corazones se acostumbren a este don: concédenos ver en ello tu amor sin medida, como el Cura de Ars. Tú que reinas con el Padre y el Espíritu Santo por los siglos de los siglos.

III. Celibato, pobreza real, obediencia, ascesis, aceptación de las pruebas: medios para vivir el gozo del sacerdocio.

8. *"Pero nosotros llevamos este tesoro en vasijas de barro, para que se vea bien que este poder extraordinario no procede de nosotros, sino de Dios"* (*2 Cor* 4, 7).

Queridos hermanos, era necesario meditar ante todo sobre el esplendor del sacerdocio, sobre "la potencia extraordinaria" de la salvación que Dios nos confía. Pero, ¿cómo ignorar las tribulaciones del ministerio que el mismo san Pablo probaba? ¿Cómo no reconocer las debilidades de nuestras "vasijas de barro"? Querría ayudaros a vivirlo en la esperanza y animaros en vuestros esfuerzos de revitalización. El Cura de Ars decía: "***No os asustéis de vuestra carga; nuestro Señor la lleva con vosotros***". Las dificultades del apóstol pueden venir del exterior, mientras él es fiel en servir solo a Jesucristo. Él padece el escarnio, la calumnia, los obstáculos a su libertad; también le ocurre estar, como dice san Pablo, "atribulado por todas partes", "perseguido", "golpeado". En algunos países, ¿cuántos sacerdotes, cuántos cristianos sufren en silencio estas persecuciones? Frecuentemente, estimulan la fe de los fieles por la repercusión, y la purifican. Pero, ¡qué prueba! Y, ¡qué obstáculos para el ministerio! Permanezcamos solidarios con estos hermanos probados.

En los países occidentales hay otras dificultades. Os encontráis un extendido espíritu de crítica, de maledicencia, de secularización, también de ateísmo, o simplemente de la cerrazón sobre las preocupaciones materialistas, y se relativiza o se refuta el mensaje que queréis llevar en nombre de Cristo y de la Iglesia. Ya en los años 50, el cardenal Suhard había descrito bien el signo de contradicción que es el sacerdote, en una sociedad que teme su mensaje y lo clasifica entre los hombres del pasado o los utópicos. Desde entonces, en muchas diócesis los sacerdotes son menos numerosos, la edad media ha aumentado. Esta pirámide de la edad hace a veces más difícil la integración de los jóvenes sacerdotes.

El desaliento puede también encontrar alimento en nuestras mentalidades de sacerdotes; unos pueden dejarse vencer por la tristeza, por la acritud frente a fracasos o debates sin fin; a veces, las indiferencias provenientes de ideologías extrañas al espíritu cristiano y sacerdotal; a veces, todavía, un espíritu de desconfianza sistemática hacia Roma. Todo esto ha pesado y pesa sobre el dinamismo de los sacerdotes. Tengo la impresión de que los jóvenes son más libres para afrontar estas mentalidades. Los animo y los invito también a apreciar a las generaciones precedentes de sacerdotes probados, pero fieles; ellos han llevado el peso de cada día y de las adversidades del ambiente en medio de muchos cambios, y han desarrollado su labor propia muy frecuentemente con un espíritu evangélico.

Para terminar, cada uno de vosotros conoce las propias dificultades: de salud, de soledad, de preocupaciones familiares, y también las tentaciones del mundo que se introducen en él; a veces el sentido de una gran pobreza espiritual, si no de debilidades que humillan. Ofrezcamos a Dios esta fragilidad de nuestras "vasijas de barro".

Es bueno para nosotros saber que el Cura de Ars conoció también muchas pruebas: las miserias de su cuerpo exprimido por las fatigas de su ministerio y de sus ayunos, las incomprensiones y las calumnias de sus parroquianos, las sospechas críticas y los celos de sus hermanos y algunas pruebas espirituales muy misteriosas: una cierta *"melancolía sobrenatural"*, decía el abad Monnin, algunas desolaciones espirituales, la angustia por la propia salvación, una lucha implacable contra el espíritu del mal, y una cierta falta de luz. Las almas generosas y espirituales raramente están exentas. Sin embargo, a pesar de su viva sensibilidad, no se vio nunca al Cura de Ars desalentado. Él resistió estas tentaciones.

9. Así pues, también vosotros conocéis el camino de la salvación y los medios para recorrerlo. Diréis sobre todo: una recuperación espiritual.

¿Cómo podremos poner remedio a la crisis espiritual de nuestro tiempo si nosotros mismos no tenemos una unión profunda y constante con el Señor, de quien somos siervos? En el Cura de Ars tenemos un maestro incomparable. Decía: "***El sacerdote es sobre todo un hombre de oración... Es la reflexión, la oración, la unión con Dios lo que nos hace falta***". No sin razón nuestros directores espirituales han insistido sobre tener un tiempo de oración cada día, gratuitamente, en presencia del Señor; sobre la escucha cotidiana de la palabra de Dios, sobre la alabanza y la intercesión, en nombre de la Iglesia, por medio de la oración de la liturgia de las Horas, sobre el modo de celebrar cotidianamente la Eucaristía, sobre la oración mariana: ¡qué admiración tenía por la Virgen el cura de Ars!: "***Mi más viejo afecto***", y ¡qué confianza!: "***Basta volverse a ella para ser atendido***".

Pienso también en los momentos regulares de retiro para dejar al Espíritu de Dios la posibilidad de entrar en nosotros, de "verificarnos" y de ayudarnos a discernir lo esencial de nuestra vocación. El encuentro diario con las bellezas y las miserias humanas, en nuestro ministerio, está evidentemente integrado en nuestra oración; esto puede nutrirla, a condición de devolverle todo al Señor "para su gloria".

Todos nuestros empeños sacerdotales asumen nuevo relieve a la luz de esta vitalidad espiritual: el celibato, signo de nuestra disponibilidad sin límites a Cristo y a los demás; una pobreza real, que es participación en la vida de Cristo pobre y en las condiciones de los pobres, como ha mostrado el P. Chevrier; la obediencia, que traduce nuestro servicio en la Iglesia; la ascesis necesaria para cada vida, para comenzar el ministerio diariamente cumplido; la aceptación de las pruebas que sobrevengan y también las mortificaciones voluntarias ofrecidas con amor por las almas. El Cura de Ars experimentó esta palabra del Señor: *"Hay demonios que se echan con el ayuno y la oración"*.

Pero, diréis vosotros, ¿dónde encontrar la energía para todo esto? Cierto, no estamos dispensados de ser hombres de coraje. Pero "el yugo es dulce y la carga ligera" si nuestro coraje se apoya sobre la fe, sobre la confianza de que el Señor no abandonará a aquellos que se confían a Él: *"Dios es más grande que nuestro corazón"* (*1 Jn* 3,20). Por sobreabundancia, encontraremos la alegría: ¡el rostro enjuto del Cura de Ars parecía estar siempre sonriendo!

10. *"Me he hecho todo a todos, débil con los débiles"*. El ministerio sacerdotal, vivido en un estado de unión con Dios, es, pues, el terreno cotidiano de nuestra santificación.

Jesús rezaba así al Padre por sus apóstoles: *"No te pido que los saques del mundo, sino que los preserves del maligno"* (*Jn* 17, 15). El Concilio recomendó a los pastores que no fueran nunca extraños a la existencia y en las condiciones de vida de su grey (cf. *Presbyterorum Ordinis*, 13). En Francia muchos sacerdotes de la generación del Concilio, y ya antes, sintieron muy fuertemente esta preocupación. Esta actitud de acogida, de escucha, de comprensión, de compartir, es siempre necesaria para que la evangelización se haga en términos perceptibles y creíbles. Lo digo en particular a las nuevas generaciones de seminaristas. El Padre Chevrier se hizo pobre con los pobres; es necesario penetrar del mismo modo en las nuevas mentalidades de los ambientes para evangelizar, ricos o pobres, cultos o no. Es necesario que, por medio de vosotros, el empuje misionero de los más ancianos se mantenga por el mundo actual. Pero precisamente por esto, los sacerdotes, dice todavía el Concilio, no olvidarán ser los dispensadores de una vida diferente de la vida terrena, y no deben modelarse sobre el mundo actual, sino que deben analizarlo a la luz del Evangelio. No deben ni siquiera cuestionar las opciones temporales y políticas de sus fieles, aunque legítimas, a fin de que su ministerio se abra para todos y esté claramente orientado hacia el reino de Dios.

11. La calidad espiritual y apostólica de los sacerdotes del mañana se prepara hoy, y no puedo dejar de recordar esta formación.

Queridos seminaristas, ¡qué gozo para mí veros a todos reunidos aquí! Saludo en vosotros a aquellos que aseguran el relevo del clero en Francia. Aunque todavía sois el pequeño rebaño del Evangelio, estoy lleno de esperanza al veros. Y cuento con vuestra alegría de consagrar vuestra vida para suscitar otros muchos candidatos. Creo que estáis dispuestos para aceptar también las exigencias de este servicio. Muchos entre vosotros entran en el seminario en una edad más madura que en el pasado, después de una experiencia de trabajo o de estudios. Sin embargo, –una encuesta reciente lo ha mostrado– habéis pensado en el sacerdocio ya antes de los 13 años. Aceptad las condiciones del discernimiento y de madurez de vuestra vocación.

Si Dios os llama, si la Iglesia lo juzga así, no os dejéis desalentar por las pruebas del camino. Pienso que conocéis las innumerables dificultades que encontró el joven Juan María Vianney para ser sacerdote: falta de instrucción y de contacto con personas cultas, retraso a causa de la revolución francesa, necesidad de trabajar en una fábrica, la distraída aventura del servicio militar, sobre todo dificultades para familiarizarse con el latín, falta de memoria, dudas de los responsables del seminario, ordenación tardía, en la soledad, en un país ocupado... Ciertamente se benefició de gracias: un clima familiar cristiano, la ayuda afectuosa y tenaz del abad Balley, de Ecully. Sin embargo, su camino para llegar al sacerdocio animará a aquellos que conocen la prueba para madurar la propia vocación.

Vuestros seminarios deben poder acoger sensibilidades diversas, en un gran respeto mutuo; las almas generosas no deben ser obstaculizadas por el temor de los demás, y no deben tampoco juzgarlas a priori. El vínculo con el obispo es primordial, el acompañamiento de un director espiritual personal y el juicio de un equipo educativo son garantía de la vocación. No se conquista el sacerdocio, vosotros sois llamados por aquellos que os consideran aptos, en nombre del obispo.

Espero que vuestros seminarios os preparen del mejor modo para la vida sacerdotal, que hoy ha estado delante de nuestros ojos. A los obispos de esta región del centro-este, que recibí con ocasión de la visita *"ad limina"* en 1982, les dije que deberemos insistir en una reflexión filosófica profunda, hasta el plano metafísico, sin detenernos en "impresiones confusas"; la teología debe ser afrontada con la actitud, al mismo tiempo intelectual, científica y espiritual, de una iniciación lo más completa posible en el misterio de la salvación; la escucha de la palabra de Dios debe tener el primer puesto en vuestras casas; la formación de la vida espiritual con diálogos adecuados y la lectura asidua de los autores es evidentemente indispensable. Al mismo tiempo, debéis realizar la experiencia de una vida comunitaria fraterna y de una oración litúrgica y personal profunda, como decía a propósito de la renovación espiritual. También hay lugar para un cierto aprendizaje del ministerio: cómo conocer el mundo de hoy, cómo es, cómo atraerlo con un diálogo pastoral, un diálogo de salvación. En los umbrales de la vida sacerdotal, debéis estar abiertos a la diversidad de tareas pastorales necesarias en una diócesis, y disponibles para aquella que os será confiada.

Todas estas exigencias de la vida de los seminarios, que afortunadamente muchos estudiantes actualmente parecen desear, representan también una gran responsabilidad para los directores y los profesores. Ruego al Señor para que los asista en este servicio capital a la Iglesia.

12. En cuanto a vosotros, sacerdotes, necesitáis también un fortalecimiento intelectual y un sostenimiento comunitario. Comprendéis bien la necesidad del trabajo intelectual, de un tipo de formación permanente, de modo que profundice la reflexión teológica, pastoral y espiritual (can. 279). **¡No es impresionante ver que el Cura de Ars, a pesar de los días agotadores, buscase cada día leer, eligiendo entre los 400 volúmenes encontrados en su biblioteca!**

Por otra parte, deseo que una verdadera fraternidad os una por encima de todas las diferencias, una fraternidad sacramental y afectiva. El Padre Chevrier quería unirse a otros sacerdotes laicos. Los sacerdotes religiosos encuentran apoyo entre sus hermanos. Los sacerdotes seculares viven una mayor soledad, y pienso que los sacerdotes de las jóvenes generaciones tendrán dificultades para vivir solos como el Cura de Ars. Es cierto que muchos encontrarán en las asociaciones sacerdotales un gran apoyo fraterno y un estímulo para su reflexión y para su oración. Sé que ellos tienen en Francia un retorno a la vitalidad y les animo.

Algunas personas o asociaciones de laicos se dedican también a ayudar a los sacerdotes solos y pobres, como la Obra de los campos. Esto es muy admirable. Sin embargo, lo que quiero subrayar es la colaboración, siempre más intensa, entre sacerdotes y laicos en el ministerio. Es una gran esperanza para el apostolado, y diría que un gran estímulo para el sacerdote mismo, si sabe dar confianza a los laicos en sus iniciativas, ayudar a discernir lo que conviene y entregarse él mismo como sacerdote. También en este campo el Cura de Ars sabía suscitar la colaboración de sus parroquianos y hacerlos más responsables.

13. Y vosotros, queridos diáconos, mis reflexiones de esta mañana os conciernen de cerca, porque sois los colaboradores del orden sacerdotal. No puedo recordar vuestro encargo sin pensar en el comportamiento de Jesús el jueves santo: Él se levanta de la mesa, lava los pies de sus discípulos, y, en el momento en el que instituye la Eucaristía, indica el servicio a los otros como camino perfecto. Diáconos permanentes, el obispo os asocia a los sacerdotes por medio de una ordenación que os pone para siempre al servicio del pueblo de Dios, de un modo propio. La Iglesia cuenta mucho con vosotros, particularmente para anunciar la Palabra y catequizar, para preparar a los sacramentos, para administrar el bautismo y dar la santa Comunión, para presidir la oración de la comunidad en algunas circunstancias, para asegurar otros servicios de la Iglesia y sobre todo, para llevar el testimonio de la caridad a muchos sectores de la vida social. Estoy contento de bendeciros y de bendecir a vuestras familias.

14. Al término de esta larga meditación, retomo el aspecto misionero de nuestro sacerdocio. Se trata, como buen pastor, de unirse a las personas allá donde estén. Para este fin hay muchos enfoques apostólicos: presencia discreta y paciente en la cercanía amistosa, en el compartir las condiciones de vida, a veces hasta de trabajo, en el mundo laboral, en el mundo de los intelectuales o en otros ambientes, cuando estos parecen alejados de la Iglesia y tienen necesidad del diálogo cotidiano y creíble de un sacerdote, solidario en su búsqueda de un mundo más justo y más fraterno. En este caso, los sacerdotes son capaces de ejercitar el ministerio ordinario de sus hermanos sacerdotes o capellanes. En la medida en la cual la motivación es apostólica, su continuo fortalecimiento espiritual ordinario, y donde eso corresponde a una misión recibida del obispo, ellos saben que tienen el afecto de la Iglesia. Podrán expresar siempre un testimonio auténtico del Evangelio, considerándolo como una función sacerdotal, una preparación para una evangelización más completa. Que su pertenencia a un único y mismo presbiterio, en el que estimarán tener vínculos estrechos y frecuentes, les permita mantener la responsabilidad de guardianes de los misterios de Cristo, y que todos los sacerdotes sean solidarios con su ministerio al servicio de la evangelización. Por lo demás, los cambios que el Evangelio debe suscitar en la sociedad son generalmente obra de los laicos cristianos, en unión con los sacerdotes.

Queda, verdaderamente, que todos los esfuerzos pastorales de los sacerdotes deben converger, como en el Cura de Ars, hacia el anuncio explícito de la fe, hacia el perdón, hacia la Eucaristía. Sobre todo, lo decía Pablo VI a vuestros obispos en 1977, no separéis nunca misión y contemplación, misión y culto, misión e Iglesia. Como si hubiera, por una parte, aquellos que ejercitan una actividad misionera hacia quien está fuera de la Iglesia, y por otra, aquellos que se dedican a los sacramentos, a la oración, reforzando la institución cristiana. La misión es la obra de toda la Iglesia; toma aliento en la oración y fuerza en la santidad.

La misión no sabría tampoco limitarse a las necesidades de vuestro país, por muy grande que sea. Está abierta a otras Iglesias, a la Iglesia universal que continúa contando con la ayuda de los sacerdotes franceses, en la huella de la admirable generosidad misionera que se ha mantenido desde hace un siglo y medio hasta ahora. Las diócesis francesas que, también en su actual pobreza, persiguen este esfuerzo de solidaridad, encuentran para sí mismas un dinamismo misionero.

15. Pero no quiero limitar mi ruego a Francia. Aquí estáis sacerdotes y obispos venidos de otros sesenta países del mundo. Os sentís en casa en Ars, donde el sacerdocio brilló con un fulgor absolutamente particular. El ejemplo de san Juan María Vianney continúa dando impulso a los sacerdotes del mundo entero y a todos los sacerdotes comprometidos con las tareas apostólicas más diversas. Desde este lugar elevado, que contrasta con la modestia del país primitivo, doy gracias a Jesucristo por este don inaudito del sacerdocio, el del Cura de Ars y de todos los sacerdotes de ayer y de hoy. Ellos continúan a través del mundo entero el santo ministerio de Jesucristo, en las comunidades cristianas como los predecesores de la misión; ellos trabajan, a menudo en condiciones difíciles, escondidas e ingratas, en la salvación de las almas y en la renovación espiritual del mundo, que a veces les honra y otras veces les desconoce o persigue.

Hoy, en unión con todos los obispos del mundo, mis hermanos en el episcopado, de los cuales los sacerdotes son los primeros colaboradores, les rindo el homenaje que merecen, rogando a Dios que les sostenga y les premie. E invito a todo el pueblo cristiano a que se una.

Y a mi agradecimiento uno una llamada apremiante a todos los sacerdotes: cualesquiera que sean vuestras dificultades interiores o externas, que el Señor misericordioso conoce, permaneced fieles a vuestra sublime vocación, a los diversos compromisos sacerdotales que hacen de vosotros hombres totalmente disponibles para el servicio del Evangelio. En los momentos críticos, pensad que ninguna tentación de abandonar es irremediable ante del Señor que os llamó; sabed que podéis contar con el apoyo de vuestros hermanos sacerdotes y de vuestros obispos.

La única pregunta decisiva que Jesús hace a cada uno de nosotros, a cada pastor, es la que hizo a Pedro: *"¿Me amas, me amas de verdad?"* (Jn 21, 15). Entonces, queridos hermanos, ¡no tengáis miedo! Si el Señor nos ha llamado a su viña, está con nosotros a través de su Espíritu Santo. Dejémonos seducir por el Espíritu Santo en la Iglesia.

A cada uno de vosotros, seminaristas, sacerdotes, diáconos y a todos aquellos que representáis, os imparto mi afectuosa bendición apostólica.

Ahora nos disponemos a rezar a María el Ángelus. El Cura de Ars había consagrado su parroquia a María concebida sin pecado. Que ella nos ayude a colaborar mejor en la misión de su Hijo Salvador.

14 de agosto de 2004

Juan Pablo II, casi ocho meses antes de su muerte, el sábado 14 de agosto de 2004, fue peregrino entre los peregrinos de Lourdes. El Papa cumplía con los gestos tradicionales de los casi seis millones de personas que todos los años visitan el Santuario de Nuestra Señora de Lourdes.

Juan Pablo II participó junto a unas cien mil personas en una inédita meditación itinerante de los misterios luminosos del Rosario, que él mismo propuso a la contemplación de la Iglesia durante el año mariano celebrado con motivo del vigésimo quinto aniversario de su pontificado.

A bordo del papamóvil, el obispo de Roma se acercó a **cinco lugares simbólicos de Lourdes**, uno en cada misterio, en donde se encontraban grupos representativos de peregrinos.

La procesión comenzó en el lugar más característico de Lourdes, **las piscinas**, en las que por ejemplo el año anterior, en 2003, 380.413 peregrinos se sumergieron en respuesta a la petición expresada por la Virgen a Bernadette Soubirous el 28 de febrero de 1858: «*Bebed del manantial y bañaos en él*». «*Al arrodillarme aquí, ante la Gruta de Massabielle, siento con emoción que he llegado a la meta de mi peregrinación. Esta gruta, en la que se apareció María, es el corazón de Lourdes*», dijo el Pontífice en su intervención de introducción.

El segundo misterio se celebró en la Tienda de la Adoración, que se erigió en 2001 en la Pradera ante la Gruta, donde esperaban al Papa en oración los jóvenes.

El tercer misterio tuvo lugar ante la iglesia de Santa Bernadette, situada en el lugar aproximado en el que la muchacha recibió la primera aparición de la Virgen. En este lugar, junto al Papa, rezaron los enfermos.

El cuarto misterio de la luz se revivió **ante la estatua de san Juan María Vianney, más conocido como el Cura de Ars**, en la capilla de la Reconciliación. Acompañaron la oración del Santo Padre los sacerdotes y obispos presentes.

La meditación itinerante acabó con el quinto misterio ante el atrio de la Basílica de Nuestra Señora del Rosario. El Rosario concluyó con una oración que el Papa compuso encomendándose a la intercesión de la Virgen María, en la que le pidió «*permanecer contigo junto a las innumerables cruces en las que tu Hijo todavía está crucificado*».

La jornada del sábado concluyó en la noche con la «procesión de las antorchas» desde la Gruta de las Apariciones hasta la Basílica de Lourdes, que el sucesor del apóstol Pedro siguió desde la terraza de la Residencia de Nuestra Señora, en la que descansó esa noche.

3 de agosto de 2005

Al concluir la tradicional Audiencia General de los miércoles celebrada en el Aula Pablo VI, el papa **Benedicto XVI** recordó que al día siguiente se celebraba la fiesta de San Juan María Vianney, y pidió por su intercesión el incremento en el número y la calidad de los sacerdotes.

Hablando primero a los peregrinos polacos, el Pontífice recordó la memoria del famoso "Cura de Ars".

"Por su intercesión pidamos a Dios muchos y santos sacerdotes. ¡La Iglesia de hoy tiene tanta necesidad de ellos!", exhortó. Luego, hablando en italiano, volvió a mencionar a san Juan María Vianney, señalando que ***"su ejemplo sea para todos un estímulo e impulso para corresponder generosamente a la gracia divina"***.

16 de marzo de 2009

Benedicto XVI recibe a los miembros de la Congregación para el Clero, que en esa semana celebran su asamblea plenaria.

Durante la alocución, las palabras del Papa subrayan la *"**indispensable tendencia a la perfección moral que debe habitar todo corazón auténticamente sacerdotal**"*.

En este contexto afirmó: *"Precisamente para favorecer esta tendencia de los sacerdotes a la perfección espiritual, de la que depende sobre todo la eficacia de su ministerio, he decidido que se celebre un especial **Año Sacerdotal** del 19 de junio de 2009 –fiesta del Sagrado Corazón de Jesús y Jornada para la santificación sacerdotal– al 19 de junio de 2010. Este año se conmemora el **150º aniversario de la muerte del Santo Cura de Ars, Juan María Vianney**, verdadero ejemplo de pastor al servicio del rebaño de Cristo"*.

*"**Fidelidad de Cristo, fidelidad del sacerdote**"* es el tema del Año Sacerdotal convocado por el papa Benedicto XVI, según informa un comunicado de la Oficina de Prensa de la Santa Sede. El Pontífice decide inaugurar el Año Sacerdotal presidiendo el 19 de junio la celebración de las vísperas en la basílica de San Pedro, donde se expone la reliquia del Santo Cura de Ars traída para esa ocasión por el obispo de Belley-Ars, monseñor Guy Bagnard, y lo clausurará el 19 de junio de 2010 tomando parte en el **"Encuentro Mundial Sacerdotal"**, que tendrá lugar en la Plaza de San Pedro.

A lo largo de este año jubilar, **Benedicto XVI proclamará a san Juan María Vianney "Patrono de todos los sacerdotes del mundo"**. Se publicará además el *"Directorio para los confesores y directores espirituales"*, junto a una recopilación de textos del pontífice sobre temas esenciales de la vida y de la misión sacerdotal en nuestra época.

La Congregación para el Clero, de acuerdo con los Ordinarios diocesanos y los Superiores de los institutos religiosos, promoverá y coordinará las diversas iniciativas espirituales y pastorales para subrayar la importancia del papel y de la misión del sacerdote en la Iglesia y en la sociedad contemporánea, así como la necesidad de potenciar la formación permanente de los sacerdotes, ligándola a la de los seminaristas.

16 de junio de 2009

A punto de iniciarse el Año Sacerdotal, en las primeras vísperas de la solemnidad del Sagrado Corazón de Jesús, se hace pública esta *Carta para la convocación de un año sacerdotal con ocasión del 150 aniversario del diez natalis del Santo Cura de Ars* del papa Benedicto XVI.

Queridos hermanos en el Sacerdocio:

He resuelto convocar oficialmente un "Año Sacerdotal" con ocasión del 150 aniversario del "dies natalis" de Juan María Vianney, el Santo Patrón de todos los párrocos del mundo, que comenzará el viernes 19 de junio de 2009, solemnidad del Sagrado Corazón de Jesús –jornada tradicionalmente dedicada a la oración por la santificación del clero–[73]. Este año desea contribuir a promover el compromiso de renovación interior de todos los sacerdotes, para que su testimonio evangélico en el mundo de hoy sea más intenso e incisivo, y se concluirá en la misma solemnidad de 2010.

"El Sacerdocio es el amor del corazón de Jesús", repetía con frecuencia el Santo Cura de Ars[74]. Esta conmovedora expresión nos da pie para reconocer con devoción y admiración el inmenso don que suponen los sacerdotes, no sólo para la Iglesia, sino también para la humanidad misma. Tengo presente a todos los presbíteros que con humildad repiten cada día las palabras y los gestos de Cristo a los fieles cristianos y al mundo entero, identificándose con sus pensamientos, deseos y sentimientos, así como con su estilo de

---

73 Así lo proclamó el Sumo Pontífice Pío XI en 1929.

74 ***Le Sacerdoce, c'est l'amour du coeur de Jésus*** (en *Le curé d'Ars. Sa pensée - Son Coeur.* Présentés par l'Abbé Bernard Nodet, éd. Xavier Mappus, Foi Vivante 1966, p. 98). En adelante: NODET. La expresión aparece citada también en el *Catecismo de la Iglesia Católica,* n° 1589.

vida. ¿Cómo no destacar sus esfuerzos apostólicos, su servicio infatigable y oculto, su caridad que no excluye a nadie? Y ¿qué decir de la fidelidad entusiasta de tantos sacerdotes que, a pesar de las dificultades e incomprensiones, perseveran en su vocación de "amigos de Cristo", llamados personalmente, elegidos y enviados por Él?

Todavía conservo en el corazón el recuerdo del primer párroco con el que comencé mi ministerio como joven sacerdote: fue para mí un ejemplo de entrega sin reservas al propio ministerio pastoral, llegando a morir cuando llevaba el viático a un enfermo grave. También repaso los innumerables hermanos que he conocido a lo largo de mi vida y últimamente en mis viajes pastorales a diversas naciones, comprometidos generosamente en el ejercicio cotidiano de su ministerio sacerdotal.

Pero la expresión utilizada por el Santo Cura de Ars evoca también la herida abierta en el Corazón de Cristo y la corona de espinas que lo circunda. Y así, pienso en las numerosas situaciones de sufrimiento que aquejan a muchos sacerdotes, porque participan de la experiencia humana del dolor en sus múltiples manifestaciones o por las incomprensiones de los destinatarios mismos de su ministerio: ¿Cómo no recordar tantos sacerdotes ofendidos en su dignidad, obstaculizados en su misión, a veces incluso perseguidos hasta ofrecer el supremo testimonio de la sangre?

Sin embargo, también hay situaciones, nunca bastante deploradas, en las que la Iglesia misma sufre por la infidelidad de algunos de sus ministros. En estos casos, es el mundo el que sufre el escándalo y el abandono. Ante estas situaciones, lo más conveniente para la Iglesia no es tanto resaltar escrupulosamente las debilidades de sus ministros, cuanto renovar el reconocimiento gozoso de la grandeza del don de Dios, plasmado en espléndidas figuras de Pastores generosos, religiosos llenos de amor a Dios y a las almas, directores espirituales clarividentes y pacientes. **En este sentido, la enseñanza y el ejemplo de san Juan María Vianney pueden ofrecer un punto de referencia significativo**. El Cura de Ars era muy humilde, pero consciente de ser, como sacerdote, un inmenso don para su gente: *"Un buen pastor, un pastor según el Corazón de Dios, es el tesoro más grande que el buen Dios puede conceder a una parroquia, y uno de los dones más preciosos de la misericordia divina"*[75]. Hablaba del sacerdocio como si no fuera posible llegar a percibir toda la grandeza del don y de la tarea confiados a una criatura humana: *"¡Oh, qué grande es el sacerdote! Si se diese cuenta, moriría... Dios le obedece: pronuncia dos palabras y Nuestro Señor baja del cielo al oír su voz y se encierra en una pequeña hostia..."*[76]. Explicando a sus fieles la importancia de los sacramentos decía: *"Si desapareciese el sacramento del Orden, no tendríamos al Señor. ¿Quién lo ha puesto en el sagrario? El sacerdote. ¿Quién ha recibido vuestra alma apenas nacidos? El sacerdote. ¿Quién la nutre para que pueda terminar su peregrinación? El sacerdote. ¿Quién la preparará para comparecer ante Dios, lavándola por última vez en la sangre de Jesucristo? El sacerdote, siempre el sacerdote. Y si esta alma llegase a morir* [a causa del pecado], *¿quién la resucitará y le dará el descanso y la paz? También el sacerdote... ¡Después de Dios, el sacerdote lo es todo!... Él mismo sólo lo entenderá en el cielo"*[77]. Estas afirmaciones, nacidas del corazón sacerdotal del santo

---

75 Nodet, p. 101.

76 Ibíd., p. 97.

77 Ibíd., pp. 98-99.

párroco, pueden parecer exageradas. Sin embargo, revelan la altísima consideración en que tenía el sacramento del sacerdocio. Parecía sobrecogido por un inmenso sentido de la responsabilidad: *"Si comprendiéramos bien lo que representa un sacerdote sobre la tierra, moriríamos: no de pavor, sino de amor... Sin el sacerdote, la muerte y la pasión de Nuestro Señor no servirían de nada. El sacerdote continúa la obra de la redención sobre la tierra... ¿De qué nos serviría una casa llena de oro si no hubiera nadie que nos abriera la puerta? El sacerdote tiene la llave de los tesoros del cielo: él es quien abre la puerta; es el administrador del buen Dios; el administrador de sus bienes... Dejad una parroquia veinte años sin sacerdote y adorarán a las bestias... El sacerdote no es sacerdote para sí mismo, sino para vosotros"*[78].

Llegó a Ars, una pequeña aldea de 230 habitantes, advertido por el Obispo sobre la precaria situación religiosa: *"No hay mucho amor de Dios en esa parroquia; usted lo pondrá"*. Bien sabía él que tendría que encarnar la presencia de Cristo dando testimonio de la ternura de la salvación: *"Dios mío, concédeme la conversión de mi parroquia; acepto sufrir todo lo que quieras durante toda mi vida"*. Con esta oración comenzó su misión[79]. El Santo Cura de Ars se dedicó a la conversión de su parroquia con todas sus fuerzas, insistiendo por encima de todo en la formación cristiana del pueblo que le había sido confiado.

Queridos hermanos en el Sacerdocio, pidamos al Señor Jesús la gracia de aprender también nosotros el método pastoral de san Juan María Vianney. En primer lugar, su total identificación con el propio ministerio. En Jesús, Persona y Misión tienden a coincidir: toda

---

78 Ibíd., pp. 98-100.

79 Ibíd., p. 183.

su obra salvífica era y es expresión de su *"Yo filial"*, que está ante el Padre, desde toda la eternidad, en actitud de amorosa sumisión a su voluntad. De modo análogo y con toda humildad, también el sacerdote debe aspirar a esta identificación. Aunque no se puede olvidar que la eficacia sustancial del ministerio no depende de la santidad del ministro, tampoco se puede dejar de lado la extraordinaria fecundidad que se deriva de la confluencia de la santidad objetiva del ministerio con la subjetiva del ministro. El Cura de Ars emprendió en seguida esta humilde y paciente tarea de armonizar su vida como ministro con la santidad del ministerio confiado, "viviendo" incluso materialmente en su Iglesia parroquial: *"En cuanto llegó, consideró la Iglesia como su casa... Entraba en la Iglesia antes de la aurora y no salía hasta después del Ángelus de la tarde. Si alguno tenía necesidad de él, allí lo podía encontrar"*, se lee en su primera biografía[80].

La devota exageración del piadoso hagiógrafo no nos debe hacer perder de vista que el Santo Cura de Ars también supo "hacerse presente" en todo el territorio de su parroquia: visitaba sistemáticamente a los enfermos y a las familias; organizaba misiones populares y fiestas patronales; recogía y administraba dinero para sus obras de caridad y para las misiones; adornaba la iglesia y la dotaba de paramentos sacerdotales; se ocupaba de las niñas huérfanas de la "Providence" (un Instituto que fundó) y de sus formadoras; se interesaba por la educación de los niños; fundaba hermandades y llamaba a los laicos a colaborar con él.

Su ejemplo me lleva a poner de relieve los ámbitos de colaboración en los que se debe dar cada vez más

---

80 A. Monnin, **Il Curato d'Ars. Vita di Gian-Battista-Maria Vianney**, vol. I, Ed. Marietti, Torino 1870, p. 122.

cabida a los laicos, con los que los presbíteros forman un único pueblo sacerdotal[81] y entre los cuales, en virtud del sacerdocio ministerial, están puestos "para llevar a todos a la unidad del amor: 'amándose mutuamente con amor fraterno, rivalizando en la estima mutua' (*Rm* 12, 10)"[82]. En este contexto, hay que tener en cuenta la encarecida recomendación del Concilio Vaticano II a los presbíteros de "reconocer sinceramente y promover la dignidad de los laicos y la función que tienen como propia en la misión de la Iglesia... Deben escuchar de buena gana a los laicos, teniendo fraternalmente en cuenta sus deseos y reconociendo su experiencia y competencia en los diversos campos de la actividad humana, para poder junto con ellos reconocer los signos de los tiempos"[83].

El Santo Cura de Ars enseñaba a sus parroquianos sobre todo con el testimonio de su vida. De su ejemplo aprendían los fieles a orar, acudiendo con gusto al sagrario para hacer una visita a Jesús Eucaristía[84]. "*No hay necesidad de hablar mucho para orar bien*", les enseñaba el Cura de Ars. "*Sabemos que Jesús está allí, en el sagrario: abrámosle nuestro corazón, alegrémonos de su presencia. Ésta es la mejor oración*"[85]. Y les persuadía: "*Venid a comulgar, hijos míos, venid donde Jesús. Venid a vivir de Él para poder vivir con Él...*"[86]. "*Es verdad que no sois dignos, pero lo necesitáis*"[87]. Dicha educación de los fieles en la presencia eucarística y en la comunión

---

81 Cf. **Lumen gentium**, 10.

82 **Presbyterorum ordinis**, 9.

83 Ibid.

84 "*La contemplación es mirada de fe, fijada en Jesús. 'Yo le miro y él me mira', decía a su santo cura un campesino de Ars que oraba ante el Sagrario*": **Catecismo de la Iglesia católica**, n. 2715.

85 Nodet, p. 85.

86 Ibíd., p. 114.

87 Ibíd., p. 119.

era particularmente eficaz cuando lo veían celebrar el Santo Sacrificio de la Misa. Los que asistían decían que *"no se podía encontrar una figura que expresase mejor la adoración... Contemplaba la hostia con amor"*[88]. Les decía: *"Todas las buenas obras juntas no son comparables al Sacrificio de la Misa, porque son obras de hombres, mientras la Santa Misa es obra de Dios"*[89]. Estaba convencido de que todo el fervor en la vida de un sacerdote dependía de la Misa: *"La causa de la relajación del sacerdote es que descuida la Misa. Dios mío, ¡qué pena el sacerdote que celebra como si estuviese haciendo algo ordinario!"*[90]. Siempre que celebraba, tenía la costumbre de ofrecer también la propia vida como sacrificio: *"¡Cómo aprovecha a un sacerdote ofrecerse a Dios en sacrificio todas las mañanas!"*[91].

Esta identificación personal con el Sacrificio de la Cruz lo llevaba –con una sola moción interior– del altar al confesonario. Los sacerdotes no deberían resignarse nunca a ver vacíos sus confesonarios ni limitarse a constatar la indiferencia de los fieles hacia este sacramento. **En Francia, en tiempos del Santo Cura de Ars, la confesión no era ni más fácil ni más frecuente que en nuestros días, pues el vendaval revolucionario había arrasado desde hacía tiempo la práctica religiosa**. Pero él intentó por todos los medios, en la predicación y con consejos persuasivos, que sus parroquianos redescubriesen el significado y la belleza de la Penitencia sacramental, mostrándola como una íntima exigencia de la presencia eucarística. Supo iniciar así un "círculo virtuoso". Con su prolongado estar ante el sagrario en la Iglesia, consiguió que los fieles comenzasen a imitarlo, yendo a visitar

---

88 A. Monnin, o.c., II, pp. 430 ss.

89 Nodet, p. 105.

90 Ibíd., p. 105.

91 Ibíd., p. 104.

a Jesús, seguros de que allí encontrarían también a su párroco, disponible para escucharlos y perdonarlos. Al final, una muchedumbre cada vez mayor de penitentes, provenientes de toda Francia, lo retenía en el confesonario hasta 16 horas al día. Se comentaba que Ars se había convertido en *"el gran hospital de las almas"*[92]. Su primer biógrafo afirma: *"La gracia que conseguía [para que los pecadores se convirtieran] era tan abundante que salía en su búsqueda sin dejarles un momento de tregua"*[93]. En este mismo sentido, el Santo Cura de Ars decía: *"No es el pecador el que vuelve a Dios para pedirle perdón, sino Dios mismo quien va tras el pecador y lo hace volver a Él"*[94]. *"Este buen Salvador está tan lleno de amor que nos busca por todas partes"*[95].

Todos los sacerdotes hemos de considerar como dirigidas personalmente a nosotros aquellas palabras que él ponía en boca de Jesús: *"Encargaré a mis ministros que anuncien a los pecadores que estoy siempre dispuesto a recibirlos, que mi misericordia es infinita"*[96]. **Los sacerdotes podemos aprender del Santo Cura de Ars no sólo una confianza infinita en el sacramento de la Penitencia**, que nos impulse a ponerlo en el centro de nuestras preocupaciones pastorales, **sino también el método del "diálogo de salvación" que en él se debe entablar**. El Cura de Ars se comportaba de manera diferente con cada penitente. Quien se acercaba a su confesonario con una necesidad profunda y humilde del perdón de Dios, encontraba en él palabras de ánimo para sumergirse en el *"torrente de la divina misericordia"* que

---

92 A. Monnin, o.c., II, p. 293.

93 Ibíd., II, p. 10.

94 Nodet, p. 128.

95 Ibíd., p. 50.

96 Ibíd., p. 131.

arrastra todo con su fuerza. Y si alguno estaba afligido por su debilidad e inconstancia, con miedo a futuras recaídas, el Cura de Ars le revelaba el secreto de Dios con una expresión de una belleza conmovedora: *"El buen Dios lo sabe todo. Antes incluso de que se lo confeséis, sabe ya que pecaréis nuevamente y sin embargo os perdona. ¡Qué grande es el amor de nuestro Dios que le lleva incluso a olvidar voluntariamente el futuro, con tal de perdonarnos!"*[97]. A quien, en cambio, se acusaba de manera fría y casi indolente, le mostraba, con sus propias lágrimas, la evidencia seria y dolorosa de lo "abominable" de su actitud: *"Lloro porque vosotros no lloráis"*[98], decía. *"Si el Señor no fuese tan bueno... pero lo es. Hay que ser un bárbaro para comportarse de esta manera ante un Padre tan bueno"*[99]. Provocaba el arrepentimiento en el corazón de los tibios, obligándoles a ver con sus propios ojos el sufrimiento de Dios por los pecados como "encarnado" en el rostro del sacerdote que los confesaba. Si alguno manifestaba deseos y actitudes de una vida espiritual más profunda, le mostraba abiertamente las profundidades del amor, explicándole la inefable belleza de vivir unidos a Dios y estar en su presencia: *"Todo bajo los ojos de Dios, todo con Dios, todo para agradar a Dios... ¡Qué maravilla!"*[100]. Y les enseñaba a orar: *"Dios mío, concédeme la gracia de amarte tanto cuanto yo sea capaz"*[101].

El Cura de Ars consiguió en su tiempo cambiar el corazón y la vida de muchas personas, porque fue capaz de hacerles sentir el amor misericordioso del Señor. Urge también en nuestro tiempo

---

97   Ibíd., p. 130.

98   Ibíd., p. 27.

99   Ibíd., p. 139.

100 Ibíd., p. 28.

101 Ibíd., p. 77.

un anuncio y un testimonio similar de la verdad del Amor: *Deus caritas est* (*1 Jn* 4, 8). Con la Palabra y con los Sacramentos de su Jesús, Juan María Vianney edificaba a su pueblo, aunque a veces se agitaba interiormente porque no se sentía a la altura, hasta el punto de pensar muchas veces en abandonar las responsabilidades del ministerio parroquial para el que se sentía indigno. Sin embargo, con un sentido de la obediencia ejemplar, permaneció siempre en su puesto, porque lo consumía el celo apostólico por la salvación de las almas. Se entregaba totalmente a su propia vocación y misión con una ascesis severa: *"La mayor desgracia para nosotros los párrocos –deploraba el Santo– es que el alma se endurezca"*; con esto se refería al peligro de que el pastor se acostumbre al estado de pecado o indiferencia en que viven muchas de sus ovejas[102]. Dominaba su cuerpo con vigilias y ayunos para evitar que opusiera resistencia a su alma sacerdotal. Y se mortificaba voluntariamente en favor de las almas que le habían sido confiadas y para unirse a la expiación de tantos pecados oídos en confesión. A un hermano sacerdote, le explicaba: *"Le diré cuál es mi receta: doy a los pecadores una penitencia pequeña y el resto lo hago yo por ellos"*[103]. Más allá de las penitencias concretas que el Cura de Ars hacía, el núcleo de su enseñanza sigue siendo en cualquier caso válido para todos: las almas cuestan la sangre de Cristo y el sacerdote no puede dedicarse a su salvación sin participar personalmente en el "alto precio" de la redención.

En la actualidad, como en los tiempos difíciles del Cura de Ars, es preciso que los sacerdotes, con su vida y obras, se distingan por un vigoroso testimonio evangélico. Pablo VI ha observado oportunamente:

---

102 Ibíd., p. 102.

103 Ibíd., p. 189.

"El hombre contemporáneo escucha más a gusto a los que dan testimonio que a los que enseñan, o si escucha a los que enseñan, es porque dan testimonio"[104]. Para que no nos quedemos existencialmente vacíos, comprometiendo con ello la eficacia de nuestro ministerio, debemos preguntarnos constantemente: *"¿Estamos realmente impregnados por la palabra de Dios? ¿Es ella en verdad el alimento del que vivimos, más que lo que pueda ser el pan y las cosas de este mundo? ¿La conocemos verdaderamente? ¿La amamos? ¿Nos ocupamos interiormente de esta palabra hasta el punto de que realmente deja una impronta en nuestra vida y forma nuestro pensamiento?"*[105]. Así como Jesús llamó a los Doce para que estuvieran con Él (cf. Mc 3, 14), y sólo después los mandó a predicar, también en nuestros días los sacerdotes están llamados a asimilar el "nuevo estilo de vida" que el Señor Jesús inauguró y que los Apóstoles hicieron suyo[106].

La identificación sin reservas con este "nuevo estilo de vida" caracterizó la dedicación al ministerio del Cura de Ars. El papa Juan XXIII en la Carta encíclica **Sacerdotii nostri primordia**, publicada en 1959, en el primer centenario de la muerte de san Juan María Vianney, presentaba su fisonomía ascética refiriéndose particularmente a los tres consejos evangélicos, considerados como necesarios también para los presbíteros: *"Y, si para alcanzar esta santidad de vida, no se impone al sacerdote, en virtud del estado clerical, la práctica de los consejos evangélicos, ciertamente que a él, y a todos los discípulos del Señor, se le presenta como el camino real de la santificación cristiana"*[107]. El

---

104 **Evangelii nuntiandi**, 41.

105 Benedicto XVI, *Homilía en la solemne Misa Crismal*, 9 de abril de 2009.

106 Cf. Benedicto XVI, *Discurso a los participantes en la Asamblea plenaria de la Congregación para el Clero*. 16 de marzo de 2009.

107 P. I.

Cura de Ars supo vivir los "consejos evangélicos" de acuerdo a su condición de presbítero. En efecto, su pobreza no fue la de un religioso o un monje, sino la que se pide a un sacerdote: a pesar de manejar mucho dinero (ya que los peregrinos más pudientes se interesaban por sus obras de caridad), era consciente de que todo era para su iglesia, sus pobres, sus huérfanos, sus niñas de la "Providence"[108], sus familias más necesitadas. Por eso *era rico para dar a los otros y era muy pobre para sí mismo*[109]. Y explicaba: *"Mi secreto es simple: dar todo y no conservar nada"*[110]. Cuando se encontraba con las manos vacías, decía contento a los pobres que le pedían: *"Hoy soy pobre como vosotros, soy uno de vosotros"*[111]. Así, al final de su vida, pudo decir con absoluta serenidad: *"No tengo nada... Ahora el buen Dios me puede llamar cuando quiera"*[112]. También su castidad era la que se pide a un sacerdote para su ministerio. Se puede decir que era la castidad que conviene a quien debe tocar habitualmente con sus manos la Eucaristía y contemplarla con todo su corazón arrebatado y con el mismo entusiasmo la distribuye a sus fieles. Decían de él que *"la castidad brillaba en su mirada"*, y los fieles se daban cuenta cuando clavaba la mirada en el sagrario con los ojos de un enamorado[113]. También la obediencia de san Juan María Vianney quedó plasmada totalmente en la entrega abnegada a las exigencias cotidianas de su ministerio. Se sabe cuánto le atormentaba no sentirse idóneo para el ministerio parroquial y su deseo de

---

108 Nombre que dio a la casa para la acogida y educación de 60 niñas abandonadas. Fue capaz de todo con tal de mantenerla: *"J'ai fait tous les commerces imaginables"*, decía sonriendo (Nodet, p. 214).

109 Nodet, p. 216.

110 Ibíd., p. 215.

111 Ibíd., p. 216.

112 Ibíd., p. 214.

113 Cf. Ibíd., p. 112.

retirarse *"a llorar su pobre vida, en soledad"*[114]. Sólo la obediencia y la pasión por las almas conseguían convencerlo para seguir en su puesto. A los fieles y a sí mismo explicaba: *"No hay dos maneras buenas de servir a Dios. Hay una sola: servirlo como Él quiere ser servido"*[115]. Consideraba que la regla de oro para una vida obediente era: *"Hacer sólo aquello que puede ser ofrecido al buen Dios"*[116].

En el contexto de la espiritualidad apoyada en la práctica de los consejos evangélicos, me complace invitar particularmente a los sacerdotes, en este Año dedicado a ellos, a percibir la nueva primavera que el Espíritu está suscitando en nuestros días en la Iglesia, a la que los Movimientos eclesiales y las nuevas Comunidades han contribuido positivamente. *"El Espíritu es multiforme en sus dones... Él sopla donde quiere. Lo hace de modo inesperado, en lugares inesperados y en formas nunca antes imaginadas... Él quiere vuestra multiformidad y os quiere para el único Cuerpo"*[117]. A este propósito vale la indicación del Decreto **Presbyterorum ordinis**: "Examinando los espíritus para ver si son de Dios, [los presbíteros] han de descubrir mediante el sentido de la fe los múltiples carismas de los laicos, tanto los humildes como los más altos, reconocerlos con alegría y fomentarlos con empeño"[118]. Dichos dones, que llevan a muchos a una vida espiritual más elevada, pueden hacer bien no sólo a los fieles laicos sino también a los ministros mismos. La comunión entre ministros ordenados y carismas *"puede impulsar un renovado compromiso*

---

114 Cf. Ibíd., pp. 82-84; 102-103.

115 Ibíd., p. 75.

116 Ibíd., p. 76.

117 Benedicto XVI, *Homilía en la celebración de las primeras vísperas en la vigilia de Pentecostés*, 3 de junio de 2006.

118 N. 9.

de la Iglesia en el anuncio y en el testimonio del Evangelio de la esperanza y de la caridad en todos los rincones del mundo"[119]. Quisiera añadir además, en línea con la Exhortación apostólica **Pastores dabo vobis** del papa Juan Pablo II, que el ministerio ordenado tiene una radical "forma comunitaria" y sólo puede ser desempeñado en la comunión de los presbíteros con su Obispo[120]. Es necesario que esta comunión entre los sacerdotes y con el propio Obispo, basada en el sacramento del Orden y manifestada en la concelebración eucarística, se traduzca en diversas formas concretas de fraternidad sacerdotal efectiva y afectiva[121]. Sólo así los sacerdotes sabrán vivir en plenitud el don del celibato y serán capaces de hacer florecer comunidades cristianas en las cuales se repitan los prodigios de la primera predicación del Evangelio.

El Año Paulino que está por concluir orienta nuestro pensamiento también hacia el Apóstol de los gentiles, en quien podemos ver un espléndido modelo sacerdotal, totalmente "entregado" a su ministerio. *"Nos apremia el amor de Cristo* —escribía—, *al considerar que, si uno murió por todos, todos murieron"* (2 Co 5, 14). Y añadía: *"Cristo murió por todos, para que los que viven, ya no vivan para sí, sino para el que murió y resucitó por ellos"* (2 Co 5, 15). ¿Qué mejor programa se podría proponer a un sacerdote que quiera avanzar en el camino de la perfección cristiana?

Queridos sacerdotes, la celebración del 150 aniversario de la muerte de san Juan María Vianney (1859) viene inmediatamente después de las celebraciones apenas concluidas del 150 aniversario de las apari-

---

119 Benedicto XVI, *Discurso a un grupo de Obispos amigos del Movimiento de los Focolares y a otro de amigos de la Comunidad de San Egidio*, 8 de febrero de 2007.

120 Cf. n. 17.

121 Cf. Juan Pablo II, Exhortación apostólica **Pastores dabo vobis**, 74.

ciones de Lourdes (1858). Ya en 1959, el beato papa Juan XXIII había hecho notar: *"Poco antes de que el Cura de Ars terminase su carrera tan llena de méritos, la Virgen Inmaculada se había aparecido en otra región de Francia a una joven humilde y pura, para comunicarle un mensaje de oración y de penitencia, cuya inmensa resonancia espiritual es bien conocida desde hace un siglo. En realidad, la vida de este sacerdote cuya memoria celebramos, era anticipadamente una viva ilustración de las grandes verdades sobrenaturales enseñadas a la vidente de Massabielle. Él mismo sentía una devoción vivísima hacia la Inmaculada Concepción de la Santísima Virgen; él, que ya en 1836 había consagrado su parroquia a María concebida sin pecado, y que con tanta fe y alegría había de acoger la definición dogmática de 1854"*[122]. El Santo Cura de Ars recordaba siempre a sus fieles que *"Jesucristo, cuando nos dio todo lo que nos podía dar, quiso hacernos herederos de lo más precioso que tenía, es decir de su Santa Madre"*[123].

Confío este Año Sacerdotal a la Santísima Virgen María, pidiéndole que suscite en cada presbítero un generoso y renovado impulso de los ideales de total donación a Cristo y a la Iglesia que inspiraron el pensamiento y la tarea del Santo Cura de Ars. Con su ferviente vida de oración y su apasionado amor a Jesús crucificado, Juan María Vianney alimentó su entrega cotidiana sin reservas a Dios y a la Iglesia. Que su ejemplo fomente en los sacerdotes el testimonio de unidad con el Obispo, entre ellos y con los laicos, tan necesario hoy como siempre. A pesar del mal que hay en el mundo, conservan siempre su actualidad las palabras de Cristo a sus discípulos en el Cenáculo: *"En el mundo tendréis luchas; pero tened valor: yo he*

---

122 Carta encíclica **Sacerdotii nostri primordia**, P. III.

123 Nodet, p. 244.

vencido al mundo" (*Jn* 16,33). La fe en el Maestro divino nos da la fuerza para mirar con confianza el futuro. Queridos sacerdotes, Cristo cuenta con vosotros. A ejemplo del Santo Cura de Ars, dejaos conquistar por Él y seréis también vosotros, en el mundo de hoy, mensajeros de esperanza, reconciliación y paz.

Con mi bendición.
Vaticano, 16 de junio de 2009.

26 de noviembre de 2009

Ese día, durante el Año Sacerdotal, en una multitudinaria Misa celebrada en la Catedral de Buenos Aires y ante el corazón incorrupto de san Juan María Vianney, el arzobispo de la capital argentina, cardenal Jorge Mario Bergoglio (futuro Papa Francisco), alentó a los sacerdotes a vivir intensamente su vocación en la paciencia y el servicio[124].

En su homilía, el purpurado recordó que "todos estamos revestidos de su gloria", pero "de manera especial los presbíteros, que de alguna manera queremos seguirlo a Él de cerca en este camino de anonadamiento y de compasión", al recordar que todos los bautizados han recibido la gloria que el Padre le dio a Jesús, y que "la gloria de Cristo es la cruz, es consumar su camino de compasión".

Seguidamente el Cardenal alertó a los sacerdotes que "quizás podemos perdernos en la imaginación, pensando que esto puede desembocar en el camino del martirio, de la sangre, como fue en el caso de Jesús, y esto nos puede desorientar" y no per-

---

124 Concelebraron con el Arzobispo de Buenos Aires el Cardenal Estanislao Esteban Karlic, Arzobispo Emérito de Paraná; los obispos pertenecientes a la provincia eclesiástica de Buenos Aires y más de 100 sacerdotes, entre ellos, el custodio de la diócesis de Belley-Ars (Francia) que acompaña el itinerario de la reliquia, P. Karlo Tyberghien. Previo a la celebración eucarística, el corazón incorrupto del Santo Cura de Ars permaneció expuesto para la veneración de los sacerdotes, hubo una conferencia del Cardenal Karlic y un momento de adoración eucarística.

mitir "sacar el jugo de esto que Jesús nos está diciendo". Pero san Pablo enseñó a los pastores "cómo llevar adelante este ser ungidos por la gloria de Jesús", teniendo sus mismos sentimientos, los que "inicialmente lo llevaron a anonadarse para compartir nuestro camino".

El Arzobispo de Buenos Aires dijo luego a los sacerdotes que su martirio y que el participar de Cristo, pasa por los sentimientos de benevolencia, humildad, dulzura y paciencia, que tienen que tener para conducir al pueblo. El Cardenal exclamó luego: "¡qué difícil, a veces, es la paciencia para un cura! Imagínense lo difícil que habrá sido para Jesús". El sacerdote tiene que tener esos sentimientos "pero sin perder la firmeza de la conducción" y "sin negociar la doctrina", añadió.

"Somos sacerdotes –continuó– para caminar con nuestro pueblo fiel, con benevolencia, humildad, dulzura y paciencia. Jesús no nos quiere líderes de una ONG que pueda triunfar... Nos quiere ungidos como Él y con sus mismos sentimientos", insistió.

A ejemplo del Cura de Ars, que logró alcanzar esos sentimientos porque le abrió su corazón a Cristo, exhortó a los sacerdotes a hacer lo mismo. "Si abrimos nuestro corazón, Él nos va a llenar de esta unción que nos va a llevar a este tipo de conducta, de conducción pastoral del pueblo de Dios, del cual también nosotros formamos parte", concluyó.

5 de abril de 2012

Durante la homilía de la Misa Crismal, el Jueves Santo del año 2012, en la Basílica Vaticana, el papa Benedicto XVI volverá a recordar el testimonio del Santo Cura de Ars:

"...Queridos amigos, queda claro que la configuración con Cristo es el presupuesto y la base de toda renovación. Pero tal vez la figura de Cristo nos parece a veces demasiado elevada y demasiado grande como para atrevernos a adoptarla como criterio de medida para nosotros. El Señor lo sabe. Por eso nos ha proporcionado «traducciones» con niveles de grandeza más accesibles y más cercanos. Precisamente por esta razón, Pablo decía sin timidez a sus comunidades: Imitadme a mí, pero yo pertenezco a Cristo. Él era para sus fieles una «traducción» del estilo de vida de Cristo, que ellos podían ver y a la cual se podían asociar. Desde Pablo, y a lo largo de la historia, se nos han dado continuamente estas «traducciones» del camino de Jesús en figuras vivas de la historia. Nosotros, los sacerdotes, podemos pensar en una gran multitud de sacerdotes santos, que nos han precedido para indicarnos la senda: comenzando por Policarpo de Esmirna e Ignacio de Antioquia, pasando por grandes Pastores como Ambrosio, Agustín y Gregorio Magno, hasta Ignacio de Loyola, Carlos Borromeo, **Juan María Vianney**, hasta los sacerdotes mártires del siglo XX y, por último, el papa Juan Pablo II que, en la actividad y en el sufrimiento, ha sido un ejemplo para nosotros en la configuración con Cristo, como «don y misterio». Los santos nos indican cómo funciona la renovación y cómo podemos ponernos a su servicio. Y nos permiten comprender también que Dios no mira los grandes números ni los éxitos exteriores, sino que remite sus victorias al humilde signo del grano de mostaza.

...Todo anuncio nuestro debe confrontarse con la palabra de Jesucristo: «Mi doctrina no es mía» (*Jn* 7,16). No anunciamos teorías y opiniones privadas, sino la fe de la Iglesia, de la cual somos servidores. Pero esto, naturalmente, en modo alguno significa que yo no sostenga esta doctrina con todo mi ser y no esté firmemente anclado en ella. En este contexto, siempre me vienen a la mente aquellas palabras de san Agustín: ¿Qué es tan mío como yo mismo? ¿Qué es tan menos mío como yo mismo? No me pertenezco y llego a ser yo mismo precisamente por el hecho de que voy más allá de mí mismo y, mediante la superación de mí mismo, consigo insertarme en Cristo y en su cuerpo, que es la Iglesia. Si no nos anunciamos a nosotros mismos e interiormente hemos llegado a ser uno con aquél que nos ha llamado como mensajeros suyos, de manera que estamos modelados por la fe y la vivimos, entonces nuestra predicación será creíble. No hago publicidad de mí, sino que me doy a mí mismo. **El Cura de Ars, lo sabemos, no era un docto, un intelectual. Pero con su anuncio llegaba al corazón de la gente, porque él mismo había sido tocado en su corazón...".**

TERCERA PARTE

PENSAMIENTOS DEL SANTO SOBRE EL SACERDOCIO

De sobra es conocido el episodio vivido por el Reverendo Balley cuando lo presenta a uno de los vicarios generales, el padre Courbon, que gobierna la archidiócesis de Lyon, le pregunta:

"¿Es piadoso el abate Vianney? ¿Siente devoción a la Virgen? ¿Sabe rezar el Rosario?

–Sí, es un modelo de piedad

¡Un modelo de piedad! Pues bien, que se presente a mí. La gracia de Dios hará el resto... La Iglesia no solamente necesita sacerdotes cultos, sino sobre todo sacerdotes piadosos".

La edición española del apasionante libro que sobre el cura de Ars escribiera el Vicario de Nantes, Monseñor Francis Trochu, basado en los documentos de su proceso de beatificación y canonización, lleva un interesante prólogo de san Manuel González García. El Obispo de los Sagrarios Abandonados, como popularmente se le conoce afirma: *"Un buen cura, escribe, es la mejor acción social de un pueblo".* Y comenta que *"un cura de pocas letras, de no atrayente figura, de carácter más bien seco y rigorista que dulce y contemporizador, llega a un pueblo indiferente, vicioso, rutinario, apático, rebosante de odios y prejuicios revolucionarios, y sin ejercer otro oficio ni otras funciones que **las de cura como la Iglesia los quiere, hace de su pueblo, de todo su pueblo cuanto quiere...**"*

Se cuenta que un día, el Santo Cura de Ars recibió la visita de un joven sacerdote de una parroquia cercana. Este sacerdote tenía gran interés de conocer personalmente al Cura de Ars. Después del almuerzo, el Cura de Ars le dijo: *¿Serías tan amable de escuchar mi confesión?* El joven sacerdote por poco se cae de su silla ante la súplica del Cura de Ars de escuchar la confesión de este admirable sacerdote con fama de santidad. ¡Los Santos se confiesan! Y los que se confiesan se vuelven Santos.

Por eso, en este apartado queremos escuchar lo que se conserva del Santo Cura de Ars sobre el sacerdocio. Bernard

Noddet[125] afirma que *"cuando uno descubre estas sentencias, nos sorprendemos recordando los apotegmas de los Padres del desierto"*. Escuchémosle y, sobre todo, recemos con él, meditemos en sus palabras.

Dormitorio y comedor del Santo Cura de Ars.

---

125 Bernard Nodet (1911-1990) sacerdote de la diócesis francesa de Belley publicó **Jean-Marie Baptiste Vianney. Curé d´Ars. Pensées** (DDB 1989). Luego la famosa librería barcelonesa *"La Hormiga de Oro"* publicó en 1995 la traducción al español con el título: **Cura de Ars. Su Pensamiento. Su Corazón**.

1. EL SACRAMENTO DEL ORDEN SACERDOTAL

- El orden sacerdotal es un sacramento que parece que no es asunto de ninguno de vosotros y es un sacramento que es asunto de todos.

- El sacerdote es un hombre que ocupa el sitio de Dios, un hombre revestido de todos los poderes de Dios.

- Si tuviéramos fe, veríamos a Dios escondido en el sacerdote como una luz detrás de un cristal, como un vino mezclado con agua.

- Cuando está en el altar o en el púlpito, debemos mirar al sacerdote como si fuera Dios mismo.

- Este sacramento eleva al hombre hasta Dios.

- Dios coloca al sacerdote como otro mediador entre el Señor y el pobre pecador, como está el Hijo mismo entre nosotros y su Padre Eterno.

- ¡Oh! ¡Qué cosa tan grande es ser sacerdote! Si él lo comprendiera se moriría. Dios le obedece: él dice dos palabras y nuestro Señor desciende del cielo a su llamada y se encierra en una pequeña hostia.

- Alguien decía: *"¿Santa Filomena obedece al cura de Ars?"* Claro, ya puede obedecerle, puesto que Dios le obedece.

- Si comprendiéramos bien al sacerdote en la tierra, nos moriríamos no de miedo, si no de amor.

- Si el sacerdote fuera bien consciente de la grandeza de su ministerio, apenas podría vivir.

- Cuando veáis al sacerdote, pensad en nuestro Señor Jesucristo.

- Si no tuviéramos el sacramento del Orden, no tendríamos a nuestro Señor. ¿Quién lo ha puesto en el Tabernáculo? El sacerdote. ¿Quién ha abierto las puertas a nuestra alma a la vida nueva? El sacerdote. ¿Quién la alimenta para darle la fuerza necesaria para hacer el camino? El sacerdote. ¿Quién la preparará para aparecer ante Dios, lavando su alma por última vez en la sangre de Jesucristo? El sacerdote, siempre el sacerdote. Y si esta alma va a morir, ¿quién la resucitará, quién le devolverá la calma y la paz? También el sacerdote.

- Sin el sacerdote, la muerte y la pasión de nuestro Señor no servirían para nada.

- Es el sacerdote el que continúa la obra de la Redención sobre la tierra.

- El sacerdocio es el amor del Corazón de Jesús.

- Si me encontrara a un sacerdote y a un ángel, saludaría primero al sacerdote que al ángel. Este es el amigo de Dios, pero el sacerdote ocupa su sitio.

- El sacerdote, por sus poderes, es más grande que un ángel.

- Después de Dios, el sacerdote lo es todo.

- Todo nos llega por el sacerdote.

- No podéis recordar un solo favor de Dios, sin encontrar al lado de este recuerdo la imagen del sacerdote.

- Todos los favores de Dios no nos servirán de nada sin el sacerdote.

- El sacerdote, siempre el sacerdote.

- Al sacerdote solo se le comprenderá en el cielo.

- Id a confesaros a la Santísima Virgen o a un ángel. ¿Os absolverán? ¿Os darán el cuerpo y la sangre de nuestro

Señor? No, la Santísima Virgen no puede hacer descender a su divino Hijo a la hostia. Tendríais doscientos ángeles y no podrían absolveros. Un sacerdote, por sencillo que sea, puede. Puede deciros: Id en paz, yo os perdono. ¡Oh! ¡Qué grande es ser sacerdote!

- ¡Cuánto honor hace a su creatura!

- (El sacerdote) alimenta (el alma) para darle la fuerza.

- El sacerdote debe estar siempre dispuesto para responder a las necesidades de las almas.

- ¿De qué serviría una casa llena de oro si no tuvierais a nadie para abrir la puerta? El sacerdote tiene la llave de los tesoros celestiales; es quien abre la puerta; es el ecónomo de Dios, el administrador de sus bienes.

- Allí donde no hay sacerdote, no hay sacrificio, no hay religión.

- Dejad una parroquia 20 años sin sacerdote: se adorará a los animales.

- Los pueblos paganos no podrán tener parte en el favor de la Redención mientras no tengan sacerdotes para hacerles la aplicación de su sangre.

- Cuando se quiere destruir la religión, se empieza atacando al sacerdote.

- ¿A quién os ha confiado? Al sacerdote, y le ha dicho: "Amigo mío, ocúpate de ellos; a mi vuelta, te lo pagaré todo".

- Cuando veáis a un sacerdote, debéis decir: "He aquí el que me ha hecho hijo de Dios, al que me ha purificado de mis pecados, al que da alimento a mi alma".

- ¡Ah! ¡No habléis mal de los sacerdotes!

- El sacerdote no es sacerdote para él. Él no se da la absolución, no se administra los sacramentos. No lo es para él, lo es para vosotros.

- Digo, algunas veces, al Obispo Devie: Si queréis convertir vuestra diócesis, debéis hacer unos santos de todos vuestros curas.

- El sacerdote debe estar cubierto por el Espíritu Santo como lo está por la sotana.

- ¡Oh! ¡Qué desgraciado un sacerdote que no es un hombre interior! ¡Pero para esto necesita tranquilidad, silencio retiro!

- Si un sacerdote llegara a morir a fuerza de trabajos y penas soportados para la gloria de Dios y la salvación de las almas, ¡no estaría nada mal!

- Lo que nos impide ser santos, a nosotros los sacerdotes, es la falta de reflexión. No profundizamos en nosotros mismos; no sabemos lo que hacemos. ¡Es la reflexión, la oración, la unión con Dios lo que necesitamos!

- El breviario era ligero como una pluma para los curas canonizados.

- ¡Ah! ¡Qué dignos son de compasión los pobres curas cuyos presbiterios están adornados y amueblados como palacios, mientras sus iglesias son pobres!

2. LOS TRABAJOS PASTORALES DEL SACERDOTE

- Un buen pastor, un pastor según el corazón de Dios, es el mayor tesoro que Dios puede otorgar a una parroquia, y uno de los más preciados dones de la misericordia divina.

- El sacerdocio es una carga, un peso gravoso que si el sacerdote no tuviera el consuelo y la felicidad de celebrar la Santa Misa, no podría soportar.

- ¡No! No hay nada en el mundo más desgraciado que un sacerdote. ¿Cómo p asa su vida? Viendo a Dios ofendido. El sacerdote solo ve esto.

- Está siempre, como san Pedro, en el pretorio. Tiene siempre, delante suyo, a nuestro Señor insultado, menospreciado, cubierto de oprobios. ¡Oh! Si yo hubiera sabido lo que era un sacerdote, en lugar de ir al seminario, me hubiera refugiado, rápidamente, en la Trapa.

- ¡Ah! ¡Qué espantoso es ser sacerdote! ¡La confesión! ¡Los sacramentos! ¡Qué carga! ¡Qué peso! ¡Oh! Si se supiera lo que es ser sacerdote, se huiría, como los santos, al desierto, para no serlo.

- ¿Cómo no sobrecogerse de espanto, ejerciendo un ministerio tan temible? (absolución)

- ¡Oh! Cuando pensamos que el gran Dios se ha dignado confiar esto a unos miserables como nosotros.

- Lo que es una gran desgracia para nosotros, los curas, es que el alma se entumece. Al principio, nos sentimos afectados por el estado de los que no aman a Dios. Después nos decimos: los hay que cumplen con su deber. ¡Estupendo! Los hay que se alejan de los sacramentos, ¡lástima! Y no hacemos ni más ni menos.

- (Después de una de sus huidas). Quise poner a Dios entre la espada y la pared, a fin de hacerle ver que si muero con el cargo y el peso de ser sacerdote, es bien a pesar mío y porque Él quiere.

- (A su muerte). Id a hacer tocar las campanas. ¿No deben los feligreses rezar por su cura?

- "Se dice que dais suaves penitencias a grandes pecadores". "Un confesor debe hacer una parte".

- No me desagrada ser sacerdote para celebrar la Misa, pero no querría ser cura, es muy enojoso.

- Si hubiera sabido todo lo que tendría que sufrir siendo cura, me habría muerto de pena.

- Lleno de preocupaciones, atormentado por mil temores, andaba derramando lágrimas ante la idea de la responsabilidad que, en adelante, iba a pesar sobre mí.

- Soy digno de compasión. No conozco a nadie más desgraciado que yo.

- Si fuera bastante desgraciado para veros –en contra de lo que espero y la esperanza que me da vuestra atención religiosa–, perseverar en la indiferencia, entonces os lo digo ante Dios, me retiraría en soledad para no exponer mi propia salvación en medio de vosotros, y respondería ante el tribunal por mi juicio y el vuestro.

- ¡Me levantaría siempre a medianoche! No es el cansancio lo que me asusta; sería el más feliz de los sacerdotes si no fuera por el pensamiento de que he de comparecer ante el tribunal de Dios como cura.

- Amigo mío, no sabéis lo que es pasar de un curato al tribunal de Dios.

3. EL SACERDOTE EN EL ALTAR

- ¡Oh! ¡Qué bien hace un sacerdote en ofrecerse a Dios, cada mañana, en sacrificio!

- ¡Solo en el cielo entenderemos la felicidad que es el celebrar la Misa!

- Ved el poder del sacerdote. La lengua del sacerdote de un trozo de pan hace un dios. Es más que crear el mundo.

- ¡Los dedos del sacerdote que han tocado la carne adorable de Jesucristo, que se han sumergido en el cáliz donde ha estado su sangre, el copón donde ha estado su cuerpo!

- El sacerdote debe sentir la misma alegría (que los apóstoles) viendo que sostiene entre sus manos a nuestro Señor.

- A la vista de un campanario, podéis decir: ¿qué hay allí? El cuerpo de nuestro Señor. ¿Por qué está allí? Porque un sacerdote pasó por allí y dijo la Santa Misa.

- Lo que hace daño son tantas noticias del mundo, conversaciones, política, correveidile. Nos llenan la cabeza, y después, vamos a decir la Santa Misa, el breviario.

- Los hay que han empezado bien, que han dicho la Misa bien durante algunos meses, ¿y después?

- La causa del relajamiento del sacerdote es que no presta atención a la Misa. ¡Dios mío!, qué digno de compasión es un sacerdote cuando celebra la Misa como una cosa ordinaria.

- Un sacerdote que tenga la desgracia de no celebrar en estado de gracia. ¡Qué monstruo! No se puede entender tanta maldad.

- Para celebra la Misa habría que ser un serafín.

- Todas las buenas obras reunidas, no equivalen al sacrificio de la Misa, porque son obras de los hombres y la Santa Misa es la obra de Dios. El mártir no es nada en comparación: es el sacrificio que el hombre hace a Dios de su vida; la Misa es el sacrificio que Dios hace para el hombre de su cuerpo y de su sangre.

- Podríais dar dos mil, tres mil, diez mil francos, no pagaríais una misa: pagar la sangre de nuestro Señor Jesucristo. Jamás.

- Si nos dijeran: a tal hora va a resucitar un muerto, correríamos para verlo. Pero la Consagración... y ¿no es un milagro mayor que la resurrección de un muerto?

- ¡Qué hermoso! Después de la consagración, Dios está allí, como en el cielo. Si el hombre conociera bien este misterio, moriría de amor. Dios nos cuida porque sabe que somos débiles.

- Nuestro Señor está allí como víctima.

- Por los méritos de la ofrenda de esta víctima, (Dios) no puede negarnos nada.

- Cuando se dice la Misa por los pobres pecadores, nuestro Señor está allí sobre el altar, lanzando un rayo de luz al alma del pobre pecador que le da a conocer su estado, su pobre miseria. Él no puede resistirse y vuelve a Dios, su Padre.

- Padre Santo y Eterno, hagamos un intercambio. Vos tenéis el alma de mi amigo que está en el purgatorio, y yo tengo el cuerpo de vuestro Hijo que está en mis manos: ¡bien! Liberad a mi amigo y yo os ofrezco a vuestro Hijo con todos los méritos de su muerte y pasión.

- Solo descanso dos veces al día: en el altar y en el púlpito.

- Hasta la Consagración voy bastante deprisa, pero después, pierdo la noción del tiempo teniendo a nuestro Señor en mis manos.

- Dios mío, si tuviera la desgracia de estar separado de Vos durante la eternidad, prolongad, al menos, los momentos durante los cuales yo os tenga entre las manos.

- Después de la Consagración, cuando tengo el santo cuerpo de nuestro Señor en mis manos, y cuando estoy en mis horas de desaliento, viéndome solo digno del infierno, me digo: "¡Ah! ¡Si al menos pudiera llevármelo conmigo! El infierno sería dulce cerca de Él. No me importaría quedarme allí toda la eternidad sufriendo si estuviéramos juntos. Pero entonces, ya no habría infierno. Las llamas del amor apagarían las de la justicia.

- Cuando en la misa tengo en mis manos a Dios, ¿qué puede negarme?

- Mañana, después de la misa, quizás os responda.

- Asistir a misa es el acto más grande que podemos hacer.

- No hay otro momento en que la gracia sea dada con tanta abundancia (la misa).

- La Comunión y el santo sacrificio de la Misa son los dos actos más eficaces para obtener la conversión de los corazones.

- (Para entender la misa), tendríamos que humillarnos ante Dios como Él lo hace por nosotros en el sacramento de la Eucaristía.

- Para asistir a la misa hay que estar en estado de gracia.

- No es suficiente asistir a misa, hay que asistir con la intención de oírla y de oírla con atención.

- La mejor manera de oír la Santa Misa es unirse al sacerdote en todo lo que dice, seguirle en todos sus actos; e intentar calar en los más vivos sentimientos de amor y de reconocimiento; debemos seguir ese método.

- Si asisto a la Santa Misa, uno tanto mi espíritu como mi corazón a las santas intenciones de Jesús.

- Tendríamos que dedicar, al menos un cuarto de hora, para prepararnos a oír la misa.

- Después de una semana sin casi pensar en Dios, es justo emplear el domingo en rezar y dar gracias a Dios.

- ¿Qué Misa debemos oír? La Misa de la parroquia, en la que nos reunimos para dar honor y gloria a Dios, donde hacemos los anuncios, donde rezamos los unos por los otros, por los vivos y por los muertos.

- Dentro de poco, cuando tendré a nuestro Señor en mis manos, decidle como el ciego de Jericó: *"Señor, ¡haced que vea!"*

- Cuando forzosamente, no podemos asistir, debemos decir las oraciones de la Misa para unirnos a los que están en la iglesia.

4. EL SACERDOTE ADORADOR DEL SANTÍSIMO

- No hay nada comparable a la Eucaristía.

- Dios detiene su mirada en el altar: *"Este es mi Hijo bien amado, en quien me he complacido"*.

- Nuestro Señor está en el cielo. Está también en el Tabernáculo. ¡Qué felicidad!

- Está allí, en el sacramento del amor, suspirando e intercediendo sin cesar, ante su Padre por los pecadores.

- Vosotros no me veis, pero no importa. Pedidme lo que queráis, os lo concederé.

- ¡Ahí está el que tanto nos ama! ¿Qué razones hay para no amarle?

- ¡Oh! Hijos míos, ¿qué hace nuestro Señor en el sacramento de su amor? Toma su buen corazón para amarnos. Y de él emana una ternura y una misericordia tan grandes, que ahogan los pecados del mundo.

- Los hombres traman los más sucios complots contra Él, mientras que Él solo se preocupa de darles lo mejor que tiene, que es Él mismo.

- Si Dios tuviera algo mejor nos lo daría.

- Él no puede decidirse a dejarnos solos sobre la tierra.

- ¡Ah! Si tuviéramos los ojos de los ángeles, viendo a nuestro Señor Jesucristo que está presente aquí en el altar y que nos mira, ¡cómo le amaríamos!

- Si hubiéramos podido pedirle una gracia a nuestro Señor, nunca habríamos pensado en esta.

- Cuando estemos ante el Santísimo Sacramento, en lugar de mirar a nuestro alrededor, cerremos los ojos y la boca y abramos nuestro corazón. Dios abrirá el suyo; iremos hacia Él, Él vendrá hacia nosotros, el uno para pedir y el otro para recibir; será como un soplo del uno al otro.

- Baja sobre nuestros altares donde nos espera día y noche.

- ¿Qué hace nuestro Señor en el Tabernáculo? Nos espera.

- Él está allí, todo corazón, esperando que vayamos a contarle nuestras necesidades y a recibirle.

- Nuestro Señor está allí, escondido, esperando que vayamos a visitarle y a hacerle nuestras peticiones. Ved qué bueno es, se acomoda a nuestra pequeñez. Si se hubiera presentado lleno de gloria delante de nosotros no nos hubiéramos atrevido a acercarnos.

- Quiere que siempre que le busquemos, podamos encontrarle.

- Hijos míos, si amáis a Dios, a menudo pensaréis en nuestro Señor en los altares.

- Dios mío, ¡qué pena que no seamos penetrados por vuestra presencia!

- Él está en los santos tabernáculos como un religioso de la Trapa en su celda.

- Si tuviéramos fe, veríamos a Jesucristo en el Santísimo Sacramento como los ángeles le ven en el cielo. Él está allí, Él nos espera.

- ¡Ah! Si tuviéramos fe, si nos dejáramos penetrar pro la presencia de nuestro Señor que está allí, en nuestros altares, con sus manos llenas de gracias buscando distribuirlas, con qué respeto estaríamos en su santa presencia.

- Si estuvierais convencidos de la presencia real de nuestro Señor en el Santísimo Sacramento y le rogarais con fervor, obtendríais, sin lugar a duda, vuestra conversión.

- Porque nuestro Señor no se muestra en el Santísimo Sacramento en toda su majestad, estáis aquí sin respeto; pero, sin embargo, ¡es Él! ¡Él está en medio de nosotros!

- No tener devoción al cuerpo y a la sangre de nuestro Señor Jesucristo es una señal de reprobación.

- ¿Qué mayor felicidad que estar en la presencia de Dios, solos, a sus pies, ante los santos tabernáculos?

- Qué dulce y cómo consuela la santa presencia de Dios.

- Nuestra felicidad es demasiado grande; no, no, nunca al entenderemos.

- Si pasáis ante una iglesia, entrad para saludar a nuestro Señor. ¿Podríais pasar ante la puerta de un amigo sin saludarle?

- Cuando de camino vemos un campanario, esta visión debe hacernos latir el corazón como la visión del tejado donde vive su amado hace latir el corazón de la esposa.

- Si amáis a nuestro Señor tendréis siempre ante los ojos del espíritu este tabernáculo dorado, esta casa de Dios.

- Cuando no podamos ir a la iglesia, volvámonos del lado del tabernáculo. Para Dios no hay muros que valgan.

- Cuando os despertéis durante la noche, transportaos rápidamente en espíritu ante el tabernáculo.

- Nada es suficientemente precioso para contener el cuerpo y la sangre de nuestro Señor Jesucristo.

- ¡Oh, Dios mío! ¡Dadme la fuerza para llevaros!

- (Después de una procesión del Santísimo Sacramento) ¿Cómo podría estar cansado? Llevaba al que me lleva.

- Lo llevo a la derecha, se queda a la derecha. Lo llevo hacia la izquierda, se queda a la izquierda.

- Durante las vigilias, pasaba gran parte de la noche en la iglesia.

- Yo decía a Dios: si supiera que no habría de teneros nunca en el cielo, no os soltaría ahora que os tengo en mis manos (en una Misa del Gallo, antes del Padrenuestro).

- ¡Qué felicidad! Hoy nuestro Señor se ha paseado por la parroquia para bendeciros. Cuando paséis por los caminos por donde Él pasó, podréis decir: "Nuestro Señor pasó por aquí".

- ¡Ah! Si quisiéramos lo obtendríamos todo esta semana (semana del Corpus).

- Soy feliz de poder embellecer y aumentar el ajuar de Dios.

- En lugar de hacer ruido en los periódicos, haced ruido a la puerta del tabernáculo.

5. EL SACERDOTE Y LA COMUNIÓN

- ¡Si comprendiéramos el valor de la Santa Comunión!

- Las tres personas divinas habitan en esta alma, ¡es un pequeño cielo!

- Una comunión santa, una sola, es suficiente para desganar al hombre de la tierra ay hacerle vivir una primera antesala de las delicias celestiales.

- Estamos obligados a decir como san Juan: *"¡Es el Señor!"*

- ¿No somos más afortunados que Simeón? Si queremos, podemos tenerle siempre. Y no viene solo a nuestros brazos, sino a nuestro corazón.

- El alimento del alma es el cuerpo y la sangre de un Dios. Hay razón, si se pensara, de perderse para la eternidad en este abismo de amor.

- ¡Oh, alma mía! Qué grande eres, ya que solo Dios puede satisfacerte.

- Nuestra alma es tan preciosa a los ojos de Dios que, en su sabiduría, no encontró otro alimento digno de ella que no fuera su cuerpo adorable, del que Él quiere que haga su pan de cada día.

- ¡La comunión! ¡Oh, qué honor hace Dios a su criatura!

- Hombre, ¡qué grande eres! Alimentado por el cuerpo y la sangre de un Dios.

- Venid a comulgar, venid a Jesús, venid a vivir de Él a fin de vivir para Él.

- Si no alimentáramos nuestro cuerpo, perdería su fuerza. Bien, si priváis a vuestras almas de su alimento, ellas estarán lánguidas y débiles.

- Se quedará con nosotros no solo para consolarnos, sino para darse a nosotros y no hacer más que uno con nosotros.

- El alma solo puede alimentarse de Dios. Solo Dios le satisface; solo Dios puede llenarla; solo Dios puede saciar su hambre. Necesita a su Dios.

- Nuestra alma no puede tener otro alimento que Dios mismo, porque ella debe vivir del espíritu del mismo Dios.

- Todos los seres de la creación necesitan alimentarse para vivir, por esto Dios hizo los árboles y las plantas. Es una mesa bien servida donde todos los animales van a tomar cada uno, el alimento que les conviene. Pero el alma también tiene que alimentarse. Cuando Dios quiso darle un alimento para sostenerla en el peregrinaje de la vida, echó una mirada sobre la creación y no encontró nada digno de ella. Entonces Él se recogió en sí mismo y decidió darse.

- El tabernáculo: ¡el bufet de Dios!

- El tabernáculo es como la fresquera de nuestras almas. En las familias hay una despensa donde se guardan las previsiones; el tabernáculo es la despensa donde las almas encuentran con qué alimentarse.

- El que comulga se pierde en Dios como una gota de agua en el océano. No se les puede separar.

- Si las almas amaran a Dios, la santa comunión se introduciría en ellas como dos cirios, una vez fundidos por el ardor del fuego, se infiltran en el papel, se funden juntos y el papel queda completamente empapado.

- Como un aceite oloroso y fino se desparrama en una sábana y se extiende hasta el último hilo, igual la Santa Eucaristía comunica con nuestra alma cuando está pura. Se extiende y la penetra por completo, pero solo en el alma pura abrasada de amor.

- Cuando nuestra alma recibe la comunión, se une a su Dios, a un Dios de amor, a un Dios que se complace al estar con los hijos de los hombres.

- Si recibimos la Santa Eucaristía con un alma pura, ¡qué paz sentiremos!

- La tierra es demasiado pequeña para abastecer a nuestra alma de alimento: ella tiene hambre de Dios, solo Dios puede saciarla.

- Dios, al querer darse a nosotros en el sacramento de su amor, nos ha infundido un deseo tan grande que solo Él puede satisfacer.

- Lo que nos sorprenderá durante toda la eternidad, es que a nosotros, siendo tan miserables, se nos haya dado un Dios tan grande.

- ¡Oh, hombre! Qué afortunado eres y qué poco comprendes tu felicidad. Si la comprendieras, no podrías vivir. No, seguro, no podrías vivir. Morirías de amor. Dios se te da, puedes llevártelo, si quieres a donde tú quieras; no es más que uno contigo.

- ¿Cómo puede entenderse que algunos cristianos estén tres, cuatro, cinco y seis meses sin dar alimento celestial a su pobre alma?

- Tenemos demasiada suerte. Solo lo entenderemos en el cielo, ¡qué lástima!

- Sin la divina Eucaristía, no habría felicidad posible en este mundo, la vida sería insoportable. Cuando recibimos la santa comunión, recibimos nuestra alegría, nuestra felicidad.

- La santa comunión es un baño de amor.

- ¡Qué felices son las almas puras que gozan de la dicha de unirse a nuestro Señor en la comunión! En el cielo brillarán como hermosos diamantes porque Dios se verá en ellas.

- Cuando comulgamos, el alma se revuelca en el bálsamo del amor como las abejas en las flores.

- Cuando se comulga, se siente algo extraordinario, un bienestar que recorre todo el cuerpo y llega hasta las extremidades. ¿Qué es este bienestar? Es nuestro Señor, que comunica con todas las partes de nuestro cuerpo y las hace vibrar. Los que no sienten nada son dignos de compasión.

- Cuando un alma ha recibido la comunión, se llena.

- Lo que me gusta, es la devoción a nuestro Señor en el Santísimo Sacramento del altar. Somos tan felices cuando le recibimos en la comunión. Le escondemos en nuestro corazón y nos lo llevamos con nosotros.

- Al salir de la Santa Mesa somos tan felices como lo hubieran sido los Magos, si hubieran podido llevarse al Niño Jesús.

- Hace poco pensaba que nuestro Señor y etas buenas religiosas que son sus esposas, rivalizaban en generosidad, en quién daría más; pero es siempre nuestro Señor quien gana. Las religiosas dan su corazón, Él da su corazón y su cuerpo. Mientras las religiosas decían: renuevo mis votos de pobreza, castidad y obediencia, yo les decía presentándoles la hostia: que el cuerpo de nuestro Señor guarde vuestra alma para la vida eterna.

- *"Todo lo que pediréis a mi Padre en mi nombre, os lo concederá"*. Nunca se nos hubiera ocurrido pedirle a Dios su propio Hijo. Pero lo que el hombre no puede decir ni concebir, y que no hubiera nunca osado pedir, Dios en su amor, lo dijo, lo concibió y lo ejecutó. ¿Nos hubiéramos atrevido nunca a pedir a Dios que su hijo muriera por nosotros, que nos diera su carne para comer, su sangre para beber? Si esto no fuera verdad, el hombre habría podido imaginarse cosas que Dios no puede hacer; habría ido más lejos que Dios en las invenciones de su amor. Y esto no es posible.

- Cuando tenemos a Dios en nuestro corazón, este debe estar quemado.

- Una comunión bien hecha es suficiente para abrasar un alma en el amor de su Dios.

- Con una comunión dais más gloria a Dios que si dierais cien mil francos (a los pobres).

- Cuando queremos obtener algo de Dios después de la comunión, ofrezcámosle su Hijo bien amado con todos los méritos de su muerte y pasión; (Él) no podrá negarnos nada.

- Cuando nuestro Señor vive en un alma, está contento y la llena de felicidad y alegría, y le comunica este amor generoso capaz de hacerlo todo y de sufrir para complacerle.

- Tomad un vaso de licor y tapadlo, conservaréis el licor tanto como queráis. Igual si guardáis bien a nuestro Señor después de la comunión, sentiréis, durante mucho tiempo, este fuego devastador que infundirá en vuestro corazón gran tendencia al bien y una repugnancia hacia el mal.

- Si pudiéramos entender todos los bienes que se encuentran en la santa comunión, el corazón del hombre no necesitaría nada más. El avaro no correría detrás de su tesoro, ni el ambicioso tras su gloria; todos dejarían la tierra sacudiéndose el polvo y echaría a volar hacia el cielo.

- Poned todas las buenas obras del mundo ante una comunión bien hecha; será como un grano de polvo ante una montaña.

- En la Iglesia primitiva se comulgaba cada día. Cuando los cristianos se enfriaron, se constituyó el cuerpo de nuestro Señor por el pan bendecido, es una humillación.

- Los hombres tienen un alma que salvar, igual que las mujeres. Ellos son los primeros en todo. ¿Por qué no serlo también en servir a Dios y rendir homenaje a Jesucristo en el sacramento de su amor?

- ¡Qué humillados deberíamos sentirnos cuando vemos a los otros ir a la Santa Misa y nosotros permanecemos inmóviles en nuestro sitio!

- Debemos estar siempre deseando ardientemente recibir a Dios.

- Cuando comulgamos, si alguien nos preguntara: ¿qué os lleváis a casa? Podríamos responder: "Me llevo el cielo".

- La comunión bien hecha es suficiente para abrasar un alma del amor de Dios y hacerle ignorar la tierra.

- Hay pocos que reciban los sacramentos con buena disposición.

- Se sabe cuándo un alma recibe dignamente los sacramentos de la Eucaristía. Es humilde, bondadosa, mortificadora, caritativa, modesta, se lleva bien con todo el mundo. Es un alma capaz de los mayores sacrificios; en fin, es irreconocible.

- Al lado de este hermoso sacramento, somos como una persona que se muere de sed al lado de un río; solo tendría que inclinar la cabeza, como una persona que sigue pobre al lado de un tesoro, solo tendría que tender la mano.

- No digáis que no sois dignos. Es verdad: no sois dignos, pero tenéis necesidad de Él.

- Si nuestro Señor hubiera tenido en cuenta nuestra dignidad, no habría instituido jamás este gran sacramento de amor, pues nadie en el mundo es digno, pero tuvo en cuenta nuestras necesidades y nosotros –todos– le necesitamos.

- No digáis que sois demasiado miserables. Preferiría oíros decir que estáis demasiado enfermos, por lo que ya no queréis remedio.

- Lo terrible es que uno se olvida de recurrir a este divino alimento para atravesar el desierto de la vida. Como una persona que muere de hambre al lado de una mesa bien servida.

- Todas las oraciones de la misa son una preparación a este gran acto. La comunión.

- Toda la vida del cristiano debe ser una preparación a este gran acto.

- ¡Ah! Si pudiera distribuir cada día su santísimo Cuerpo a un gran número de fieles, ¡qué feliz sería!

- No me gusta que cuando se vuelve de la Santa Misa se ponga enseguida a leer. ¡Oh! ¿Cómo atender la palabra de los hombres cuando es Dios quien nos habla? Hemos de comportarnos como alguien muy curioso que escucha tras las puertas.

- ¡Qué lástima! Si comulgaran a menudo serían unos santos.

- Lloro pensando lo bueno que es Dios viniendo a visitarnos en nuestros últimos momentos.

6. EL SACERDOTE Y LOS SACRAMENTOS

- No todos los que se acercan a los sacramentos son santos, pero los santos cuajarán entre los que los reciben a menudo.

- Cuando una persona frecuenta los sacramentos, el demonio pierde todo su poder.

- Los sacramentos nos dan tanta fuerza para perseverar en la gracia de Dios, que nunca se ha visto a un santo alejarse de los sacramentos y perseverar en la amistad de Dios.

- Si estos medios (las tentaciones) en las manos de Dios son refuerzos para alcanzar el cielo, cuánto más lo serán si recurrimos a los sacramentos, fuente inagotable de todos los bienes.

- El camino que iniciamos con el Bautismo es como el campo en temporada alta. Solo hay que coger, recoger. Después del Bautismo, todas las gracias y los dones del cielo están a nuestra disposición con tal que vivamos cristianamente.

- Más nos servimos de los sacramentos de la Penitencia y de la Eucaristía, más suave y amable es el yugo del Señor. Purificada por estos sacramentos como en un baño salvador, nuestra alma se eleva hacia Dios por sí sola; toma su vuelo hacia la celestial patria con una alegría inexpresable.

- Si (los buenos cristianos) se casan, es en nombre de Jesucristo, para hacer su voluntad y con vistas a la eternidad. Rezan, comulgan y ponen su esperanza en Dios. Saben que solo Él hace los buenos matrimonios y no se equivocan nunca.

- No hay que hacerse ilusiones. En el matrimonio hay penas y, a menudo, grandes. Mirad, cada uno tiene sus imperfecciones, sus defectos; los temperamentos son opuestos, los caracteres, a menudo, casi incompatibles. A la larga, la complacencia se deteriora, el uno se cansa del otro, habiendo de estar siempre juntos. ¡Oh!, hace falta una gran gracia de Dios y una gran fidelidad a esta gracia, cuando se la ha recibido, para poder soportarse.

- Qué pocas uniones hay donde reine la paz y la virtud.

- Es la conformidad con el bien lo que agrada a Dios. Él tiene horror del mal.

- ¡Oh, qué grande y hermoso es este sacramento!

- Y, ¿qué vemos hoy en el mundo? Bien. Se escoge a una mujer por conveniencia, por ambición, por su belleza. Se casa. Se libran a la alegría y después todo está dicho. Y querrían ser felices. ¡Oh!, no, no se puede. Dios no bendice las uniones que no se le han consultado.

- Este hombre une a todos sus actos, todas sus penas, todas sus oraciones, y todos los latidos de su corazón a los méritos de la Iglesia entera. Es, más o menos, como el que reúne un montón de paja y la enciende: la llama sube alta, hace una hoguera. Que encienda una brizna de paja, se apagará enseguida.

- Apliquémonos como san Pablo a consolar a la Iglesia.

- Bella reunión la de la Iglesia de la tierra con la Iglesia del cielo. Como decía Santa Teresa: *"Vosotros triunfando, nosotros luchando, no somos más que uno para glorificar a Dios"*.

7. EL SACERDOTE Y LA PREDICACIÓN

- Nuestro Señor que es la verdad misma, no hace menos caso de su palabra que de su cuerpo. No sé qué es peor si distraerse durante la misa o durante las enseñanzas; no veo la diferencia. Durante la misa, dejamos perder los méritos de la muerte y pasión de nuestro Señor, y durante las enseñanzas nos dejamos perder su palabra, que es Él mismo.

- ¡Nada menos que la palabra de Dios!

- La palabra divina es uno de los mayores dones que Dios puede hacernos.

- Creo que una persona que no escuche la palabra de Dios como es debido, no se salvará.

- Es del todo imposible amar a Dios y agradarle sin ser alimentado por su divina palabra.

- El que escucha la palabra de Dios con ganas de aprovecharla es más agradable a Dios que el que la recibe en la Santa Comunión.

- Haced pasar licor por un embudo, sea de oro o de cobre; si el licor es bueno, es siempre bueno.

- Cualquiera que sea el sacerdote, es siempre el instrumento del que Dios se sirve para dar a conocer su palabra.

- Ved la estimación que nuestro Señor hace de la palabra de Dios a esta mujer que grita: *"Bienaventurados los pechos que te amamantaron y las entrañas que te llevaron"*. Él responde: *"Más afortunados son los que escuchan la palabra de Dios y la ponen en práctica"*.

- El medio más seguro de encender este fuego (el amor de nuestro Señor) en el corazón de los fieles, es el de explicarles el Evangelio, este libro del amor, donde nuestro Salvador se muestra, en cada línea, en la amabilidad de su bondad, de su paciencia, de su humildad, siempre consolador y amigo del hombre, hablándole solo de amor e invitándole a darse por completo a Él, devolviéndole solo amor.

- ¿Nunca hemos pensado que cometíamos una especie de sacrilegio cuando no queremos aprovechar su santa palabra?

- Estoy seguro que algunos desgraciados dicen en el infierno: ¡Maldito sacerdote! Si no te hubiera conocido, no sería tan culpable.

- ¡La verdad! ¡Es inagotable! ¡Es inextinguible! ¡Chorrea vida! Es más ardiente que el fuego.

- Hay que combatir el error, incluso en los cristianos, pues ellos tienen menos derecho que los otros.

- Hay un montón de mentiras, un montón de horrores que barrer sin prestar atención a los que se nos pongan por delante.

- Se escucha aún a un cura que interesa, pero si es un cura que no interesa, se le ridiculiza. No hay que actuar de manera tan poco humana.

- Las primeras palabras de nuestro Señor a sus apóstoles fueron estas: *"Id y enseñad"*.

- Una persona instruida tiene siempre dos guías: el consejo y la obediencia.

- A menudo pienso que la mayoría de los cristianos que condenan, lo hacen por falta de instrucción.

- Habría que aplicarse cada día a una lectura piadosa, igual que uno se aplica a tomar sus comidas.

- ¡El sol no se esconde por medio a incomodar a los pájaros de noche!

- Cuando predico, a menudo me relaciono con sordos o con gente que duerme; pero cuando rezo, me relaciono con Dios y Dios no es sordo.

- Cuando es para hablar de Dios, aún tengo muchas fuerzas.

- Cuántos hay que, mientras el sacerdote predica, se acomodan en su silla para dormir, o ríen, hablan, se burlan.

- Me di cuenta que no había momento en el que se tuviera más ganas de dormir que durante las enseñanzas.

- Sé muy bien que no haréis nada o casi nada de lo que os estoy enseñando.

- Ganaría lo mismo, creo, guardando silencio que hablándoos.

- Esta noche voy a predicar sobre el robo; si los hay que se sienten culpables, que salgan antes de que empiece.

- Cuanta más gente hay, más contento estoy (como auditorio). Los orgullosos creen siempre que lo hacen bien.

- La Providencia me daría mi pan. Yo le daría la palabra de la verdad, que es el pan de las almas. Esto me gustaría mucho.

- Quédese quieto, Señor. Distrae a todo el mundo y me turba a mí.

- A menudo vi pobres almas que se tomaban bastantes molestias, imponiéndose privaciones y largas penitencias, las cuales sin embargo, a falta de saber dónde se encuentra la perfección, se abandonaban sin más.

- ¡Lo que me gusta es que es sabio!

- ¡Ah, nuestros recipientes eran demasiado pequeños para recibir y contener unas cosas tan grandes!

- Ars ya no es Ars. Ha cambiado. Os lo digo sinceramente. He hecho otros jubileos, misiones, nunca he encontrado tan buenas disposiciones como aquí.

Relicario con el corazón incorrupto del Santo.

8. EL SACERDOTE HECHO MISERICORDIA

- Es bello pensar que tenemos un sacramento que cura las heridas de nuestra alma.

- Antes habrá Dios perdonando a un pecador arrepentido, que una madre retirando a su hijo del fuego.

- Dios está siempre dispuesto a recibirnos.

- Desde el principio del mundo hasta la venida del Mesías, solo hay misericordia.

- ¡Ah, si supiéramos con qué compasión las mira (a las almas) Dios!

- El sacramento de la Penitencia, en el que Dios parece olvidar su justicia para manifestar únicamente su misericordia.

- Utiliza todos los medios posibles para encontrarse en medio de ellos (los pecadores) a fin de atraerlos hacia su Padre.

- Su mayor gozo es perdonarnos.

- No es el pecador el que se acerca a Dios para que le perdone; sino Dios quien corre hacia el pecador y le hace volver a Él.

- ¡Su paciencia nos espera!

- En el sacramento de la Penitencia, Él nos muestra y nos hace partícipes de su misericordia hasta el infinito.

- Si Dios nos ha conservado la vida a pesar de todos nuestros pecados, es solo porque Él quería derramar sobre nosotros la grandeza de sus misericordias.

- Si el pecador se extravía, este tierno Padre no cesa de perseguirle con su gracia.

- Demos esta alegría al Padre: volvamos a Él y seremos felices.

- ¡Qué bueno es Dios! Su buen corazón es un océano de misericordia; por grandes pecadores que lleguemos a ser, no desesperemos nunca de nuestra salvación. ¡Es tan fácil salvarse!

- No se le agradece suficientemente que tenga tan buen corazón con los pecadores.

- Dios es tan bueno, que a pesar de los ultrajes que le hacemos, nos lleva al Paraíso casi a pesar nuestro. Es como una madre que lleva en brazos a su hijo para cruzar un precipicio. Ella se preocupa de evitarle el peligro, mientras su hijo no cesa de arañarla y darle malos tratos.

- Dios os apremia, os persigue por todas partes, desde que lo habéis abandonado.

- No podemos comprender la bondad de Dios para con nosotros al instituir el gran sacramento de la Penitencia.

- Nuestras faltas son granos de arena al lado de la gran montaña de las misericordias de Dios.

- La misericordia de Dios es como un torrente desbordado; arrastrara los corazones a su paso.

- ¿Qué son nuestros pecados comparados con la misericordia de Dios? Son un grano de incienso ante una montaña.

- Dios, como dice san Pablo, lo hace girar todo en bien de sus elegidos. Incluso nuestras faltas pueden sernos útiles.

- ¿Por qué somos insensibles a los favores del sacramento de la Penitencia? Es porque no buscamos todos los secretos de la misericordia de Dios, que no tiene límite en este sacramento.

- Dios sabe todas las cosas. Sabe por anticipado que, después de haberos confesado, volveréis a pecar y sin embargo os perdona. Qué amor el de Dios que llega hasta el olvido voluntario del futuro para perdonaros.

- Primero curemos rápidamente el alma.

- Hay que pedir el arrepentimiento.

- Es necesario que nuestras pasiones se queden en nada.

- Hay que gastar más tiempo en pedir la contrición que en examinarse.

- La contrición es el bálsamo del alma.

- Imaginad una casa donde hay toda clase de animales, de basuras y de inmundicias, podemos barrerla, pero seguirá oliendo mal. Igual con vuestra alma: después del examen, incluso después de la confesión, hace falta la contrición para lavarla.

- Para recibir el sacramento de la Penitencia, necesitamos tres cosas: la fe que nos descubre a Dios en el sacerdote, la esperanza que nos hace creer que Dios nos dará la gracia del perdón, la caridad que nos lleva a amar a Dios y que nos hace sentir en nuestro corazón la pena por haberle ofendido.

- Dios mío, siento haberos ofendido, desobedecido. Esto me disgusta mucho y quiero hacerlo mejor.

- Cuando vamos a confesarnos, hay que comprender lo que vamos a hacer. Podemos decir que vamos a desclavar a nuestro Señor.

- Cuando el sacerdote da la absolución, solo hay que pensar en una cosa, y es que la sangre de Dios se derrama sobre nuestra alma para lavarla, purificarla y dejarla tan bella como estaba después del Bautismo.

- Encargaré a mis ministros que les anuncien que estoy siempre a punto de recibirles, que mi misericordia es infinita.

- Después de habernos creado, después de habernos rescatado por la efusión de su sangre en el Calvario, quiere aún salvarnos cada día, perdonarnos, arrancarnos del demonio tantas veces como tengamos la desgracia de caer en sus manos pecando.

- Si hubiéramos tenido una gracia para pedirle a nuestro Señor, nunca habríamos pensado en pedirle esta (el sacramento de la Penitencia).

- Dios, en el momento de la absolución, echa nuestros pecados tras suyo, es decir, los olvida, los anula. No aparecerán nunca más.

- No se hablará más de los pecados perdonados. Han sido borrados, ya no existen.

- Vuestra alma puede estar negra como el carbón, roja como la escarlata, por la absolución la volveré blanca como la nieve.

- Habéis visto mi candela: esta noche, esta mañana dejó de quemar. ¿Dónde está? Ya no existe, se aniquiló, igual los pecados, cuando se recibe la absolución ya no existen. Se aniquilan.

- Los pecados perdonados ya no existen, no queda más que el recuerdo.

- Nuestro pecado no reaparecerá nunca, pero nuestras buenas obras volverán a vivir.

- Dios perdona fácilmente un acto de ligereza.

- Sin el sacramento de la Penitencia, seríamos dignos de compasión.

- Los pecados que escondemos reaparecerán todos. Para esconderlos bien, hay que confesarlos bien.

- Sé bien que el acusaros de vuestras faltas representa un breve momento de humillación.

- Pero, ¿es verdaderamente humillante acusaros de vuestros pecados? El sacerdote sabe más o menos lo que podéis haber hecho.

- Viviremos bien cuando hagamos cada noche examen de conciencia.

- Si por desgracia sucumbimos, tenemos que levantarnos rápidamente. No dejar ni un minuto el pecado en nuestro corazón.

- El sacerdote tendrá piedad de nosotros, llorará con nosotros.

- El penitente debe rezar para que Dios de a su director la luz y la gracia necesarias.

- Hay que sentir compasión por el pecador y no acritud.

- Hay que recibir (este sacramento) con buenas disposiciones, si no son nuevas llagas sobre las antiguas.

- Nos acusamos por encima.

- Dios solo perdonará a los que habrán perdonado. Es la ley.

- Se dice que hay muchos que se confiesan y pocos que se convierten. Creo que es cierto, hay pocos que se confiesen con arrepentimiento.

- Vuestro arrepentimiento no viene de Dios, ni del dolor de vuestros pecados, sino del temor al infierno.

- Creéis que cuando vengáis a decir: "Dios mío, perdonadme", ¿estará todo hecho?, ¿Qué ya podréis entrar en el cielo?

- Evitad acusaciones inútiles, que hacen perder el tiempo al confesor, cansan a los que se esperan para confesarse y apagan la devoción.

- Si se dijera a los pobres condenados al infierno: vamos a poner un sacerdote a la puerta del infierno. Todos los que quieran confesarse no tienen más que salir. Hijos míos, ¿creéis que se quedaría alguno? Los más culpables no temerían decir sus pecados ni siquiera delante de todo el mundo.

- Confiamos demasiado en nuestras resoluciones y nuestras promesas, y demasiado poco en Dios.

- Brota de su corazón un efluvio de ternura y de misericordia capaz de ahogar los pecados del mundo.

- Va más rápido hacia el pecador que hacia el sabio, porque sabe que el pecador le necesita más.

- Digamos que olvida nuestras ofensas escuchando las oraciones de un siervo, de una sierva y de algunas almas que interceden por nosotros.

- Rezad por los pecadores, es la más noble y útil de las plegarias, pues los justos están en el camino del cielo, las almas del purgatorio están seguras de entrar en él, pero los pobres pecadores, los pobres pecadores, todas las devociones son buenas, pero no hay otra mejor que esta.

- Podemos ofrecernos como víctimas durante ocho o quince días por la conversión de los pecadores. Sufriendo frío, calor, privándonos de mirar alguna cosa, de ir a ver a alguien que nos gustaría, haciendo una novena, oyendo misa –sobre todo en las ciudades donde es más fácil–. No solo contribuiremos a la gloria de Dios con esta santa práctica, sino que atraeremos una gran abundancia de gracias.

- Qué hermoso es ofrecerse en sacrificio a Dios, cada mañana y aceptarlo todo como expiación por nuestros pecados.

- Cuántas almas podemos convertir con nuestras oraciones. El que libra a un alma del infierno salva esta alma y la suya propia.

- ¡Los pobres pecadores! Hay algunos que están en suspense. ¡Cuántas almas podemos convertir con nuestras oraciones!

- No puedo dejar de rezar por los pobres pecadores que están en el camino del infierno. Si murieran en este estado, estarían perdidos por una eternidad. ¡Qué desgracia! Hay que rezar mucho por los pecadores.

- Dios me ha hecho ver cuánto le gusta que rece por los pobres pecadores.

- Es necesario un gran milagro para resucitar a una pobre alma en este estado. ¡Oh, sí! Un milagro mayor que el que hizo nuestro Señor para resucitar a Lázaro.

- Querría vivir todavía más para llorar mis pecados y para hacer algún bien.

- Soy más culpable que vosotros, no temáis acusaros.

- Realmente, ¿puedo ser severo con gente que viene de tan lejos, que hacen tantos sacrificios que, a menudo, están obligados a esconderse para venir aquí?

- ¡Ah, si pudiera confesarme por ellos!

- No sé si fue realmente una voz lo que oí o si fue un sueño, pero fuese lo que fuese, me despertó. Esta voz me dijo que alejar un alma del pecado es más agradable a Dios que todos los sacrificios. Yo estaba entonces en mis resoluciones de penitencia.

- No sé razonarlo, pero si necesitáis consuelo, poneos allí (en el confesionario).

- Primero tenéis que poner orden en vuestra conciencia. Luego pondréis orden más fácilmente a vuestros asuntos.

- Cuando os hayáis confesado, pensaréis como yo.

- Los hay que se suenan cuando el sacerdote les da la absolución; otros intentan recordar si han olvidado pecados.

CUARTA PARTE

ORACIONAL

1. LA ORACIÓN SEGÚN EL CURA DE ARS

Hermosa obligación del hombre: **orar y amar**[126]

Consideradlo, hijos míos: el tesoro del hombre cristiano no está en la tierra, sino en el cielo. Por esto, **nuestro pensamiento debe estar siempre orientado hacia allí donde está nuestro tesoro**. El hombre tiene un hermoso deber y obligación: orar y amar.

Si oráis y amáis, habréis hallado la felicidad en este mundo. **La oración no es otra cosa que la unión con Dios**. Todo aquel que tiene el corazón puro y unido a Dios experimenta en sí mismo como una suavidad y dulzura que lo embriaga, se siente como rodeado de una luz admirable. En esta íntima unión, Dios y el alma son **como dos trozos de cera fundidos en uno solo, que ya nadie puede separar**.

Es algo muy hermoso esta unión de Dios con su pobre criatura; es una felicidad que supera nuestra comprensión. Nosotros nos habíamos hecho indignos de orar, pero **Dios, por su bondad, nos ha permitido hablar con Él**. Nuestra oración es el incienso que más le agrada. Hijos míos, vuestro corazón es pequeño, pero la oración lo dilata y lo hace capaz de amar a Dios. La oración es una degustación anticipada del cielo, hace que una parte del paraíso baje hasta nosotros. Nunca nos deja sin dulzura; es como una miel que se derrama sobre el alma y lo endulza todo.

En la oración hecha debidamente, se funden las penas como la nieve ante el sol. Otro beneficio de la oración es que hace que el tiempo transcurra tan aprisa y con tanto deleite, que ni se percibe su duración. Mirad: cuando era párroco en Bresse, en cierta ocasión, en que casi todos mis colegas habían caído

---

126 *De una catequesis* de San Juan María Vianney recogida en la obra de Alfred Monnin **Esprit du Curé d´Ars** (París 1899, pp. 87-89). Puede consultarse también la obra **Sermones escogidos** de San Juan Mª Bautista Vianney, publicado en tres volúmenes en Apostolado Mariano (Sevilla, 1992).

enfermos, tuve que hacer largas caminatas, durante las cuales oraba al buen Dios; y creedme, que el tiempo se me hacía corto.

Hay personas que se sumergen totalmente en la oración como los peces en el agua, porque están totalmente entregadas al buen Dios. Su corazón no está dividido. ¡Cuánto amo a estas almas generosas! San Francisco de Asís y santa Coleta veían a nuestro Señor y hablaban con Él del mismo modo que hablamos entre nosotros.

Nosotros, por el contrario, ¡cuántas veces venimos a la iglesia sin saber lo que hemos de hacer o pedir! Y, sin embargo, cuando vamos a casa de cualquier persona, sabemos muy bien para qué vamos. Hay algunos que incluso parece como si le dijeran al buen Dios: *"Sólo dos palabras, para deshacerme de Ti..."*. Muchas veces pienso que cuando venimos a adorar al Señor, obtendríamos todo lo que le pedimos si se lo pidiéramos con una fe muy viva y un corazón muy puro.

2. ORACION SOBRE EL AMOR DE DIOS

Os amo, oh Dios mío, y mi único deseo es amaros hasta el último suspiro de mi vida.

Os amo, oh Dios infinitamente amable, y prefiero morir amándoos que vivir un instante sin amaros.

Os amo, Señor, y la única gracia que os pido es la de amaros eternamente.

Os amo, Dios mío, y no deseo el cielo más que para tener la dicha de amaros perfectamente.

Os amo, Dios mío, infinitamente bueno y sólo temo el infierno porque en él nunca habrá la dulce consolación de amaros.

Dios mío, si mi lengua no puede decir en todo momento que os amo, quiero que mi corazón os lo repita cada vez que respire.

Dios mío, concededme la gracia de sufrir amándoos y de amaros sufriendo.

Os amo, oh mi divino Salvador, porque fuisteis crucificado por mí.

Os amo, oh Dios mío, porque me tenéis crucificado por vos en este mundo.

Oh, Dios mío, concededme la gracia de morir amándoos y sintiendo que os amo.

Dios mío, a medida que me acerco al fin de mi vida, concededme la gracia de aumentar mi amor y de perfeccionarlo[127].

---

127 Esta plegaria fue compuesta probablemente en 1848 y publicada tras su muerte en *La Voix du Bon Pasteur*, 3e anne 1860 – 61,175 – *Ars ou la jeune Philosophe*, 238. La oración está tomada de la página 45 del libro de Alfred Nodet: ***Jean-Marie Baptiste Vianney. Curé d´Ars. Pensées*** (DDB 1989).

3. ORACION A LA VIRGEN MARIA

El día 3 de octubre de 1830, refiere el Rvdo. Tailhades, de Montpellier, el Rvdo. Vianney me hizo una confidencia muy notable. Le pregunté cómo había conseguido librarse contra las tentaciones de la santa virtud de la castidad. Díjome que era efecto de un voto. Este voto pronunciado hacía veintitrés años –cuando era vicario en Ecully–, consistía en rezar todos los días una vez la *Salve Regina* y seis veces esta invocación: "***Sea para siempre bendita la santa e Inmaculada Concepción de la Bienaventurada Virgen María, Madre de Dios. Amén***".

Esta oración, dedicada a la Virgen María, también se le atribuye.

Virgen María, Madre mía, me consagro a ti
y confío en tus manos toda mi existencia.
Acepta mi pasado con todo lo que fue.
Acepta mi presente con todo lo que es.
Acepta mi futuro con todo lo que será.
Con esta total consagración te confío cuanto tengo y
cuanto soy,
todo lo que he recibido de Dios.

Te confío mi inteligencia, mi voluntad, mi corazón.
Deposito en tus manos mi libertad, mis ansias y mis
temores,
mis esperanzas y mis deseos, mis tristezas y mis alegrías.
Custodia mi vida y todos mis actos para que le sea
más fiel al Señor
y con tu ayuda alcance la salvación.
Te confío ¡Oh María! mi cuerpo y mis sentidos para
que se conserven puros y me ayuden en el ejercicio de
las virtudes.

Te confío mi alma para que tú la preserves del mal.

Hazme partícipe de una santidad igual a la tuya;
hazme conforme a Cristo, ideal de mi vida.
Te confío mi entusiasmo y el ardor de mi juventud,
para que tú me ayudes a no envejecer en la fe.
Te confío mi capacidad y deseos de amar;
enséñame y ayúdame a amar como tú has amado
y como Jesús quiere que se ame.
Te confío mis incertidumbres y angustias
para que en tu corazón yo encuentre seguridad,
sostén y luz en cada instante de mi vida.
Con esta consagración me comprometo a imitar tu
vida.
Acepto las renuncias y sacrificios que esta elección
comporta
y te prometo, con la gracia de Dios y con tu ayuda,
ser fiel al compromiso asumido.
¡Oh María!, soberana de mi vida y de mi conducta,
dispón de mí y de todo lo que me pertenece, para
que camine siempre junto al Señor bajo tu mirada de
Madre.
¡Oh María! Soy todo tuyo
y todo lo que poseo te pertenece ahora y siempre.
¡Amén!

4. NOVENA AL SANTO CURA DE ARS

Primer día

San Juan María Bautista Vianney tú naciste de una madre profundamente religiosa; de ella recibiste junto a la fe, el amor a Dios y la oración. Ya a temprana edad se te pudo ver arrodillado delante de una estatua de María. Tu alma fue arrebatada de forma sobrenatural hacia las cosas más elevadas. A pesar del alto coste respondiste a tu vocación. ¡Cuántos obstáculos, cuántas contradicciones de parte de los hombres! Después cuánto tuviste que luchar y sufrir para llegar a ser el santo cura que fuiste. Pero tu *espíritu de profunda fe* te sostuvo en todas estas batallas.

Oh gran santo, tú conoces el deseo de mi alma: yo quisiera servir mejor a Dios, del cual he recibido ya tantos beneficios. Por esto, **obtenme más valor y especialmente una profunda fe**. Muchos de mis pensamientos, palabras y acciones son inútiles para mi santificación y mi salvación porque ese espíritu sobrenatural no anima suficientemente mi vida. Ayúdame a ser mejor en el futuro.

Para recitar cada día. **Santo Cura de Ars, tengo confianza en tu intercesión. Ruega especialmente por mi durante esta novena (pídase el favor que se desea). Padrenuestro, Avemaría y Gloria.**

Segundo día

San Juan María Bautista Vianney, ¡cuánta confianza tenía la gente en tus oraciones! No podías abandonar tu vieja rectoría o tu humilde iglesia sin verte rodeado por almas suplicantes, que recurrían a ti al igual que hicieron al mismo Jesús durante su vida terrenal. Y tú, buen santo, les dabas *esperanza* con tus palabras que estaban llenas de amor para Dios.

Tú, que siempre confiabas enteramente en el corazón de Dios, **obtenme una confianza filial y profunda en su Providencia**. Que la esperanza de bienes divinos llene mi corazón de valor y me ayúdame a obedecer siempre los mandamientos de Dios.

El resto como el primer día

Tercer día

San Juan María Bautista Vianney, de cuya caridad diste prueba tanto para con Dios como para con el prójimo. No podías predicar sobre el amor de Dios sin derramar ardientes lágrimas, y durante tus últimos años parecía como si no pudieras hablar acerca de otra cosa o vivir para cualquier otra cosa. Así te sacrificaste a ti mismo por tu prójimo mediante el consuelo, las confesiones y la santificación hasta el límite de tus fuerzas.

Que tu caridad me inspire un mayor amor a Dios, un amor que se exprese más por los hechos que por las palabras. **Ayúdame a amar a mi prójimo cristiana y generosamente**.

El resto como el primer día

Cuarto día

San Juan María Bautista Vianney, que fuiste tan inflexible contra el pecado, y sin embargo, tan amable y dispuesto a acoger al pecador, acudo a ti hoy como si aún estuvieras vivo, como si estuviera arrodillado ante tus pies y pudieras oírme. Inclínate hacia mí, escucha la confidencia arrepentida por mis debilidades y mis miserias.

Sacerdote del Señor, infatigable confesor, **obtenme el horror al pecado**. Tú quisiste sobre todo que evitáramos la ocasión de pecar. Quiero tomar, bajo tu consejo, la resolución de romper con los malos hábitos y evitar las ocasiones peligrosas de pecar. Ayúdame hoy a examinar mi conciencia.

El resto como el primer día

Quinto día

Santo Cura de Ars, tú sabías cuán importante era una confesión bien hecha para la vida cristiana. Para procurar felices frutos a miles de almas era por lo que aceptabas estar en un incómodo confesionario, que era como una prisión, hasta 15 y 16 horas algunos días.

Siento que, si tomo la excelente costumbre **de la confesión frecuente**, si me preparo bien para ella, si tengo siempre un arrepentimiento suficiente de mis faltas, no solamente mi perseverancia final, sino la santificación de mi alma está asegurada. Pide para mí esta gracia.

El resto como el primer día

Sexto día

Santo Cura de Ars, cuyo gran y único consuelo en este mundo era la presencia real de Jesús en el Sagrario, ¿acaso no era tu gran felicidad distribuir la comunión a los peregrinos que te visitaban? Tú negabas la comunión a las almas que rehusaban corregirse, pero a las almas de buena voluntad les abrías de par en par las puertas del banquete eucarístico.

Tú que cada día en la Santa Misa recibías la Santa Comunión con gran ardor, dame algo de tu fervor. Libre de pecado mortal, **obtenme un sincero deseo de beneficiarme al recibir la Santa Comunión**, aquella divina visita que embriagaba vuestro corazón.

El resto como el primer día

Séptimo día

Santo Cura de Ars, son sobradamente conocidos los ataques del demonio que tuviste que sufrir. Para deshacerte por la fatiga y para hacerte que abandonaras la sublime tarea de convertir las almas, el demonio ha venido a buscarte durante largos años, para interrumpir el corto descanso nocturno. Pero tú le venciste gracias a la mortificación y las oraciones.

Poderoso protector, tú conoces bien el deseo del tentador por dañar mi alma bautizada y creyente. Él querría hacerme caer en el pecado para apartarme de la virtud y de los Sacramentos. Buen santo de Ars ahuyenta de mi toda traza del enemigo.

El resto como el primer día

Octavo día

Santo Cura de Ars, un testigo de tu vida ha dicho de ti este magnífico elogio: "*Le hubiéramos tomado por un ángel en un cuerpo mortal*", hasta tal punto lo habías edificado por la modestia y la exquisita pureza que irradiaban en toda su persona. Con qué encanto y con qué entusiasmo predicaste a otros acerca de estas bellas virtudes, cuyo perfume, decías, "*se asemejaba al de un viñedo en flor*".

Por favor yo te imploro que unas tus súplicas a las de María Inmaculada y Santa Filomena para que siempre guarde, tal y como Dios me pide, la pureza de mi corazón. Tú, que has dirigido a tantas almas hacia las alturas de la virtud, **defiéndeme en las tentaciones y obtenme la fortaleza para vencerlas siempre**.

El resto como el primer día

Noveno día

Santo Cura de Ars, tus restos preciosos están guardados en un magnífico relicario, donación de los sacerdotes de Francia. Pero esta gloria terrena es sólo una pálida imagen de la gloria indescriptible que estas disfrutando con Dios. Durante el tiempo que permaneciste en la tierra solías repetir en tus horas de agotamiento: "*Ya se descansará en la otra vida*". Ahora ya es así ya estás en la paz eterna, en la eterna felicidad.

Ah, deseo seguirte algún día. Pero hasta entonces oigo que me dices: *"hace falta trabajar y luchar mientras se está en el mundo"*. Enséñame a trabajar por la salvación de mi alma, a difundir buenos consejos y buenos ejemplos, a hacer el bien a mí alrededor, a fin de que pueda tener parte, junto a ti, en la felicidad de los elegidos.

El resto como el primer día

Conclusión

Me ha llenado de alegría que me pidiesen escribir una vida del Santo Cura de Ars. Desde que tenía seis años servía al altar en la parroquia de Sant Joan Maria Vianney, en la Plaça Can Mantega del popular barrio de Sants-Las Corts, en la Ciudad Condal, junto a mi querido párroco, Mosèn Jorge Boltà i Cañellas, que falleció el 21 de mayo de 2007, tras 55 años de ministerio sacerdotal. Durante 36 años fue el Rector de la parroquia. Con él aprendí a intentar imitar al Santo Cura de Ars. Crecí con la mirada puesta en cada una de las hermosas vidrieras que narran la vida del santo francés; contemplando la imponente imagen en la que, revestido con la casulla sacerdotal y con actitud de bendecir, preside el altar mayor; y los frescos cuyas pinturas le presentan atendiendo solícitamente a sus feligreses. Todavía recuerdo a mi párroco, cada 4 de agosto, dándonos a besar la reliquia del santo, musitando *Sancti Iohannis Maria Vianney, ora pro nobis*. Con él fui por primera vez al pueblo de Ars en la Navidad de 1986. Acababa yo de ingresar en el Seminario Menor de Santo Tomás de Villanueva, en Toledo, y se estaba celebrando el bicentenario del nacimiento del Santo Cura de Ars.

Los recuerdos también me llevan a mi padre[128]. Él fue quien hizo llegar a mis manos de adolescente el primer libro de mi futura biblioteca: era el número 74 de la colección Patmos de libros de espiritualidad que publicó Ediciones Rialp. Su título era:

---

128 Mi padre trabajó en **Ediciones Kinké**, una empresa de artes gráficas que se dedicaba a la impresión de las tradicionales tarjetas navideñas y a todo tipo de láminas y grabados, en el mundo del huecograbado y del offset. Uno de sus clientes era Joan Artigues, propietario de Estampería de Arte. La estampería fue fundada en 1789, en el edificio de la archicofradía del Cristo de la Sangre en la Plaça del Pi, en el popular Barrio Gótico, al lado de la majestuosa iglesia gótica de Santa María del Pi, con motivo de mi ordenación sacerdotal. El Sr. Artigues me regaló una lámina de más de un siglo de antigüedad, de cuando la causa de canonización del Cura de Ars estaba en curso y en la que aparece como Venerable.

El santo cura de Ars. Y su autor, el periodista francés Jean de Fabrègues.

Pasaron los años y llegó el 9 de julio de 1995. Ese día, acompañado por algunos compañeros de curso y por mi párroco, celebré mi Primera Misa, era el mismo altar en el que hacía casi 20 años había hecho mi Primera Comunión, junto a mi hermana Rosalía. La liturgia fue la del 4 de agosto, fiesta del Santo Cura de Ars, que le presenta como "admirable por su celo pastoral". El folleto que preparamos para el cantemisa recordaba que san Juan María Vianney *"sigue suscitando hoy en día entrañables sentimientos de simpatía y admiración, precisamente por su vida de infatigable fidelidad a Dios"*. Luego, para que los feligreses siguieran conociendo más a su santo patrón, incluimos la "Oración sobre el amor de Dios", una catequesis sobre la oración y una reseña de su vida.

El lector deberá perdonar estos recuerdos de infancia y adolescencia, digresiones absolutamente particulares, subjetiva justificación para la necesidad, si la hubiera, de otro libro sobre el Santo Cura de Ars, pues la bibliografía es extensa. La novedad es que junto al enmarque histórico-religioso de esta admirable figura sacerdotal, presentamos la palabra que los Papas, a lo largo de casi siglo y medio, desde que en 1865 se iniciase el proceso de canonización, han dirigido al pueblo de Dios, sobre todo a los sacerdotes. Y al hilo de todo ello, las mil y una anécdotas que se cuentan en la vida del Cura de Ars y que servirán para la predicación.

Hace quince años regresé por segunda vez a la aldea de Ars junto a dos compañeros sacerdotes y celebramos la Santa Misa ante el cuerpo incorrupto y venerado de san Juan María Vianney. Hasta allí regreso con la imaginación, para ofrecer este sencillo homenaje a quien siempre será modelo y referente de imitación para los sacerdotes del mundo entero.

San Juan María Vianney, ruega por nosotros.

COLECCIÓN VIDAS Y SEMBLANZAS

*Biografías y vidas ejemplares de santos, beatos y buenos cristianos.
Formato 14 x 21 cm. Serie Maior: 15x23 cm. Serie Minor: 12x 18 cm.*

1. **Santa Brígida de Suecia** / J. Álvarez Maestro. 144 p. 8 €
2. **Vida de san Romualdo, abad** / San Pedro Damián, J-F Rey. 92 p. 7 €
3. **Balduino, el rey que supo amar** / José Mª Salaverri Aranegui. p. 7,50 €
4. **Santa Gema Galgani.** *Autobiografía* / P. García 182 p. 10 €
5. **Baltasar Pardal Vidal** / C. García Cortés. 350 p. 16 €
6. **Hildegarda de Bingen** / Pierre Dumoulin. 274 p. 18 €
7. **San Bernardo** / Santiago Cantera. 158 p. 10 €
8. **Domingo Barberi** / Pablo García. 84 p. 7 €
9. **San Juan XXIII** / Francisco Javier Sáez de Maturana. 408 p. 19 €
10. **San Juan Pablo II. Su vida cotidiana** / Mons. M. Mokrzycki, 148 p. 12,50 €
11. **San Juan Pablo II vivía con Dios** / Mons. M. Mokrzycki. 174 p. 15 €
12. **Beata Lucila González** / T. Baumert. 232 p. 14 €
13. **Madre Josefa de la Resurrección** / J. R. H. Figueiredo. 284 p. 14,50 €
14. **P. Marie-Dominique Philippe** / Fr. Benoît-Emmanuel. 210 p. 14 €
15. **Santa Teresa de Jesús** / Pilar Galán. 92 p. 7,50 €
16. **Santa Isabel de Hungría** / S. Cabot Roselló. 272 p. 14,50 €
17. **San José. Biografía** / Jesús Álvarez Maestro. 144 p. 10 €
18. **Thomas Merton** / María Luisa López. 188 p. 11,50 €
19. **Santa María de la Purísima** / Teodoro León. Olga Salvat. 96 p. 8,50 €
20. **Madre María Félix** / Isabel Roser. 178 p. 10,50 €
21. **Santa Bonifacia, maestra de vida** / Adela de Cáceres Sevilla. 200 p. 11 €
22. **Pedro Reyero, predicador de la gracia** / Chus Villarroel O.P. 186 p. 10,50 €
23. **Madre Esperanza Alhama Valera** / G. Rossi FMA. 108 p. 8 €
24. **Edith Stein** / J. Peraire. 178 p.
25. **San Juan de la Cruz** / Pilar Galán (Poemas), Teógenes Egido (Prosa). 168 p.
26. **San Gabriel de la Dolorosa** / Pablo García Macho. 136 p.
27. **Albino Luciani. Papa Juan Pablo** / Jesús Martí Ballester. 226 p.

Serie MAIOR

1. **San Pedro Nolasco** / J. Millán Rubio, 350 p. Cartoné. 18 €
2. **Martínez Izquierdo** / F. Rodríguez de Coro

Serie MINOR

1. **San Giovanni Antonio Farina** / F. Vaquerizo Moreno. 60 p. 4 €
2. **Santa Bonifacia, una mujer trabajadora** / A. de Cáceres Sevilla. 48 p. 3 €
3. **Pura Sánchez Maqueda** / Asociación Obra de Jesús. 140 p. 7 €
4. **María del Pilar Cimadevilla "Pilina"** / A. López Quintás. 90 p.